문화 유전자 전쟁

신 고 전 파 경 제 학 의 창 조 적 파 괴

문화
유전자
전쟁

MEME WARS THE CREATIVE DESTRUCTION
OF NEOCLASSICAL ECONOMICS
KALLE LASN ADBUSTERS

신고전파 경제학의 창조적 파괴

칼레 라슨 · 애드버스터스 지음

노승영 옮김

Meme Wars: The Creative Destruction of Neoclassical Economics
by Kalle Lasn & Adbusters

Copyright (C) 2012 by Kalle Lasn and Adbusters Media Foundation
Korean translation copyright (C) 2014 by The Open Books Co.
This Korean edition published by arrangement with Seven Stories Press,
New York, through Duran Kim Agency, Seoul.

일러두기

* 본문 중 타레크 엘 디와니의 〈이슬람 경제학으로 개종하다〉, 피터 스토커의 〈새로운 금융 구조를 궁리해야 할 시점이다〉는 위너스북의 『경제 민주화를 말하다』에, 베르나르 스티글러의 〈소비주의 모델은 한계에 도달했다〉는 행성비의 『경제학 혁명』에 실려 있는 글이다. 해당 글의 게재를 허락해 준 위너스북과 행성비에 감사드린다.

이 책은 실로 꿰매어 제본하는 정통적인 사철 방식으로 만들어졌습니다.
사철 방식으로 제본된 책은 오랫동안 보관해도 손상되지 않습니다.

문화 유전자 전쟁 신고전파 경제학의 창조적 파괴

옮긴이 노승영은 서울대학교 영어영문학과를 졸업하고 서울대학교 대학원 인지과학 협동 과정을 수료했다. 컴퓨터 회사에서 번역 프로그램을 만들었으며 환경 단체에서 일했다. 옮긴 책으로는 『일』, 『이단의 경제학』, 『촘스키, 희망을 묻다 전망에 답하다』, 『통증 연대기』, 『제로 성장 시대가 온다』, 『이렇게 살아가도 괜찮은가』 등이 있다. (『문화 유전자 전쟁』에 대한 의견이나 지적은 http://socoop.net/memewars로 보내 주시기 바랍니다.)

지은이 칼레 라슨·애드버스터스 **옮긴이** 노승영 **발행인** 홍지웅 **발행처** 열린책들
주소 경기도 파주시 문발로 253 파주출판도시 **대표전화** (031)955-4000 **팩스** (031)955-4004
홈페이지 www.openbooks.co.kr Copyright (C) 열린책들, 2014, Printed in Korea.
ISBN 978-89-329-1659-0 03300 **발행일** 2014년 6월 20일 초판 1쇄

이 도서의 국립중앙도서관 출판시도서목록(CIP)은 서지정보유통지원시스템 홈페이지(http://seoji.nl.go.kr)와 국가자료공동목록시스템(http://www.nl.go.kr/kolisnet)에서 이용하실 수 있습니다.(CIP제어번호: CIP2014016573)

이 책을
프리츠 슈마허,
기 드보르,
허먼 데일리,

그리고 경제학을 완전히 뜯어고칠 다음 세대 경제학자들에게 바친다.

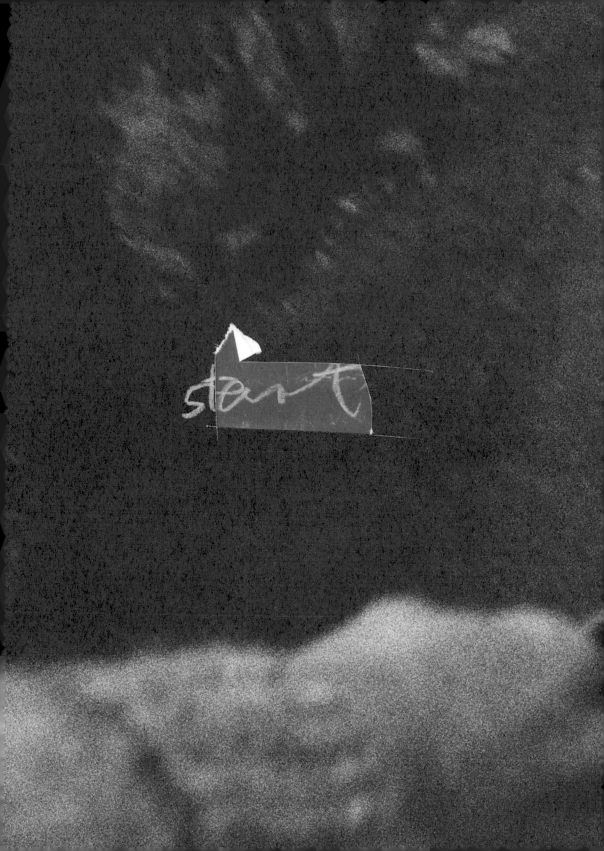

왜 아무것도 없지 않고
무언가가 존재하는가?

빅뱅 이전에는
무엇이 있었는가?

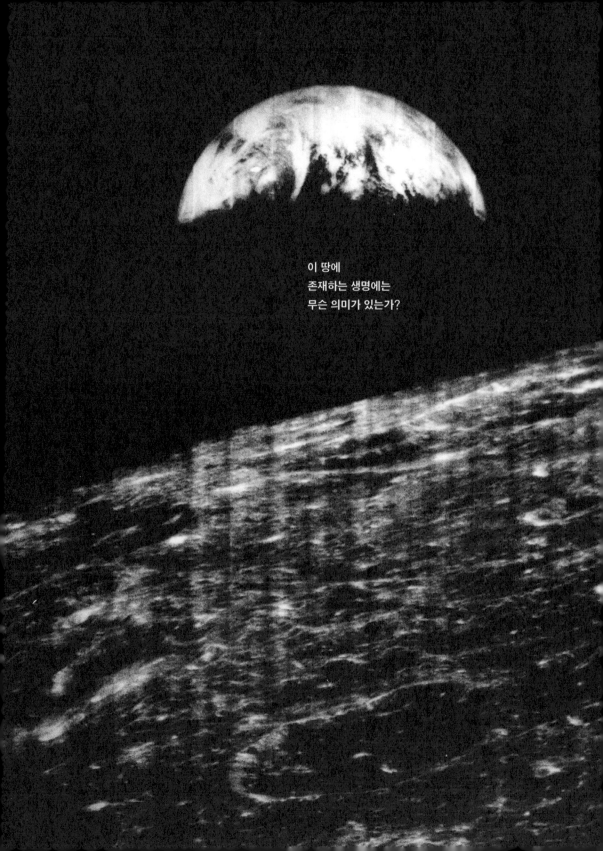

이 땅에
존재하는 생명에는
무슨 의미가 있는가?

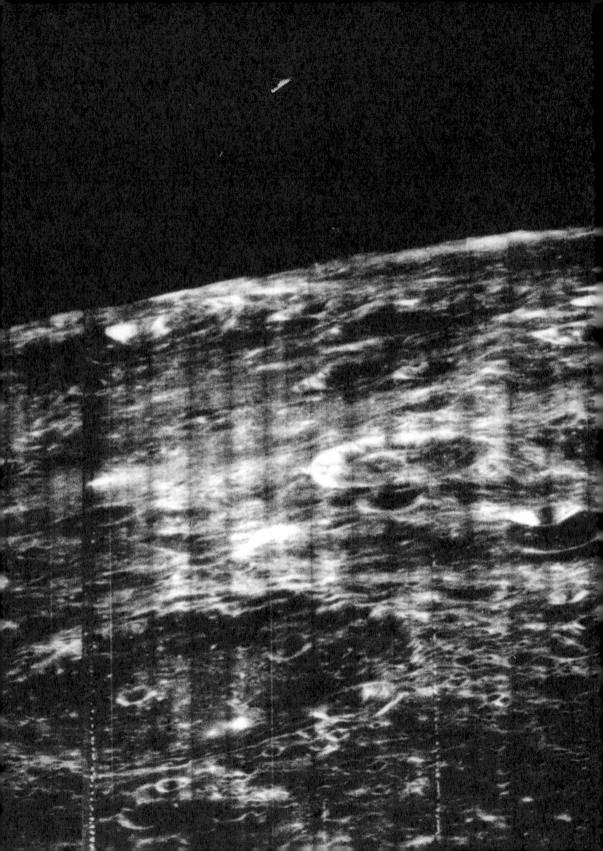

세계 인구 성장

(단위: 10억 명)

6
5
4
3
2
1
0

0   500   1000   1500   2000

세계 총생산

70
60
40
20
0

단위: 1조 달러(2007년 기준)

1970   1980   1990   2000   2010

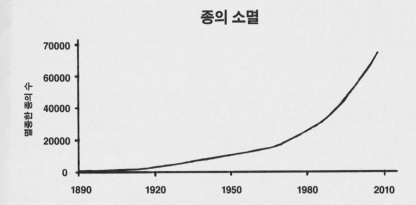

종의 소멸

We can rewrite this definition by multiply
by Q:

$$\text{Profit} = (TR/Q - TC/Q) \times Q.$$

But note that TR/Q is average revenue, w
total cost ATC. Therefore,

$$\text{Profit} = (P - ATC) \times Q.$$

This way of expressing the firm's profit al
Panel (a) of Figure 14-5 shows a fir
already discussed, the firm maximizes pr
price equals marginal cost. Now look at

그래, 경제학을 공부하신다고?

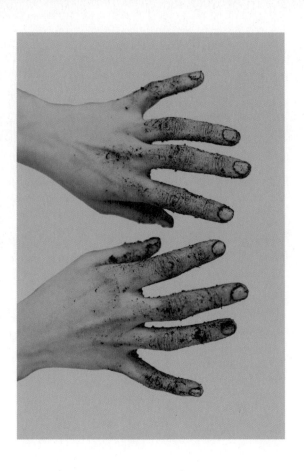

칼레 라슨의
현실 세계를 위한
경제학 교과서

편집
대런 플리트

연출
페드로 이노우에

필진
조지 애컬로프
마거릿 애투드
루르데스 베네리아
허먼 데일리
마이클 허드슨
스티브 킨
만프레드 막스네프
데이비드 오럴
윌리엄 리스
존 랠스턴 솔
조지프 스티글리츠

미술 감독
윌 브라운

미술 조감독
엘런 리

제작 감독
로런 베르코비치

〈워싱턴을 점령하라〉 운동이 벌어진 맥퍼슨 광장에서 명상의 텐트 바깥에 웅크린 채 앉아 있는 남자, 2012년 3월.

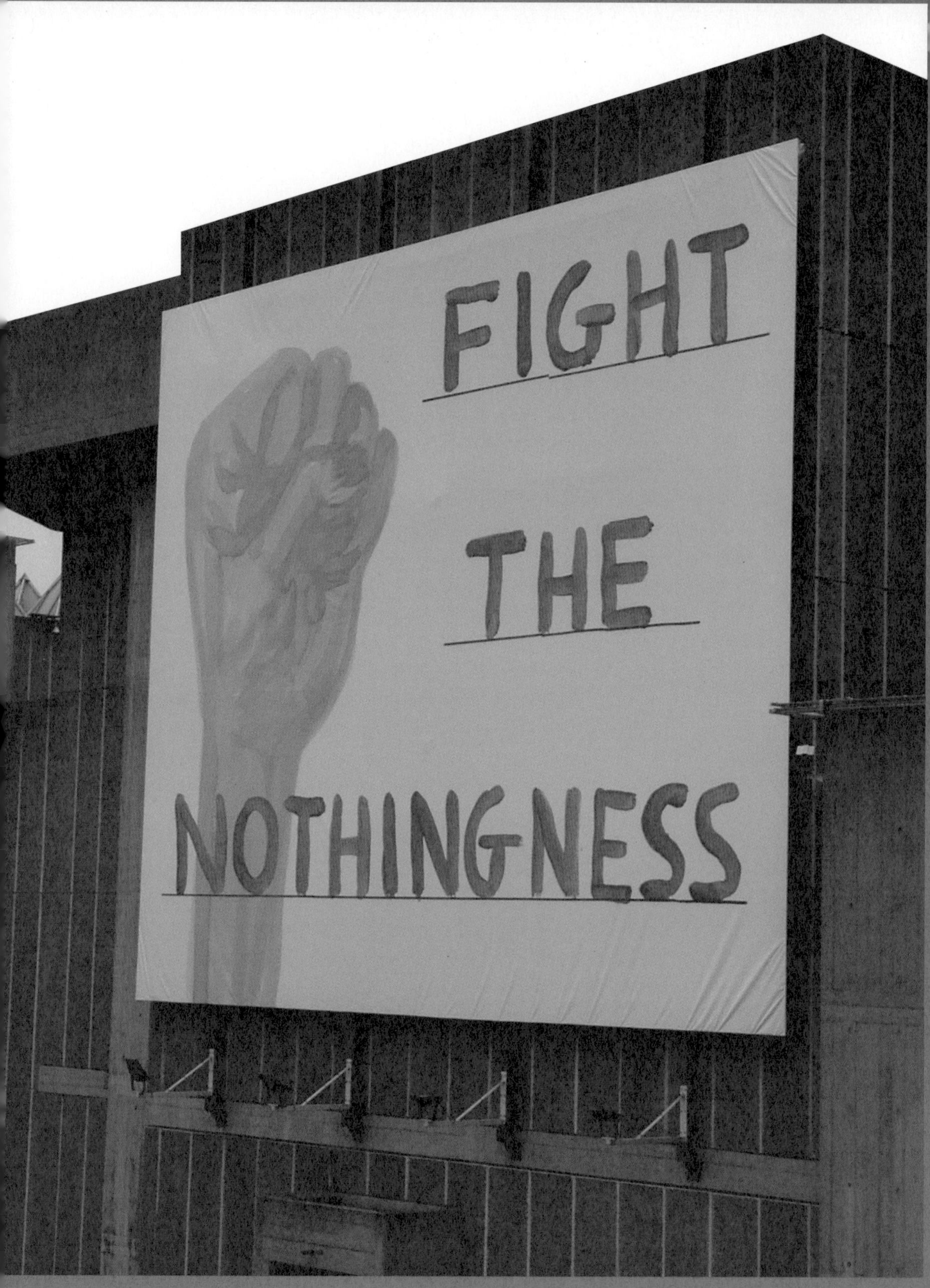
FIGHT
THE
NOTHINGNESS

나의 영혼은 나와 함께 걸어간다

형태 중의 형태

모두 빼앗아, 다 가져

제임스 조이스

거기 앉은 학생들에게 고함

여러분은 중차대한 시기에 대학에 입학했다. 자본주의는 위기에 처했으며 위기는 나날이 깊어만 간다. 경제학자들은 기업의 외부 효과를 경제 모형에 반영하지 못했고 동식물 멸종, 자원 고갈, 기후 변화 같은 현상을 설명하지도 못했다. 모든 경제학자의 허를 찌른 2008년 금융 붕괴는 말할 것도 없다. 경제학은 놀림감으로 전락했다. 학계에서만 그런 것이 아니다. 이제는 일반인들조차 〈무능한 경제학〉이라고 얕잡아본다.

교과서에 코를 박은 채 교수의 해박하고 차분한 강의에 귀를 쫑긋 세우고 연구실 벽에 걸린 온갖 상장에 눈이 휘둥그레지는 사람이라면 경제학이 과학이라는, 그러니까 독자적인 불변의 법칙과 입증된 이론, 노벨상 수상을 자랑하는 엄밀한 학문이라는 인상을 받을지도 모르겠다. 하지만 그것은 진실과 거리가 멀다. 잠깐 겉모습에 현혹될 수는 있겠지만 한 꺼풀만 들추면 경제학이 과연 학문인지조차 의구심이 들 것이다. 경제학의 공리와 신뢰성에 지금처럼 의혹이 제기된 적은 일찍이 없었다. 그동안 위세를 떨치던 신고전파 패러다임이 산산조각 나고 그보다 새롭고 더 혼란스러우며 인간의 생물학적인 면과 행동에 토대를 둔 패러다임이 모습을 드러내고 있다.

하지만 여러분의 학과는 전 세계 여느 경제학과와 마찬가지로 꼰대들의 행진이다. 그것은 종신 임기를 보장받은 교수들이 대로 비주류 교수를 따돌리고 경쟁을 거부했기 때문이다. 경제학과가 돌아가는 꼴은 경찰국가를 빼닮았다. 결코 혁신을 인정하고 보상하는 사상의 자유 시장이 아니다. 하지만 학과 문 밖에서는 이단 경제학이 무럭무럭 자라고 있다. 사회 경제학자, 여성주의 경제학자, 학제간 경제학자, 행동 경제학자, 생태 경제학자를 비롯한 수많은 지성인과 비주류 교수가 신고전파 체제를 공공연히 비판하고 그 체제를 전복하려 싸우고 있다.

따라서 앞으로 경제학을 공부하려면 길은 두 가지다. 첫째, 명백한 모순을 죄다 무시하고 현 상태를 받아들인다. 낡은 패러다임이 앞으로 몇십 년은 더 목숨을 부지하기를, 그 안에 자신이 자리 잡을 수 있기를 바라며 가슴에 성호를 긋는다. 둘째, 처음부터 비주류 편에 선다. 선동가, 밈 전사, 점령가가 되어 교내 게시판에 저항적 대자보를 붙이고 강의 시간에 교수에게 공개적으로 도전하며 패러다임 전환에 여러분의 미래를 거는 것이다.

『애드버스터스』의 모든 구성원은 여러분이 이 책을 읽은 뒤에 상상력을 한껏 발휘하여 지금보다 더 과감하고 흥미진진한 길을 선택하기 바란다.

칼레 라슨, 2012년 여름

대학 신입생인 나는 옥스퍼드 대학의 춥고 칙칙한 교실에 앉아 마르크스주의
사상가 에릭 스빈헤다우 교수를 기다리고 있었다. 마침내 교수가 커피 한
잔을 손에 든 채 불쑥 들어서더니 뚜렷한 벨기에 억양으로 물었다. 「이 커피
보이나?」 물론 〈당연히 보입니다〉라고 대답해야 마땅하겠지만 의문이
들었다. 〈무슨 속셈이지?〉

하지만 교수의 다음 말은 경제학 수업에 대한 고정관념을 여지없이
무너뜨렸다. 「커피는 보이지만, 과테말라 농장도 보이나? 유럽연합 관세는?
커피 노동자들의 급여 명세서는 어디 있지?」 교수의 〈속셈〉은 분명했다.
우리가 보는 세상은 저절로 생겨난 것이 아니다. 사람과 법률, 취향이 지금의
세상을 만들었다.

스빈헤다우 교수가 말했다. 「졸업하고 공직에 종사하고 싶은 사람 손 좀
들어 보게.」 나는 잠시 생각에 잠겼다. 공무원이라…… 구미가 당기기는
했지만, 팔이 떨어지지 않았다. 묘한 일이었다. 어떤 자력이, 지금 교실을
지배하는 힘이 나를 기존 체제에 끌어당기는 듯했다. 아무도 손을 들지
않았다. 말도 안 되는 질문이라는 표정들이었다. 「그렇다면 런던에서
일하고 싶은 사람은 얼마나 되나? 투자하고 매매하고 자금을 회전시키면서
돈을 벌고 싶은 사람은?」 그러자 다들 손을 번쩍 들었다. 이것이 뜻하는
바는 분명했다. 돈 버는 일을 마다하고 사회에 기여하고 싶은 사람이 어디
있으랴?

스빈헤다우 교수의 목적은 우리가 체제에 굴복할 필요는 없으며 수중에 돈을
끌어모은다고 해서 저절로 행복이 찾아오지는 않음을 보여 주려는 것이었던
듯하다.

교수는 손을 드는 학생 비율이 1970년대에 역전되었을 거라고 말했다.
하지만 사람들의 사고방식이 달라진 것을 어쩌겠나. 다들 제 앞가림만 하려
들고 이윤이 모든 사람에게 경제적 이익을 가져다줄 것이라고 철석같이
믿는데. 물론 돈 버는 일 자체가 나쁜 짓이라고 생각하지는 않는다. 열심히
일해서 돈 버는것, 다 좋다. 하지만 돈을 우상으로 섬겨서는 안 된다.
사람들을 착취하지 말고 지구를 엉망으로 만들지 말고 자신을 고립시키지
말고 섬이 되지 말라. 우리는 함께 살아가는 존재다.

루크 설록
영국 옥스퍼드

차례

감정을 느끼면서도 행동하지 않으면 영혼이 파괴된다.
– 에드워드 애비

1. 경제학의 알맹이를 차지하려는 투쟁

2012년 2월 바르셀로나에서 긴축 정책에 저항하는 시위가 벌어졌다.

기업 총수,
투자 은행가,
정책 입안자가 되고 싶은 사람들에게 고함

경제학은 운명이다!

경제학이 잘못되면 폭동이 일어나고 생태계가 붕괴하고 제국이 무너진다.

하지만 경제학이 잠깐이라도 제대로 돌아가면 낙관론, 창의성, 계몽이 온 땅에 넘친다.

호황의 60년이 지난 지금, 세계의 경제적 운명은 잘못된 방향으로 급선회했다.
비관론과 우울이 온 땅을 휩쓸고 있다. 식량, 물, 석유, 오염, 기온 등 모든 것이 정점에
도달하여 기나긴 내리막을 앞두고 있다.
　　1장에서는 경제학의 역사를 간략하게 살펴보되 존재론적 불안의 현 시대를 잉태한
경제 사상의 발전 단계에 초점을 맞춘다. 우선 초창기의 수렵, 물물 교환, 선물, 문화적
호혜주의 등을 살펴보고, 문명의 주변부에서 등장하여 르네상스 시대에 폭발적으로
성장한 〈수익〉, 〈교역〉, 〈소유권〉 등의 복잡한 개념을 들여다본 다음, 화폐 교환
방식과 고리대금, 이자, 통화의 탄생을 거쳐 노예 무역과 식민지 약탈의 시대를 훑어
보고, 마지막으로 세계 금융 흐름이라는 유령, 시장 알고리즘, 초단타 매매, 거대 금융,
자동화된 자본주의 등으로 이루어진 거대한 복잡계 시스템의 변덕에 운명을 맡겨야
하는 현재에 이른다.
　　경제학의 알맹이를 차지하려는 투쟁이 목하 진행 중이다. 우리는 경제 사상의
새로운 발전 단계를 눈앞에 두고 있다. 그 단계가 어떤 모습인지, 어느 방향으로
나아갈지는 아직 알 수 없지만, 과거를 돌아보고 우리가 어디에서 출발했는지
이해한다면 다가올 미래에 대해서도 실마리를 얻을 수 있을 것이다.

고대 마야의 제사에서 재규어를 제물로 바치고 있다.

제물

**신의 명령을 따르는 것 이외에는
지혜가 없도다.**

– 안티고네

모든 문화권에서는 여러 방식으로 제물을 바쳤다. 희생 제사에 유달리 열을 올린 문화도 있었다. 근본적 의미에서, 또한 현대적 의미에서 제물은 비용·편익 분석 방정식의 〈비용〉이다. 그 편익이 물질적이든 비물질적이든, 생존이든 권력이든, 편익은 으레 비용을 동반한다. 따라서 〈비용〉이나 〈제물〉은 인간 존재의 본질이다.

캐슬린 코언, 『고대 문화의 희생 제사 *Sacrifices in Ancient Cultures*』

포틀래치에서는 높은 지위에 오르려면 남에게 많이 베풀어야 한다. 호혜주의는 사회적 유대를 강화한다.
빌헬름 쿠네르트, 「캐나다 포틀래치 제의Canadian Pot Latch Ceremony」, 1894.

선물

**은혜에 감사하면
그 빚의 첫 분량을 갚는 셈이다.**

– 세네카

이 같은 자급자족 경제에서는 받는 것이 아니라 주는 것이 기본 행위다. 내가 주면 상대방도 나에게 줄 것임을 알기 때문이다. 다시 말해서 경제의 핵심 원리는 선물과 호혜주의였다. 부족들은 아무것도 못 받는 사람이 없도록, 주는 행위와 받는 행위를 다스리는 정교한 규칙을 만들었다. (부족 사회에서는 가난하거나 굶주리는 사람이 없다. 어려울 때는 다 같이 고생한다.)

테드 트레이너, 『제로 성장 경제의 본질적 의미The Radial Implication of a Zero Growth Economy』

13세기에 몽골의 통치자 쿠빌라이 칸이 유럽의 탐험가이자 정치가 마르코 폴로에게 순금으로 만든 패를 하사했다. 칸은 태평양에서 도나우 강에 이르는 대제국을 다스렸다. 그의 선물은 몽골의 영토를 안전하게 다닐 수 있는 통행증이자 서방의 비밀을 가지고 돌아오겠다는 약속의 대가였다.

로마의 초창기 주화.

역사가 페르낭 브로델은 걸작 『물질 문명과 자본주의』에서 화폐 경제가 중세 농민의 삶에 차츰차츰 스며드는 과정을 이렇게 묘사했다. 〈화폐가 가지고 온 것이란 무엇을 말하는가? 가장 기본적인 필수품들의 가격마저 급격하게 변화시켜 버리는 것, 인간이 서로 알아보지 못하게 되는 — 자기 자신도, 관례도, 인간의 오래된 가치도 무시하게 되는 — 이해할 수 없는 관계가 그것이다. 인간의 노동은 상품이 되고 인간 자신이 《사물》이 되는 것이다.〉

초창기 화폐는 양(羊), 조개껍질 등 형태가 다양했지만, 점차 금과 은을 주조한 주화가 교환과 가치 평가와 가치 저장의 가장 실용적이고 보편적인 수단으로 쓰이기 시작했다.

미국의 국부 벤저민 프랭클린이 1779년에 디자인한 초창기 55달러 지폐.

화폐

돈이 사람을 만든다.
– 스파르타의 아리스토데무스

화폐는 보관하기 쉬웠기 때문에 근면한 사람들은 부를 축적할 수 있었지만 이렇게 축적해 놓은 부는 도둑의 표적이 되기도 했다. 도둑질은 특히 상인들에게 골칫거리였다. 화폐를 휴대할 수 있게 된 덕에 귀한 직물과 향신료를 구하러 멀리까지 여행할 수 있게 되었지만, 길에 숨어 있는 강도들에게 지갑을 빼앗기는 일이 잦았다. 이 문제를 해결하기 위해 은행이 생겨났다. 금은을 늘 대량으로 다루며 튼튼한 금고에 보관하는 금속 세공사들이 남의 주화를 보관해 주고 보관 영수증을 발급하던 관행이 은행의 시작이다. 보관 영수증을 화폐처럼 쓸 수 있게 되면서 거래는 더 쉽고 안전해졌다.

중세가 되자 세공사 겸 은행가들은 실제로 가진 금보다 더 많은 액수의 영수증을 발급해도 눈치채는 사람이 없음을 알아차렸다. 그래서 영수증을 빌려 주고 수수료를 챙겼다.

리처드 하인버그, 『제로 성장 시대가 온다』

개오지 껍데기는 기원전 16~11세기에 고대 중국의 상 왕조에서 쓰던 초창기 화폐다.

고대 그리스에서 동전을 주조한 최초의 도시 국가는 에기나 섬으로, 시기는 기원전 700년으로 거슬러 올라간다.

수익

**광야와 메마른 땅이 기뻐하며
사막이 백합화같이 피어 즐거워하며**

– 이사야 35장 1절

〈수익〉이 〈사회에 이로운 선(善)〉으로 간주된 것은 비교적 최근의 일이다. 수익 개념은 역사 시대를 통틀어 거의 등장하지 않았다. 미국의 순례자 선조들은 싸게 사서 비싸게 파는 행위를 사탄의 교리에 비유했다. 그럼에도 14세기를 지나면서 지중해 지역에서 진짜 중산층이 사회적 세력으로 등장했다. 맞바람을 거슬러 전진하는 기술인 태킹 덕에 범선이 자연의 변덕에 휘둘리지 않고 항해할 수 있게 되었는데, 태킹과 나침반의 발명으로 교역량이 증가했으니 이것이 중산층의 탄생 비결이다. 곧 전 세계에 새로운 무역로가 열렸다. 잉여 자본과 더

리스본 항의 분주한 풍경(1593년 작). 포르투갈의 군주와 선장은 한때 라틴 아메리카, 아프리카, 동아시아에서 무역을 지배했다.

동방의 통치자와 서방의 관리가 매서운 눈으로 지켜보는 가운데 은괴를 지폐와 교환하고 있다.
옛 사람의 눈에는 귀금속이 종이로 바뀌는 것이야말로 일종의 연금술이었다.

불어 새로운 야심가들이 등장했다. 15세기 초에는 국왕보다
더 부유한 상인들이 부지기수였다. 그중 한 명인 조반니 데 메
디치(1360~1429)는 이렇게 벌어들인 돈으로 피렌체 르네상
스를 탄생시켰다. 메디치 가문은 유럽 전역의 금융 거래를 도
맡았으며, 가문의 근거지 피렌체는 고대 그리스의 아테네와
어깨를 나란히 하는 문화 중심지가 되었다.
존 애드킨스 리처드슨, 『있는 그대로의 미술 *Art: The Way It Is*』

코시모 데 메디치(1389~1464)는 메디치 금융 가문에서 가장 영향력 있는 가부장이었다.
그는 대립교황 요한 23세의 친구였으며 1415년에 피렌체 공화국 최고행정위원에 선출되기도
했다. 코시모의 상속인 중 여럿이 교황이나 제후가 되었으며 이로 인해 기업, 정치, 종교가
하나로 어우러졌다. 마키아벨리의 『군주론』은 1513년에 코시모의 친척 로렌초 디 피에로 데
메디치에게 헌정된 작품이다.

우 리 를 응 시 하 는 미 래

렘브란트, 「포목상 조합의 이사들」, 1661.
조합은 가격을 정하고 품질을 관리하고 교역을 규제했다.

고리 대금

**사람이 온 세상을 얻는다 해도
제 목숨을 잃는다면 무슨 이익이 있겠느냐?**
– 마르코의 복음서 8장 36절

기독교 시대 유럽에서는 부와 특혜, 권력을 누리는 자에게 큰 도덕적 책무가 따랐다. 프레스코, 목판화, 건축, 벽화에는 상인, 고리대금업자, 교황, 추기경, 왕 등이 지옥에 떨어져 족쇄를 찬 채 악마에게 몽둥이찜질을 당하는 장면이 새겨져 있다. 이런 그림이 문맹의 대중에게 전하는 메시지는 분명했다. 부자와 권력자는 이 땅에서 상을 이미 받았으되 천하고 가난한 사람에게는 천국의 삶이 기다리고 있다는 것이다. 〈공정한 가격〉 등의 경제 원칙과 고리대금에 대한 금기가 유럽의 시장을 지배했다. 이자와 수익이 정상적인 것으로 인식되려면 기독교를 전혀 다르게 이해해야 했다. 부에 대한 새로운 미학이 필요했던 것이다. 피렌체를 중심으로 한 신진 부유층 후원자들에게 고용된 미술가들은 예수와 제자, 동정

녀 마리아, 교황, 지역 유지 등이 부와 풍요를 누리는 모습을 그렸다. 부와 종교가 하나라는 관념이 등장했다. 도미니쿠스 수도회의 영향력 있는 수도사 지롤라모 사보나롤라는 이러한 예술의 타락에 맞서 짧은 저항 운동을 주도했는데, 1497년 피렌체에서 화려한 양식으로 제작된 종교적·세속적 작품을 불태우는 〈허영의 불꽃〉 행사를 감독했으나 얼마 지나지 않아 피렌체 지배층에게 버림받고는 이듬해 같은 광장에서 산 채로 화형당했다. 반대 운동의 잿더미에서 기독교의 경제적 부활이 시작되었다. 또 다른 주요 일신교인 이슬람교는 고리대금을 금지하는 교리를 아직까지 지키고 있다.

대런 플리트

처음에 교회는 돈을 빌려 주고 이익을 얻는 행위, 즉 고리대금업을 죄로 여겼지만 은행가들은 교리에서 허점을 찾아냈다. 돈을 빌려 주면서 발생한 비용에 대해 변상을 청구하는 것은 허용되었는데, 이것을 〈보상interest〉이라 불렀다. 은행가들은 〈보상〉의 정의를 점차 확장하여 예전에 〈이자usury〉라 불리던 것까지 뭉뚱그렸다. 존재하지 않는 금에 대한 영수증을 빌려 주는 일은 순조로웠다. 단, 은행권을 가진 사람들이 금이나 은을 한꺼번에 청구하지 않는 한. 다행히도 이런 일은 매우 드물게만 일어났기에, 예금보다 더 많은 돈에 대한 영수증을 발급하는 행위는 〈부분 지급 준비〉라는 이름의 버젓한 금융 제도가 되었다.

리처드 하인버그, 『제로 성장 시대가 온다』

마리뉘스 판 레이메르스바엘러,
「고리대금업자」, 1540.
판 레이메르스바엘러는 금융과 관련하여
다양한 주제를 다루었으며 탐욕과 과소비를
죄와 자기도취로 즐겨 묘사했다.

왼쪽
예수가 예루살렘 성전에서 환전상을 내쫓는
장면을 묘사한 엘 그레코의 작품.
예수의 설교 중에서 절반 이상이 부와
소유의 문제를 직접 언급한다.

크리스토퍼 콜럼버스는 신세계로 네 번 항해했다. 콜럼버스는 카리브 해의 섬 1,700개와 원주민이 스페인 국왕의 소유라고 주장했다.

약탈

**이단자에게 내뿜는 화약이
주님을 위한 향임을 누가 부인할 수 있으랴?**

- 곤살로 페르난데스 데 오비에도

1519년에 코르테스는 아스텍의 몬테수마 황제에게 엄청 난 보물이 있다고 스페인 사람들에게 말했다. 그로부터 15년 뒤에 프란시스코 피사로가 사로잡은 잉카 황제 아 타우알파의 어마어마한 몸값 — 방 한 개를 가득 채울 만 큼의 금, 방 두 개를 채울 만큼의 은 — 이 세비야에 도착 했다(하지만 피사로는 몸값을 받은 뒤에 아타우알파를 목 졸라 죽였다). 몇 해 전에 콜럼버스는 스페인 국왕의 재정 후원을 받은 첫 번째 항해에서 앤틸리스 제도를 발 견하여 금을 가지고 돌아온 바 있었다. 하지만 카리브 해 섬 원주민들은 더는 공물을 바칠 수 없었다. 금광에서 금 을 캐다가, 몸이 물에 반쯤 잠긴 채 사금을 걸러내는 위험한 작업을 하다가, 스페인에서 들어온 무거운 농기구로 기력이 쇠진하도록 땅을 갈다가 한 명도 남지 않고 절멸했기 때문이다. 아이티 원주민들은 백인 압제자 손에 어떤 운명을 맞게 될지 알았기에 자식을 죽이고 집단으로 자살했다. 16세기 중엽의 역사가 페르난데스 데 오비에도는 앤틸리스 학살을 이렇게 비꼬았다. 〈그들의 대다수는 울적한 마음을 달랠 요량으로 노동하기보다는 음독 자살을 하고, 또한 다른 사람들은 자신들의 손으로 서로 교살했다.〉
에두아르도 갈레아노, 『수탈된 대지: 라틴 아메리카 5백년사』

수리남의 노예 경매. 유럽의 노예 상인과 투자가는 아프리카에서 400년에 걸쳐 1,000만 명 이상을 납치했다.

아이티 혁명은 1791년에 노예 반란으로 시작되었다.
프랑스군과 연합군은 10년 동안 싸웠으나 결국 식민지를 잃었다.
1804년에 건국한 아이티 공화국은 아메리카 대륙 최초의 흑인 국가다.

소유

담을 잘 쌓아야 좋은 이웃이 되지요.
    – 로버트 프로스트

귀족 로버트 앤드루스와 그의 잉글랜드 영지를 묘사한 토머스 게인즈버러의 그림.
1750년 작으로, 소유에 대한 자부심을 표현했다.

역사상 어느 순간엔가 소유 개념이 바뀌었다. 본디 땅은 공동 소유였으며 집은 필요한 사람이 협상을 거쳐 소유했다. 유럽 봉건 제도에서는 영주와 농노 등의 사회적 지위에 따라 토지가 분배되었으며 소유의 피라미드 꼭대기에는 전능한 신이 궁극적 소유주로 자리 잡았다. 인간은 신의 토지를 맡은 관리인이었다. 아프리카에서는 왕과 부족장이 드넓은 영토를 차지했으며 서열, 지위, 가족 관계에 따라 토지가 분배되었다. 북아메리카 원주민들은 친족 개념을 소유권의 토대로 삼았다. 해와 달을 소유할 수 없듯 땅도 소유할 수 없었으며 모든 사람은 후손을 위해 땅을 소중히 간직할 의무가 있었다.

하지만 유럽의 계몽주의는 개인 주권, 시민권, 사적 소유권 등의 새로운 개념을 전 세계에 퍼뜨렸다. 시민과 개인적 권리라는 개념이 확장되면서 재산을 소유한 주체라는 그리스 시대의 정치적 상징이 되살아났다. 자유를 갈망하며 신세계를 향해 떠난 정착민들은 구세계의 공동 소유제를 지속할 생각이 없었다. 이들은 땅에 울타리와 경계선, 증서, 표석을 세웠으며, 소유권은 사회와 시간을 초월하는 절대적 권리가 되었다. 이 새로운 개척지에서 인간 정신은 주변 사물을 모조리 손가락으로 가리키는 어린아이처럼 뻗어 나갔다. 땅은 신의 것이 아니라 인간의 것이 되었다. 구세계의 〈우리 것〉이 신세계의 〈내 것〉으로 바뀌는 데는 오랜 시간이 걸리지 않았다.

대런 플리트

조지 스터브스,
「링컨셔의 소」, 1790.
이 그림은 짐승이 가축으로
바뀌고 땅이 재산으로
바뀌던 시대를 묘사했다.

16세기부터 19세기까지
영국의 거의 모든 목초지가
인클로저 법령을 통해 사유지로
전환되었다. 원래 의도는
공유지를 개량하겠다는
것이었지만, 소작제가
시행되면서 가난한 농민이
공유지에서 쫓겨나고 부유한
지주가 그 땅을 차지했다.

빚

인간은 자유로운 존재로 태어난다.
그리고 인간은 어디서나 사슬에 묶여 있다.

– 장 자크 루소

18세기 영국의 교도소는 채무자로 넘쳐났다.
한번 갇히면 빚을 다 갚을 때까지 풀려날 수 없었다.
재소자들은 수감 비용을 자신이 지불해야 했으며
가족들은 가장을 꺼내려고 구걸까지 해야 했다.

신용의 역사는 문명의 시초로 거슬러 올라간다. 이를테면 군주들이 전쟁을 수행할 수 있었던 것은 초기 은행(10~13세기의 바르디 은행과 페루치 은행)이 신용을 제공했기 때문이다. 하지만 20세기 들어 신용 확대가 어찌나 보편화되었던지 정부와 기업은 말할 것도 없고 선진국의 거의 모든 가계에까지 신용이 보급되었다.

요즘 들어 신용이 이토록 팽창한 이유는 무엇일까? 바로 〈성장〉 때문이다.

신용이 있으면 지금 소비하고 나중에 계산할 수 있다. 신용은 대부자가 차입자를 신뢰한다는 표시다. 차입자가 〈지금〉 진 빚에 대해 〈나중〉에 기초 생활비를 제하고도 원금과 이자를 갚을 수 있으리라는 신뢰 말이다. 그 바탕은 미래가 현재보다 사정이 나으리라는 기대다.

현대 경제 이론은 채무를 〈저축자와 소비자 사이에서 부가 중립적으로 이전되는 것〉으로 여긴다. 하지만 성장이 종말에 도달한 세상에서 채무는 전혀 중립적이지 않다. 〈저축자〉는 지연된 소비를 실현할 도리가 없다.

……성장의 종말은 신용의 종말이다. 부채에 대해 〈지금〉 생기는 이자를 상환할 잉여 소득이 〈나중〉에 생기지 않을 것임을 모두가 점차 깨달을 것이기 때문이다.

리처드 하인버그, 『제로 성장 시대가 온다』

제국

부자는 가지고 싶은 것을 가지고
가난뱅이는 바쳐야 하는 것을 바친다.
– 투키디데스

산업 시대 350년 동안 상당수 유럽인들은 생산하는 것보다 더 많이 소비했다. 그 비결은 세계의 나머지 대부분을 소유하고 경제적으로 착취했기 때문이다. 1914년까지도 세계 대부분은 유럽 자본이 직접 통치하거나 유럽인의 후손이 점유하거나 유럽 열강이 매우 불평등한 조약을 통해 지배했다. 화석 연료를 뽑아내는 속도가 점차 빨라지면서 이러한 과정은 극단으로 치달았다. 그리하여 유럽에 살거나 유럽 이민자들이 세운 더 부유한 나라에 사는 사람들은 — 그중에 으뜸은 미국이다 — 세계 인구 중에서 소수에 불과했지만 어떤 인간 사회의 기준에 견주어도 터무니없이 호화스러운 삶을 누렸을 뿐 아니라 미래가 지금보다 훨씬 더 풍요로워질 것이라고 기대할 수 있었다.

풍요의 시대가 끝났다는 엄연한 현실을 직시한 사람은 산업 사회에서 극소수에 불과했다. 제1차 세계 대전이 발발한 1914년부터 인도차이나 전쟁이

식민지 관리들이 아프리카 병사들을 사열하고 있다. 1894년 베를린 회의에서 유럽 정치인들은
아프리카의 광대한 영토를 자기네 제국으로 편입시킬 계획을 짰다. 아프리카인은 아무도 참석하지 못했다.

프랑스의 패배로 끝난 1954년 사이에 유럽의 세계 지배는 풍비박산 났다. 유럽 제국의 시대는 끝났다. 미국은 유럽으로부터 제국의 지위를 물려받았으나 유럽 나라들이 1914년까지 누리던 세계 지배의 수준에는 결코 도달하지 못했다. 이를테면 대영 제국이 지표면의 4분의 1을 직접 통치한 반면에 미국은 다른 나라에 군대를 주둔시키는 조약을 비밀리에 맺어야 했다. 유럽과 미국이 부와 권력을 차지한 두 번째 — 어쩌면 첫 번째보다 더 중요한 — 비결은 5억 년 동안 축적된 햇빛을 뽑아 썼다는 것이다. 석유 생산량은 정점에 올랐다가 하강 국면에 접어들었으며 1914년에 몰락한 〈팍스 에우로파〉 못지않게 심각한 영향을 미칠 것이다.

존 마이클 그리어, 『자연의 부: 생존을 위한 경제학 *The Wealth of Nature: Economics as if Survival Mattered*』

사냥을 끝낸 부유층 부부.
영국은 1858년부터 1947년까지 인도를 식민 통치했다.

인도가 영국의 식민지이던 시절에 한 영국인이 인도인 하인에게 발톱 손질을 받고 있다.

금융

돈이란 믿음의 문제다.

– 애덤 스미스

화폐가 수단이 아니라 우상이 되어 버린 때는 언제였을까?
닉슨이 베트남 전쟁의 전비를 마련하려고 금 본위제를 철폐하여 세상을 경악케 한,
그리하여 일방적으로 미국 달러를 세계 경제의 준비 통화로 선포한
1971년 8월 15일이었을까? 아니면 2008년이 저물 무렵,
선진국 중앙은행들이 민간 부문의 부패한 금융 기관이 지고 있던 부채 3조 달러를
대신 갚아 주었을 때였을까? 정확히 언제였을까, 화폐가 문명의 혈액이 된 때는?

매슈 데이비드 시겔, 「경제, 사회, 종교에 대한 세계 정치적 고찰
Cosmopolitical Reflections on Economy, Society, and Religion」

JP모건, 뱅크오브아메리카, 시티그룹, 웰스파고, 골드만삭스 등 다섯 개 은행의
2011년 말 총자산은 8조 5,000억 달러로, 미국 경제의 56퍼센트를 차지했다. —「블룸버그」

교수님, 질문 있습니다!

우리 사회에서 금융의
역할은 뭐죠?
그리고 은행의 역할은요?

우화

기원전 6세기에 아테네 사람들은 서서히 고생길에 접어들었다. 아테네의 지배층인 세습 귀족 에우파트리다이는 정부를 좌지우지하고 토지를 독차지하고 궁핍한 시기에 권력을 이용하여 가난한 집안을 빚더미에 앉혔다. 에우파트리다이는 아테네 사람들에게 은행가 노릇을 했다. 이자를 갚지 못한 농민은 땅을 빼앗기고 농노로 전락했다. 심지어 노예로 팔려가기도 했다. 물론 농노나 노예가 되면 아테네 시민 자격을 잃었다. 빚의 굴레는 갈수록 조여들기만 했다.

부의 양극화가 극단에 이르러 경제가 불안해지고 폭동이 일어날 지경이 되자 절박감을 느낀 아테네 사람들은 솔론을 공직에 앉히고 전권을 부여했다. 솔론은 이미 20년 전에 아르콘(1년 임기의 최고 통치자)의 직책을 지낸 바 있었으며 아테네에서 손꼽히는 시인이기도 했다. 솔론은 사람들에게 예를 들고 싶거나 정치적 추진력이 필요할 때면 시를 활용했다. 그는 줄기차게 중용과 개혁을 주장했다. 솔론은 혁명을 독재 못지않게 반대했다. 이러한 중용의 정신은 이후 상황에 비추어 해석해야 한다. 상환 불가능한 부채와 점차 커져만 가는 불평등에 대해 솔론은 이렇게 썼다.

이러한 공중의 해악은 어느 집에나 들이닥치기에 대문으로도 막지 못하고 높은 담이라도 뛰어넘으며 누가 침실 한 모퉁이로 몸을 숨긴다 해도 끝내 찾아내고 만다.

솔론이 권력을 잡았을 당시의 분위기는 오늘날과 그다지 다르지 않았다. 동일한 조울증적 분위기가 사회를 짓누르고 있었다. 그전까지 억압적 통치자의 가혹한 금융·법률 정책은 드라콘 법전을 토대로 삼았는데 부자들은 이를 비웃기라도 하듯 돈의 위력을 마음껏 휘둘렀다.

솔론이 권좌에 오른 뒤에 처음 시행한 조치는 몰수된 토지를 모두 원래 주인에게 돌려주고 노예가 된 시민을 모두 해방시키는 것이었다. 이는 그가 반포한 명령에 의한 것이었다. 말하자면 직접적 채무 불이행 선언을 법제화한 셈이었다. 아테네 사람들은 솔론이 빚을 〈탕감〉했다고 말했지만 그가 실제로 한 일은 차용증을 찢어 버린 것에 지나지 않았다. 그의 말을 빌리자면, 솔론은 곳곳에 박힌 채무 표석을 뽑아냈으며 예속되었던 땅을 자유롭게 했다.

사람들과 국가를 빚의 멍에에서 해방시킴으로써 솔론은 사회의 균형을 다시 확립할 수 있었으며, 이러한 토대 위에서 드라콘 법전을 대체할 공정한 법전을 편찬하고 민주적 정체의 주춧돌을 놓았다. 아테네 사람들은 이내 과거의 영광을 되찾았다. 사상, 연극, 조각, 건축, 민주주의 개념이 쏟아져 나오고 자산가들이 배출되었다. 이는 결국 로마 문명과 서구 문명의 토대가 되었다. 아테네의 솔론이 보여 준 천재성, 빚을 탕감하면서 보여 준 그 천재성에 의식적으로든 무의식적으로든 경의를 표하지 않고서는 우리는 한 발짝도 나아갈 수 없다.

존 랠스턴 솔, 『볼테르의 사생아 Voltaire's Bastards』

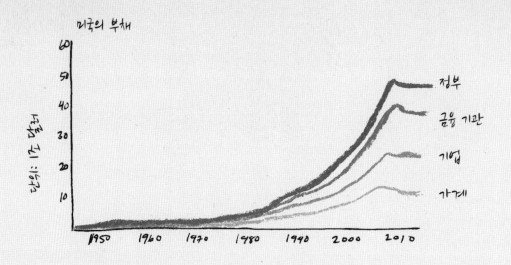

미국의 부채

단위: 1조 달러

정부
금융 기관
기업
가계

1950 1960 1970 1980 1990 2000 2010

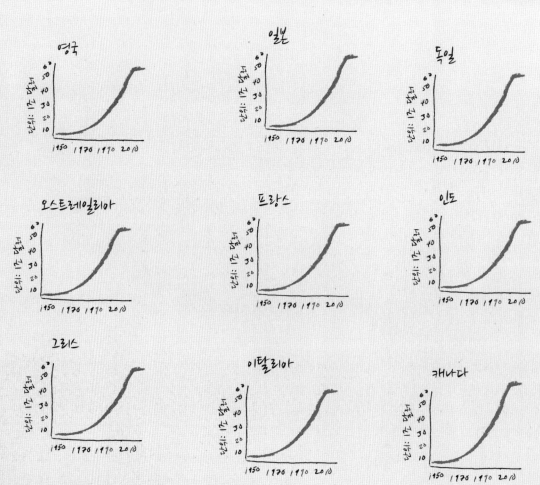

영국

일본

독일

오스트레일리아

프랑스

인도

그리스

이탈리아

캐나다

상환할 수 없는 부채는 상환되지 않는다

마이클 허드슨

장기경제동향연구소 이사장이자 월스트리트 금융 분석가, 미주리 대학 경제학과의 저명한 연구교수로, 『초제국주의: 미 제국의 경제 전략*Super-Imperialism: The Economic Strategy of American Empire*』과 『무역, 발전, 외채*Trade, Development and Foreign Debt*』 등을 썼다.

아리스토텔레스는 『정치학』 4권에서 소수 지배층인 올리가르키아가 세습 귀족으로 변신하는 영구적 전환을 설명했다. 이러한 귀족 체제는 독재자 손에 무너질 수도 있고, 일부 가문이 대중을 자기 편으로 끌어들임에 따라 내부에서 경쟁이 격화될 수도 있다. 그러면 민주주의가 도입되고 다시 소수 지배 체제가 등장하고 귀족주의와 민주주의가 또 뒤따른다. 이 순환이 역사 내내 되풀이되었다.

채무는 이러한 변화를 추동하는 원동력이었으며 변화는 늘 새로운 굴곡과 전환을 동반했다. 채무 때문에 부가 양극화되면 채권자 계층이 탄생하며, 이들의 소수 지배 체제를 무너뜨리고 등장한 새로운 지도자(아리스토텔레스는 이들을 〈참주〉라 불렀다)들은 빚을 탕감하여 소유를 재분배하거나 사용권을 국가에 귀속시킴으로써 대중의 지지를 얻는다.

하지만 르네상스 이후로 은행가들은 민주주의를 정치적 지지 대상으로 선택했다. 평등주의나 자유주의적인 정치적 신념 때문이 아니었다. 그들은 채권을 더 안전하게 지키고 싶어 했다. 제임스 스튜어트가 1767년에 설명한 바 있듯이 왕실의 차입은 진정한 공공 채무라기보다는 여전히 사적 채무에 가까웠다. 선출된 대표자가 세금을 징수하여 이자를 납부하면서 비로소 국왕의 채무가 국가 전체의 채무로 바뀌었다.

과거에는 왕과 제후가 죽으면 채무도 함께 소멸되었지만, 네덜란드와 영국에 민주주의가 들어서면서 국민은 참정권을 얻었고 채권자들은 상환을 보장받았다. 하지만 최근 들어 아이슬란드를 시작으로 그리스와 스페인까지 채무 저항에 동참하자 채권자들은 민주주의에 대한 지지를 거두어들이기 시작했다. 이들은 재정 긴축을 시행하라고, 심지어 민영화를 통해 국가 자산을 팔아치우라고 요구한다.

이로 인해 국제 금융계가 새로운 전쟁 상태에 돌입하고 있다. 과거 군사 정복과 마찬가지로 금융 전쟁 또한 토지와 광물 자원, 공공 자산을 빼앗고 피정복 국가의 국민을 쥐어짜는 것을 목표로 삼는다. 이에 맞서 민주주의자들은 실업과 임금 하락, 경제 침체를 감수하면서까지 공공 자산을 팔고 세금을 올려 부채를 상환해서는 안 된다고 말한다. 그보다는 부채를 깎아 주거나 심지어 탕감하고 금융 부문에 대한 규제를 재도입해야 한다고 주장한다.

근동의 지도자들은 경제 균형을 유지하기 위해 채무 말소를 선언했다

상품이나 화폐를 빌려 주고 이자를 물린 것이 애초부터 경제를 양극화하려던 목적은 아니었다. 이자의 기원은 기원전 3000년 수메르에서 왕실을 위해 일하는 상인과 사업가가 신전이나 궁전과 맺은 계약이다. 원거리 무역이나 토지 대여, 또는 작업장, 배, 양조장 같은 공공 자산에 대해서는 5년마다 원금이 두 배가 되는 20퍼센트의 금리가 적당하다고 여겨졌다.

이용 수수료와 임대료를 징수하는 왕실 징수관이 업무를 민영화하자 〈신성한 왕권〉이 나서서 농촌 채무자를 보호했다. 기원전 1750년경 바빌로니아의 함무라비 법전은 홍수가 나거나 가뭄이 들었을 때 빚을 탕감해 주라고 명령했다. 함무라비 왕조의 모든 왕은 즉위 첫해에 모든 채무를 말소한다고 선언함으로써 농민의 빚을 탕감했다. 채무 노예가 해방되고 토지와 경작권을 비롯한 담보가 채무자에게 반환되어 자산과 부채의 이상적인 〈원래〉 상태로 질서가 회복되었다. 이

관습은 레위기에 실린 모세의 율법인 〈희년〉의 형태로 살아남았다.

이유는 분명했다. 고대 사회에서 토지를 방어하려면 군대가 필요했으며, 병력을 보충하려면 채무 노예가 된 시민을 해방시켜야 했다. 함무라비 법전은 전차병을 비롯한 전투원이 채무 노예가 되지 않도록 보호했으며, 왕의 토지와 국유지에 속한 소작농의 수확물을 채권자가 빼앗지 못하도록 했다. 왕실에 노역과 군역을 제공할 공유지도 마찬가지였다.

이집트의 파라오 바켄라레프(기원전 720~715년경, 그리스어로는 〈보코리스〉)는 에티오피아의 군사적 위협에 직면했을 때 채무 사면을 선포하고 채무 노예 제도를 철폐했다. 기원전 40~30년에 활동한 저술가 디오도로스 시켈로스에 따르면, 바켄라레프는 채무자가 상환 청구에 불복할 경우 채권자가 서면 계약서를 제시하지 못하면 채무가 무효화된다는 법령을 제정했다(채권자는 언제나 채무 금액을 부풀리려는 경향이 있다). 시켈로스는 바켄라레프의 논리를 이렇게 설명했다. 〈국민의 몸은 국가에 속해야 한다. 그래야 전쟁시에든 평화시에든 국민의 마땅한 의무를 행할 수 있기 때문이다. 바켄라레프는 병사가 빚을 갚지 못해 감옥에 갇히는 사태를 용납할 수 없었으며 개인의 탐욕이 만인의 안전을 위협해서는 안 된다고 생각했다.〉

근동의 채권자들은 주로 왕실이나 신전 아니면 그에 소속된 징수관이었기에 채무를 탕감하는 데 정치적 부담이 없었다. 자신에게 진 빚을 삭치기란 언제나 쉬운 일이니까. 로마 황제들조차 위기의 조짐이 보일 때면 조세 기록을 불태웠다. 하지만 민간 채권자가 받아야 할 빚을 삭치는 것은 훨씬 힘들었다. 이것은 이자를 물리는 관습이 기원전

750년경 이후 서쪽으로 지중해 부족 국가들에까지 전파되었을 때 얘기다. 채무는 가계가 소득과 지출의 격차를 메우는 데 도움을 주기는커녕 토지 강탈의 주요 수단이 되었다. 사회는 채권자인 올리가르키아와 채무자인 피지배층으로 양극화되었다. 유다의 선지자 이사야는 〈가옥에 가옥을 이으며 전토에 전토를 더하여 빈틈이 없도록 하고 이 땅 가운데에서 홀로 거주하려 하는〉 채권자에게 저주를 퍼부었다(이사야 5장 8절).

채권자의 권력과 안정적 성장은 거의 양립할 수 없는 것이었다. 이 시대의 개인 채무는 대부분 근근이 살아가는 사람들이 빌린 소액의 자금이었다. 이런 사람들의 토지와 자산을, 그리고 인신의 자유를 압류하면 채무자는 노예 신세가 되어 이로부터 헤어날 수 없었다. 기원전 7세기가 되자 코린트를 비롯한 그리스 부자 도시들에서 귀족 체제를 무너뜨리며 등장한 포퓰리스트 지도자 〈참주〉가 채무를 말소하여 지지를 얻었다. 이보다 덜 폭력적이기는 했지만 솔론이 기원전 594년에 아테네 민주주의의 초석을 다진 것도 채무 노예 제도를 금지하면서부터였다.

하지만 올리가르키아가 다시 부상해, 스파르타의 왕 아기스, 클레오메네스, 이들의 후계자 나비스가 기원전 3세기 말에 채무를 말소하려 하자 로마에 도움을 청했다. 그들은 살해당했으며 이들의 지지자들은 추방당했다. 금융의 사회 정복에 제약을 가할 수 있는 대중 민주주의와 왕실 권력을 채권자 집단이 반대한 것은 고대 이래 역사의 정치적 상수(常數)였다. 정복의 목적은 경제적 잉여에서 최대한 많은 몫을 이자로 떼어 내려는 것이었다.

기원전 133년에 그라쿠스 형제와 추종자들은 채권법을 개혁하려 했으나 지배층인 원로원 계급은

폭력을 써서 이들을 살해하고 내전을 일으켰다. 100년 동안 지속된 내전은 기원전 29년에 아우구스투스가 황제로 즉위하면서 비로소 끝났다.

로마의 채권자 올리가르키아가 동맹시 전쟁에서 승리하여 사람들을 노예로 삼고 암흑 시대를 열다

나라 밖에서는 피비린내가 더 지독했다. 아리스토텔레스는 자신의 정치적 기획을 설명하면서 제국 건설을 언급하지 않았지만, 정복은 언제나 채무를 부과하는 주요인이었으며 현대에 들어서도 전쟁 채무는 공공 채무의 주요인이었다. 고대에 채무를 가장 가혹하게 징수한 곳은 로마였다. 로마 채권자들은 가장 번창한 속주이던 소아시아에까지 채무의 질병을 퍼뜨렸다. 세리 채권자인 〈기사〉가 들이닥치면 법 조항은 무용지물이 되었다. 폰투스의 미트리다테스는 세 차례의 민중 봉기를 주도했으며, 기원전 88년에는 에페소스를 비롯한 여러 도시의 지역 주민들이 봉기하여 로마인 8만 명을 죽였다고 한다. 기원전 84년에 로마 군대가 복수전을 벌였으며 로마 장군 술라는 전쟁 배상금 2만 탈렌트를 부과했다. 연체 이자에 또 이자가 붙어 기원전 70년에는 지불해야 할 금액이 여섯 배로 불었다.

로마의 저명한 역사가 중에서 리비우스, 플루타르코스, 디오도로스는 〈채권자들이 사정을 조금도 봐주지 않으려다 기원전 133년부터 기원전 29년까지 100년 동안의 내전이라는 정치적 자살 행위를 저질렀다〉고 비난했다. 기원전 63~62년의 카틸리나 음모에서 보듯, 대중 영합적 지도자들은 채무 무효화를 옹호하여 지지 세력을 얻고자

했으나 지배층에게 목숨을 잃었다. 2세기가 되자 인구의 4분의 1가량이 노예로 전락했다. 5세기에는 자금이 바닥나는 바람에 로마 경제가 무너졌다. 농촌은 자급자족 생활로 돌아갔으며 암흑 시대가 시작되었다.

채권자들이 의회 민주주의를 뒷받침할 법적 논리를 찾다

십자군이 비잔티움에서 약탈한 금과 은 덕에 서유럽의 상업이 재조명받고 은행업이 부활하자 특권층 채권자들(십자군에 자금을 빌려 준 성전 기사단과 몰타 기사단)과 이들의 주 고객(처음에는 교회에 지불하려고, 나중에는 전쟁 자금을 마련하려고 돈을 빌린 왕들)이 합세하여 기독교의 고리대금 반대에 저항했다. 하지만 왕실의 채무는 왕이 죽으면 상환이 불가능한 악성 채무가 되었다. 바르디가(家)와 페루치가(家)가 1345년에 파산한 것은 에드워드 3세가 전쟁 채무의 상환을 거부했기 때문이었다. 스페인, 오스트리아, 프랑스의 독재 정권 합스부르크 왕가와 부르봉 왕가는 더 많이 떼먹었다.

하지만 네덜란드가 민주화되면서 은행가 가문들은 스페인 합스부르크 왕가에게 승리하여 자유를 얻고자 했다. 화폐와 신용이 전쟁의 관건이던 시대에 베네룩스 3국이 자금을 빌려 용병을 고용할 수 있었던 것은 네덜란드 의회가 국가를 대표하여 영구적 공공 채무 계약의 주체가 되었기 때문이다. 에렌베르크는 차입 능력이 〈자유를 얻으려 싸울 때 가장 강력한 무기였다〉며 이렇게 말했다. 〈군주에게 돈을 빌려 주는 사람은 군주가 돈을 갚을 능력과 의지가 없으면 돈을 떼일 것임을 다들 알았다. 도시는 상황이 전혀 달랐는데,

권력은 군주와 맞먹었지만 공통의 끈으로 묶인 개인의 연합, 즉 법인이었기 때문이다. 통용되는 법률에 따르면 시민 개개인은 도시가 진 채무에 대해 자신의 인신과 재산을 담보로 내걸어야 했다.〉

따라서 빚은 단순한 군주의 개인적 채무를 뛰어넘어 누가 권좌에 앉아 있든 상관없이 지불 의무가 있는 공적 채무가 되었다. 이것은 의회 정부가 금융 부문에 가져다준 선물이다. 최초의 민주 국가인 네덜란드와 명예 혁명 이후의 영국이 가장 활발한 자본 시장을 발전시키고 군사력에서 우위를 차지한 것은 이 때문이다. 전쟁 자금을 융통하려다 민주주의를 앞당기다니 이런 역설이 있을까! 이로써 여전히 자금이 전쟁의 관건인 시대에 전쟁과 신용과 의회 민주주의의 삼위일체 공생 관계가 성립되었다.

찰스 윌슨은 이렇게 말한다. 〈이 시대에 국왕은 채무자로서의 법적 지위가 애매했다. 국왕이 채무 불이행을 선언했을 때 채권자들이 배상을 받을 방법이 있는지도 의심스러웠다.〉 스페인과 오스트리아, 프랑스에서 국왕의 권력이 커질수록 역설적으로 군사적 모험을 위한 자금을 구하기가 어려워졌다. 18세기 말이 되자 오스트리아는 〈신용도 없고, 그래서 채무도 별로 없는〉 상태로서 제임스 스튜어트 말마따나 유럽에서 신용도가 가장 낮고 군사력이 가장 부실한 나라였다. 나폴레옹 전쟁 시기에 오스트리아가 기댈 것이라고는 영국의 보조금과 대출 보증뿐이었다.

금융은 민주주의에 순응하지만 그다음에는 소수의 지배 체제를 지향한다

19세기에 민주주의 개혁으로 인해 토지 소유 귀족이 의회를 좌지우지 못하게 되었으나

은행가들은 융통성을 발휘하여 정부 형태와 상관없이 공생 관계를 맺었다. 프랑스에서는 생시몽의 추종자들이 뮤추얼 펀드처럼 운용되는 은행의 개념을 주창했다. 이윤에 대한 지분만큼 신용을 늘려 주는 방식이었다. 독일에서는 정부가 거대 금융업 및 중공업과 동맹을 맺었다. 마르크스는 사회주의가 들어서면 금융이 경제에 기생하기보다는 생산적 역할을 하리라고 낙관했다. 미국에서는 공공 토목 사업을 규제하면서 다른 한편으로는 수익을 보장했다. 중국에서는 쑨원이 1922년에 이렇게 썼다. 〈중국의 모든 국가 산업을, 중국 국민이 소유하고 국제 자본이 상호 이익을 위해 융자하는 거대 신탁으로 전환하고자 한다.〉

제1차 세계 대전을 거치면서 미국은 영국을 제치고 세계 최대의 채권국이 되었으며 제2차 세계 대전이 끝났을 때는 전 세계 화폐용 금의 80퍼센트가량을 보유했다. 미국 외교관들은 국제통화기금과 세계은행을 채권자 위주로 구성했으며 두 기관은 주로 미국에 대한 무역 의존도를 높이는 방향으로 자금을 제공했다. 무역 수지와 자본 수지의 적자를 해소하려고 대출을 받으려면 채권국의 하수인 지배층과 군사 독재자에게 경제 계획 권한을 넘겨주는 대출 조건을 받아들여야 했다. 채권국은 대출금을 억지로 상환받으려고 긴축 정책을 강요했으나, 이에 대한 민주적 대응은 아르헨티나가 외채 상환을 거부하기까지는 〈IMF 폭동〉이 고작이었다.

유럽중앙은행과 유럽연합 관료 집단은 이와 비슷한 채권자 중심의 긴축 정책을 유럽에 강요하고 있다. 사회 민주주의를 표방하는 정부들도 경제 성장과 고용을 진작하기보다는 은행을 살리는 데 치중했다. 은행의 악성 채권과 투기로 인한 손실은 일반 국민에게 전가되었으며

정부는 공공 지출을 축소하고 심지어 기반 시설을 매각하기까지 했다. 이 때문에 일반 국민이 빚더미에 올라앉자 2009년 아이슬란드와 라트비아를 시작으로 국민적 저항이 벌어졌으며, 그리스와 스페인에서는 외국 채권자에 대한 구제 금융이 나라를 망칠 것이므로 이 문제를 국민 투표에 부치자는 제안을 정부가 거부하자 대규모 시위가 일어났다.

경제 계획의 권한이 국민의 선출직 대표에게서 은행가에게로 넘어가다

계획 없는 경제는 없다. 경제 계획은 본디 정부 몫이었다. 정부가 〈자유 시장〉이라는 구호 아래 이 역할을 저버리면 은행가들이 그 자리를 차지한다. 하지만 신용의 창조와 배분을 계획하는 일은 선출직 공무원이 맡았을 때보다 훨씬 중앙 집중화되었다. 자유 시장이라는 말이 무색할 지경이었다. 게다가 금융 부문은 단기적 이익을 추구하기 때문에, 금융의 경제 계획은 결국 자산 빼돌리기로 막을 내릴 것이다. 은행은 경제가 결딴나든 말든 제 몫만 챙기려 든다. 잉여 가치를 이자와 금융 비용으로 지출하고 나면 신규 자본 투자나 기초적 복지 지출에 쓸 돈이 없다.

정책 관리의 임무를 채권자 계층에 맡겼을 때 좀처럼 경제가 성장하지도, 생활 수준이 향상되지도 않는 것은 이 때문이다. 부채가 국민의 상환 능력보다 빨리 증가하는 현상은 유사 이래 한결같았다. 부채는 기하급수적으로 증가하여 잉여 가치를 빨아들이고 대다수 국민을 채무 노예와 다를 바 없는 신세로 전락시킨다. 경제의 균형을 되찾기 위해, 고대 서양 사람들은 청동기 시대 근동에서 왕명으로 행한 조치인 과잉 채무의

무효화를 본떠 빚을 탕감해 달라고 요구했다.

근대 들어 민주주의가 도입되면서, 불로 소득과 이렇게 얻은 자산에 과세하고 필요시에는 부채를 깎아 주어야 한다는 목소리가 터져 나왔다. 가장 쉬운 상황은 국가가 직접 화폐와 신용을 창조하는 것이고 가장 힘든 상황은 은행이 이윤을 무기로 정치 권력을 획득하는 것이다. 은행이 정부의 규제에서 벗어나고 정부 규제에 거부권을 행사할 수 있게 되면 경제가 왜곡되어 채권자들이 투기적 도박을 일삼고 사기 행위를 버젓이 저지르게 된다. 이것이 지난 10년 동안 우리가 목격한 바다. 로마 제국의 몰락은 채권자들이 무제한의 자유를 누릴 때 어떤 일이 일어나는가를 잘 보여 준다. 이런 상황에서 정부의 경제 계획과 금융 부문 규제를 피하려다가는 채무 노예로 전락하기 십상이다.

금융 대 정부: 소수의 지배 대 민주주의

민주주의는 금융이 경제의 균형과 성장에 이바지하도록 통제하는 과정과, 불로 소득에 과세하고 주요 독점 산업을 공공의 영역에 두는 과정을 수반한다. 불로 소득에 과세하지 않거나 자산 소득을 민영화하면, 자유를 얻은 소득은 은행에 흘러들어 자본으로 바뀐 뒤에 더 많은 채무를 창출한다. 대출 자금이 유입되면서 자산 가격과 물가가 상승하면 불로 소득으로 인한 자산이 증가하고 경제 전반의 자산-부채 구조가 악화된다. 경제가 위축하여 자산 가격 하락으로 인한 채무가 급증한다.

상당한 영향력을 확보한 금융 부문은 이 위기를 기회로 활용하여, 은행을 구제하지 않으면 경제가 무너질 것이라고 정부를 설득한다. 이것은 금융의

정책 지배를 강화하는 결과를 낳으며 금융 부문은 이런 식으로 경제 양극화를 부추긴다. 고대 로마와 마찬가지로 기본 모형은 민주주의에서 소수 지배 체제로의 이행이다. 은행가의 입장을 우선적으로 고려하고 유럽연합, 유럽중앙은행, 국제통화기금의 손에 경제 계획을 맡기는 것은 화폐를 주조하고 세금을 부과할 권한을 국가에게서 빼앗는 꼴이다.

그러면 금융 부문의 이익과 국가의 주권 사이에 갈등이 벌어진다. 독립적 중앙은행이

〈민주주의의 징표〉라는 얘기는 화폐와 신용을 창조하는 가장 중요한 정책 결정을 금융 부문에 넘겨주는 행위를 에둘러 표현한 것에 불과하다. 정책 결정 권한을 국민 투표에 부치기를 거부하고 유럽연합과 유럽중앙은행이 주도하여 은행에 구제 금융을 제공하면서 국가 부채가 부쩍 늘었다. 아일랜드와 그리스에서는 민간 은행의 채무를 정부가 떠안으면서 이것이 오롯이 국민 부담으로 전가되었다. 미국에서 정부가 떠안은 패니메이와

영국에서는 신용 카드를 해지하는 〈돈을 옮겨라〉 운동이 벌어지고 있다. 세계 곳곳에서 사람들이 거대 은행과 거래를 끊고 신용 협동조합에 가입하고 있다. 글로벌 카지노에서 현금을 빼내는 것이다.

프레디맥의 악성 담보 대출 5조 3,000억 달러와
연방준비제도의 〈밑 빠진 독에 물 붓기〉 스왑 2조
달러를 비롯하여 2008년 9월 이후에 증가한 채무
13조 달러도 마찬가지다.

관료의 탈을 쓴 금융 부문의 대리자들이
이 과정을 주무르고 있다. 이들은 채권자 측
로비스트의 지령을 받아, 장부 상 부채를
채권자에게 상환할 수 있도록 초과 이익을
짜내려면 실업과 불황을 얼마나 일으켜야 할지
계산한다. 하지만 이렇게 머리를 굴리는 것은
파멸을 앞당기는 짓이다. 경제가 위축하는 부채
디플레이션이 일어나면 채무 상환이 더더욱
힘들어지기 때문이다.

은행과 금융 당국은 경제의 진짜 상환 능력, 즉
경제를 위축시키지 않고 상환할 수 있는 능력을
계산한 적이 없다(이 점에서는 주류 학계도 마찬가지다).
이들은 언론과 싱크탱크를 내세워, 가장 빨리
부자가 되려면 빚을 내서 은행의 신용 확대로 인한
인플레이션 때문에 가격이 오르고 있는 부동산,
주식, 채권을 사들여야 하며 누진세를 철폐해야
한다고 국민을 설득했다.

그리하여 속칭 남겨줘 경제학junk economics이
등장한다. 남겨줘 경제학의 목표는 공공의
견제와 균형을 무용지물로 만들고 금융 부문의
자체 규제가 공공의 규제보다 더 효과적이라고
주장하여 경제 계획의 권한을 거대 금융 기관의
손에 넘겨주는 것이다. 정부의 계획과 조세는
〈노예의 길〉이라고 매도한다. 무제한의 자유를
누리는 은행가들이 속칭 〈자유 시장〉을 지배하는
상황에서, 소수 지배층의 특수 이익이 아니라
민주주의가 경제 계획을 통제하고 있다는 주장은
새빨간 거짓말이다. 정부는 과거처럼 전쟁에서
나라를 지키기 위해 전비를 마련하려고 빚을 지는

것이 아니라 부유층의 손실을 일반 국민에게
전가하여 최고 부유층에게 혜택을 주는 구제
금융을 위해 빚을 지고 상환 압력을 받고 있다.

유권자의 의사를 고려하지 않은 국가 채무는
정치적으로뿐 아니라 법적으로도 정당하지 않다.
정부나 외국 금융 기관이 강제로 지운 채무가
강력한 대중적 반대에 직면하면 합스부르크
왕가를 비롯한 과거의 독재 정권이 지고 있던
채무만큼이나 취약해질지도 모른다. 국민의 승인을
얻지 못한 채무는 계약을 맺은 정권이 무너지면
함께 몰락할 것이다. 새로 들어선 정부는 경제가
금융에 종속되어 금융을 위해 봉사하는 것이
아니라 금융이 경제에 종속되어 경제를 위해
봉사하도록 민주적 조치를 취할지도 모른다.

적어도 그들은 자산과 소득에 대한 누진세를
재도입하여 불로 소득자들이 재정적 부담을 지도록
할 것이다. 은행 규제를 신설하고 신용과 금융
서비스의 일부를 국가가 맡으면 한 세기 전에 꽃핀
사회 민주주의적 기획을 새롭게 추진할 수 있을
것이다.

가장 최근의 사례는 아이슬란드와
아르헨티나이지만, 1931년 연합국 전시 채무에
대한 모라토리엄 선언과 독일의 회복도 좋은 예다.
채무에는 수학적이면서도 정치적인 근본 원리가
적용된다. 그 원리인즉, 상환할 수 없는 부채는
상환되지 않는다.

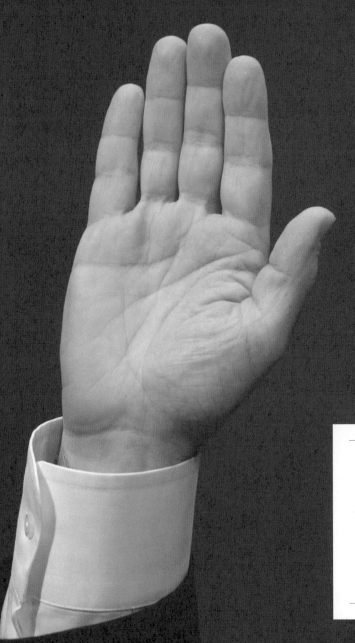

투기적 금융 거래는
매일 1조 3,000억
달러씩 규모가 커지고
있다. 상업 거래액을
전부 합친 것보다
50배나 많다.

미국 연방준비제도이사회 의장을 지낸 앨런 그린스펀이 2008년
하원 정부개혁위원회 청문회에 출석했다.

그린스펀: 저를 포함해 주주의 자산을 보호하는 것이 금융 기관 자신의
이익에도 부합하리라고 믿었던 사람들은 충격과 불신에 휩싸였습니다.

위원장: 잘못된 결정을 내린 것은 자신의 이념 때문이었습니까?

그린스펀: 그렇습니다. 문제가 있었습니다. 문제가 얼마나 심각한지,
얼마나 영구적인지는 알 수 없었지만, 무척 곤혹스러웠습니다.

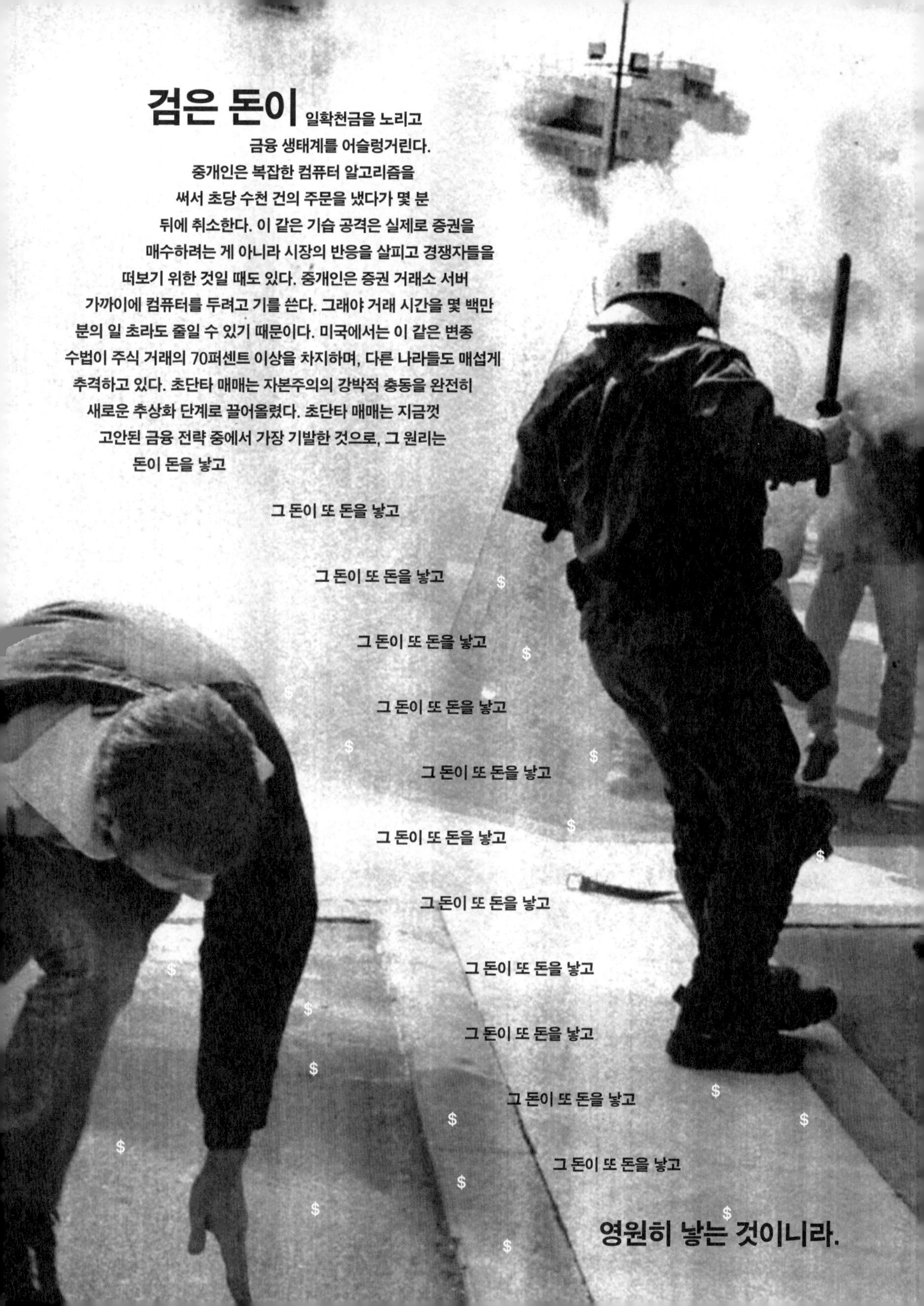

검은 돈이 일확천금을 노리고
금융 생태계를 어슬렁거린다.
중개인은 복잡한 컴퓨터 알고리즘을
써서 초당 수천 건의 주문을 냈다가 몇 분
뒤에 취소한다. 이 같은 기습 공격은 실제로 증권을
매수하려는 게 아니라 시장의 반응을 살피고 경쟁자들을
떠보기 위한 것일 때도 있다. 중개인은 증권 거래소 서버
가까이에 컴퓨터를 두려고 기를 쓴다. 그래야 거래 시간을 몇 백만
분의 일 초라도 줄일 수 있기 때문이다. 미국에서는 이 같은 변종
수법이 주식 거래의 70퍼센트 이상을 차지하며, 다른 나라들도 매섭게
추격하고 있다. 초단타 매매는 자본주의의 강박적 충동을 완전히
새로운 추상화 단계로 끌어올렸다. 초단타 매매는 지금껏
고안된 금융 전략 중에서 가장 기발한 것으로, 그 원리는
돈이 돈을 낳고

그 돈이 또 돈을 낳고

그 돈이 또 돈을 낳고

그 돈이 또 돈을 낳고

그 돈이 또 돈을 낳고

그 돈이 또 돈을 낳고

그 돈이 또 돈을 낳고

그 돈이 또 돈을 낳고

그 돈이 또 돈을 낳고

그 돈이 또 돈을 낳고

그 돈이 또 돈을 낳고

그 돈이 또 돈을 낳고

영원히 낳는 것이니라.

2008년 금융 시장 붕괴가
절정에 이르렀을 때 국제 금융
시스템에서 거래하던 파생
상품의 총액은 연간 1,000조
달러에 달했다. 이는 전 세계
제조업이 20세기 내내 생산한
총가치의 10배다.

그만하면 됐어!
미래는 계산하지 않는다.

물거품이 되어 버린 아메리칸 드림을 망연자실
바라보며 많은 사람들이 깊은 배신감을 느끼고 있다.
실업, 금융 불안, 평생 헤어날 수 없는 빚의 굴레는
빙산의 일각에 불과하다. 성장의 엔진을 고쳐서 땅
끝까지 찾아가 물건을 팔고 이윤을 거두는 것은 바라는
바가 아니다. 우리가 바라는 것은 문명의 진행 방향을
근본적으로 뜯어고치는 것이다. 아메리칸 드림은 꿈을
이룬 자마저 배신했다. 직장에서는 과로에 집에서는
외로움에 시달리고, 자연과 문화가 파괴되는 것에
둔감해졌다고는 하나 무의식적으로는 고통을 느끼고,
내면에서 들려오는 목소리를 잠재우려고 끊임없이
소비하고 재산을 긁어모으는 불쌍한 신세다. 〈내가 물건
팔려고 이 세상에 태어났나? 시장 점유율을 높이는 게
삶의 목표인가? 숫자나 늘리는 것이?〉

살아 있는 우리 지구의 인간, 숲, 물, 온갖 생물과
무생물을 파괴할 자격은 누구에게도 없다.
월스트리트의 형제들에게 말하라. 세상이 불타고
있는데 숫자 놀음이나 하면서 인생을 허비할 자격이
있는 사람은 아무도 없다고! 우리 시위대는 낙오된
99퍼센트만을 대변하지 않는다. 우리는 1퍼센트의
편이기도 하다. 우리는 적이 없다. 우리가 얼마나
아름다운 세상을 만들어 낼 수 있는지 모두가 깨닫기
바란다.

찰스 아이젠스타인

존재의

2012년 3월 칠레 산티아고에서 교육 기회 박탈에 항의하며 고등학생들이 벌인 시위.

새로운 양식
· · ·

저기요, 교수님!

2008년 금융 시장 붕괴가 일어났을 때 교수, 정책 입안자, 연구소
할 것 없이 불의의 습격이라도 당한 것처럼 믿기지 않는다는 듯
고개를 절래절래 흔들었는데 어떻게 그럴 수 있나요?
위기가 임박했는데 어떻게 백에 한 명도 예측하지 못할 수가 있죠?

「뉴욕 타임스」 **경제학자들은 왜 오판했는가?**

『비즈니스 위크』 **경제학자가 대체 왜 필요한가?**

「파이낸셜 타임스」 **경제학자들을 권좌에서 쓸어 내라!**

『애틀랜틱』 **경제학자들이 채찍질을 피할 수 있을까?**

「머니」 **경제학이 구겨진 체면을 다시 세우려면?***

신뢰성이 이만큼 땅에 떨어진 학문이 또 있나요?
교수님, 그런데 왜 아무것도 변한 게 없죠?
어떻게 전과 똑같은 내용을 가르칠 수 있죠?
우리 대학의 교과 과정을 근본적으로 재검토해야 하는 것 아닌가요?

---

* 출처: 에드 풀브룩, 「시대에 뒤떨어진 경제학을 2020년까지 제자리로 돌려놓을 방안How to Bring Economics into the 3rd Millennium by 2020」.

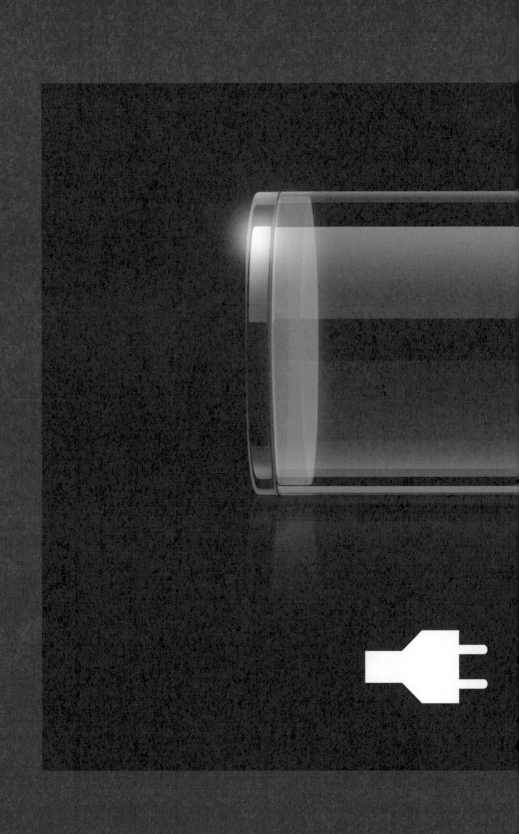

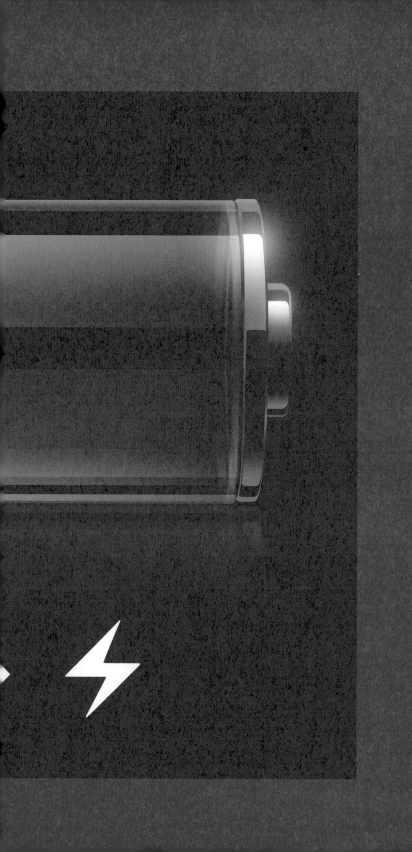

2. 잃어버린

길 잃은
영혼,
라떼나 홀짝거리는
자에게
고함

우리가 『애드버스터스』를 창간한 1989년을 돌이켜 보면, 지구가 살아 있다는 생각, 지구가 〈가이아〉라는 생각…… 강은 지구의 혈관이요 숲은 머리카락이요 바다는 허파요…… 이 지구가 살아 숨쉬는 존재라는 생각에는 무언가 심오한 것이 있었다. 이 문화 유전자meme는 한 세대의 상상력을 사로잡았다.

패러다임

우리가 자연을 죽이고 나무를 베어 내고 오존층에 구멍을 뚫고 사막을 넓히고 비를 산성화하고 있다는 사실을 깨닫는 순간, 잠을 이룰 수 없었다……. 행동을 취해야겠다는 의무감을 느꼈다.

1992년 리우 회의에서 전 세계가 머리를 맞대자 우리 모두는 지구적 사고 전환이 시작되었다고 생각했다. 처음으로 세상 사람들이 손잡고 문제를 해결하려고 나선 줄 알았다.

하지만 그로부터 20년이 지난 지금, 상황은 더 나빠졌을 뿐이다. 오염은 별일 아닌 일이 되었다. 이상 기후는 일상이 되었다. 환경 재앙에 시달리는 자연은 굶주린 아동을 구하자는 텔레비전 광고만큼이나 평범한 장면이 되었다. 아무도 충격받지 않는다. 피로가 몰려왔다. 우리가 잠든 사이에 동식물 멸종, 자원 고갈, 생물 다양성 감소 등 지구의 모든 활력 징후가 제멋대로 날뛰기 시작했다.

우리는 해수면이 상승하고 바닷물이 산성화되고 북극의 영구 동토가 녹아 치명적인 메탄가스를 내뿜고 지구가 전례 없이 달궈지는 시대에 살고 있다. 70억 인구는 하늘을 올려다볼 때마다 불현듯 근심에 사로잡힌다. 미래를 내다보아도 더는 희망을 품을 곳이 없다. 아무

걱정 없이, 라떼를 홀짝이고, 자가용을 타고 사방을 누비며 하루하루 살아가지만 탈출구 없는 세상의 종말을 향해 치달을 뿐이다. 지구별에서 자신을 실험 대상으로 삼은 우리 인간은 운명을 통제할 힘을 잃었다. ……하지만 이 사실을 공개적으로 언급했다가는 불경죄에 걸린다.

앞으로 몇 년 지나지 않아 해안 대도시가 물에 잠기고 자원 전쟁이 터지고 대규모 이주가 일어나고 주식 시장이 순식간에 무너질 것이다. 그 와중에도 사악한 기업과 문어발 재벌은 팽창을 멈추지 않을 것이다. ……지도자들은 걱정하지 말라고, 여느 때처럼 지내라고, 기술이 발전하면 문제를 해결할 수 있다고 감언이설을 늘어놓을 것이다.

인류가 역사상 유례없는 티핑 포인트에 접어들어 지구의 미래가 경각에 달렸다고 느낀다면 어떤 관점에서 경제학을 바라보아야 할까? 우리는 스스로를 지구의 위기에 대처할 채비를 갖춘 지구별 청지기로 생각하는가? 지구별을 위해 문화 유전자 전쟁을 펼칠 준비가 되었는가? 아니면 라떼 거품이나 쪽쪽 빨고 있을 텐가?

> 교수님, 질문 있습니다!
>
> 경제학에서는 기후 변화라는 요인을 어떻게 감안하죠?

콘드라티예프 파동

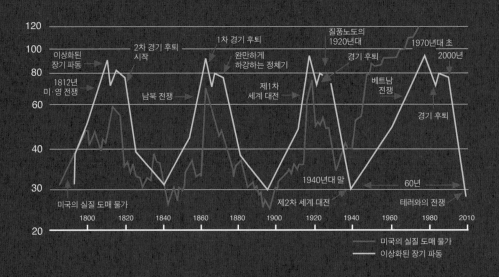

콘드라티예프 파동은 주기적으로 반복되는 추세로, 시장의 장기적 변화를
나타낸다. 주기는 약 50년 동안 지속되며 겨울, 봄, 여름, 가을의 네 계절로 나뉜다.
자본주의 경제는 성장과 경기 후퇴의 뚜렷한 패턴을 따르는 것으로 보이며, 파동의
길이는 대체로 경제 정책과 무관하다. 콘드라티예프 파동(장기 순환)은 지난
200년 동안 경제의 부침과 꼭 맞아떨어졌으나 신고전파 경제학자들은 이 사실을
부인한다. 콘드라티예프 파동은 옛 소련의 경제학자 니콜라이 콘드라티예프가
1925년에 발표했다. 그는 자신의 발견 때문에 투옥되어 처형당했다.

프랑스의 야생화 구출 작전

투렌 인근의 들판에서 살아남은 양귀비

프랑스 전역에서 야생화가 사라지고 있다. 붉은복수
초, 수레국화, 선옹초, 향기풀처럼 예부터 사랑받던
꽃들이 조만간 자취를 감출지도 모른다. 프랑스의
야생화 102종 중 7종이 이미 멸종했으며 52종도 비
슷한 운명을 앞두고 있다. 환경부의 아멜리에 코안
티크는 〈유럽 어디에서나 이 종들이 심각한 수준으
로 감소하고 있습니다〉라고 말한다.
이 야생화들은 수확 주기와 밀접하게 연관되어 있으
나, 야생화가 사라지는 이유와 그 결과는 아직 알 수
없다. – 엘런 브라운

우리의 믿음이 우리를 죽이고 있음을 인정하자

윌리엄 리스

세계적으로 저명한 생태학자이자 캐나다 브리티시컬럼비아 대학 명예 교수다. 그가 쓴 『생태 발자국: 우리의 삶은 지구를 얼마나 아프게 하는가Our Ecological Footprint: Reducing Human Impact on Earth』는 도시 계획 분야에 혁명을 가져왔다.

캐나다의 저명 생태학자 윌리엄 리스는 요즘 들어 생태학과 신경 과학을 접목하는 데 주력하고 있다. 지구 생물권의 건강이 악화되는 현상을 기록한 수백 건의 논문을 읽고 도시 계획 전문가로서 오랜 세월을 보낸 뒤, 그는 현재 인간의 한계와 인간 행동 사이에서 최적의 동기 부여 곡선을 찾고 있다.

종말론을 실컷 떠들다가 마지막에 가서는 인간 정신의 끝없는 복원력에 호소하는 식으로 내빼는 여느 생태 과학자들과 달리, 리스는 인간이 문명의 붕괴를 피하는 데 필요한 힘든 결정을 내릴 수 있도록 설득하려면 사회 심리학에서 실마리를 찾으라고 말한다. 리스는 인간의 신경로(神經路)가 만들어 낸 사회적 신화가 파괴적인 행동을 조종하며 재앙을 경험하지 않고서는 이 신경로가 재조정되지 않을 것이라고 우려한다.

〈우리는 데이터에 반응하지 않는다. ……모든 근거에 비추어 볼 때 인류가 멸종하리라는 사실이 분명한데도 이토록 쉽사리 자멸적 행동을 저지르는 것은 인간 정신의 어떤 특성 때문일까?〉

리스는 최근에 발표한 논문 「생태 위기와 자기기만: 건설 부문의 경우The Ecological Crisis and Self-Delusion: Implications for the Building Sector」에서 하이브리드 자동차, 녹색 건축물, 스마트 성장, 도시 밀도 같은 주류의 해결책이 생태적 한계 초과라는 근본 개념을 무시할 뿐 아니라 소비가 곧 해법이라는 그릇된 인식을 심어 주어 오히려 해로울 수 있다고 주장한다.

연구자로서 리스는 과학적 발견이 인간 행동에 미치는 영향이 제한적임을 잘 안다. 오늘날 환경 과학에서 가장 유명한 용어인 〈생태 발자국〉을 만들어 낸 사람이 바로 리스다. 1996년에 리스는 대학원생 마티스 바커나겔과 함께 펴낸 『생태 발자국: 우리의 삶은 지구를 얼마나 아프게

하는가』에서 도시와 문명의 지속 가능한 소비 수준을 결정하는 수학 모형을 제시했다. 이 모형은 연구자들이 지속 가능성 계획을 짤 때 반드시 포함하는 항목이다. 하지만 모형의 타당성을 얼마나 신뢰할 수 있을지는 아직 두고 보아야 할 것이다.

〈지속 가능성을 둘러싸고 온갖 수사와 정치 담론이 난무하지만 정해진 것은 아무것도 없다. 인간 생태 발자국의 전반적인 방향에 유의미한 영향을 미칠 어떠한 정책도 국제 사회에서 수립되지 않았다.〉

생태 발자국 개념은 인간이 자연에 의존한다고 전제한다. 하지만 주류 경제 모형과 경제 철학은 하나같이 이 당연한 사실을 외면한다. 생태 발자국은 한 사람의 소비를 지탱하는 데 필요한 환경 용량, 즉 자원의 양과 처리할 수 있는 폐기물의 양을 측정한 것이다. 따라서 각 집단을 개별적으로 파악하기보다는 지구 시스템을 뭉뚱그려 다룬다. 식량, 주택, 교통, 소비재, 용역 등 다섯 가지 소비 분야를 측정한 다음 이에 해당하는 자원 사용량을 주변 생태계와 지구 생태계에서 차감하는데, 1996년에 미국인은 자신의 필요를 충족하느라 한 사람당 지구 4만 5,000제곱미터 분량을 썼으며 유럽인도 비슷했다. 당시에 리스와 바커나겔의 계산에 따르면 지구는 이미 생태적 한계를 넘어섰다. 전 인류가 1996년 수준으로 소비하려면 지구가 1.5개 필요하며 전 인류의 생활 수준을 미국만큼 끌어올리려면 지구가 3개 있어야 한다. 생태 발자국 개념은 언론과 정계에서 많은 관심을 받았으나 15년 뒤에 지구의 전체 생태 발자국은 1인당 2만 7,000제곱미터로 늘었으며 그중 대부분은 선진국이 남긴 흔적이었다. 지속 가능한 소비의 기준으로 간주되는 1인당 2만 1,000제곱미터는 이미 훌쩍 넘었다.

교 수 님 , 질 문 있 습 니 다 !

지난 300년에 걸쳐 인류 문화에 스며든 시장의 자기
조직화 원리는 지난 수십억 년에 걸쳐 진화한 생태계의
자기 조직화 원리와 상충하지 않습니까?

지구생태발자국네트워크에 따르면 현재 1인당 생태 발자국은 미국 8만 제곱미터, 캐나다 7만 1,000제곱미터, 오스트레일리아 6만 8,400제곱미터, 독일 5만 800제곱미터, 한국 4만 8,700제곱미터, 멕시코 3만 제곱미터, 이란 2만 6,800제곱미터, 중국 2만 2,100제곱미터, 케냐 1만 1,000제곱미터, 앙골라 1만 제곱미터, 파키스탄 7,700제곱미터, 말라위 7,300제곱미터다.

세상에는 생태 수지가 흑자인 나라가 있는가 하면 적자인 나라도 있다. 유럽, 아메리카 대륙, 동아시아 대부분의 산업국은 모두 생태 수지가 적자다. 국제 교역이 중단되면 이 나라들은 당장 무너질 것이다. 인구를 먹여 살리기에는 자원이 턱없이 모자라기 때문이다. 생태 수지가 흑자인 나라는 사하라 이남 아프리카를 비롯한 최빈국밖에 남지 않았다. 적자 나라들은 가난에 찌들린 흑자 생태계에 생명 유지 장치를 꽂아 연명하고 있다.

리스는 믿음에 기초한 오늘날의 경제학을 이렇게 꼬집는다. 〈우리의 믿음이 우리를 죽이고 있음을 인정하자.〉 우리의 보편적인 문화적 신화가 과학적 분석을 무시하고 있음을 보이기 위해, 리스는 경제학과 지속 가능성에 천착한 초기 사상가 W. 스탠리 제번스의 금언을 인용한다. 제번스는 1865년에 이렇게 썼다. 〈연료를 경제적으로 이용하는 것이 소비를 줄이는 것과 같다고 생각하는 것은 착각이다. 그 반대가 진실이다.〉

리스에 따르면 경제학자들은 〈효율이 높아지면 소비가 감소하기는커녕 부쩍 증가한다〉는 제번스의 역설을 애써 외면하며, 신고전파 경제학자로 노벨상을 수상한 로버트 솔로가 처음 정식화한 영구 대체 또는 요소 생산성을 표준적 이상으로 추구한다. 다랑어 씨가 마르면 해파리를 먹고, 해파리가 씨가 마르면 갯지렁이를 먹고, 갯지렁이가 씨가 마르면 불가사리를 먹으면 된다는 식이다. 불가사리가 씨가 마르면 무얼 먹을까? 아무도 모른다.

리스는 한때 고독한 연구자였으나, 정부와 이데올로기, 사기업이 건전한 과학을 짓밟으려 드는 세상에서 과학자가 목소리를 높일 의무가 있다고 생각을 바꾸었다. 초창기에 리스는, 지구의 환경 용량을 계속 연구하면 브리티시컬럼비아 대학의 교수 생활이 〈비참하고, 잔인하고, 그리고 짧〉을 것이라는 경고를 받기도 했다. 협박을 받자 오히려 오기가 생긴 리스는 연구를 계속 진행했을 뿐 아니라, 자신 같은 연구자와 과학자에게 〈데이터를 정치권이 조작하도록 내버려 두지 말고 직접 해석하라〉고 촉구함으로써 마침내 과학적 객관성이라는 신성한 벽을 깨뜨렸다.

〈사회가 데이터와 정보를 선뜻 받아들이지 않을 뿐 아니라 현 상태를 유지하려고 과학을 대놓고 훼방하고 부정한다는 사실을 점차 깨달았다.〉

리스는 흡연이 매력을 잃은 과정에서 보듯 지속 가능한 미래를 지향하도록 인식을 전환하려면 새로운 문화적 신화가 필요할 것이라고 말한다. 과소비와 성장은 지위의 상징이 아니라 치욕의 상징이 되어야 한다. 리스가 요즘 푹 빠져 있는 진화 심리학에 따르면 나쁜 습관을 강화하는 파괴적 신경로를 재조정하는 방법은 사회의 집단적 압력뿐이다. 낙관주의의 진화적 우위 덕에 인류는 지구상에서 가장 성공한 종이 되었지만, 내일이 언제나 오늘보다 기적적으로 나아질 것이라고 믿는 희망적 사고방식이 이제는 우리 발목을 잡고 있다. 리스는 인류를 구하려면 현실주의를 가미해야 한다고 말한다.

대런 플리트

우리는
가짜
낙원에서
살고
있다

만프레드 막스네프

칠레 태생의 경제학자이자 환경주의자로, 대안 노벨상인 〈올바른 삶 개척 상〉을 수상했다. 1993년에는 칠레 대선에 출마했다. 이 글은 필립 B. 스미스와 공저한 『경제학 발가벗기기: 권력과 탐욕에서 연민과 공공선으로*Economics Unmasked: From Power and Greed to Compassion and the Common Good*』에서 발췌했다.

현재의 산업 문명은 보편적이고 중첩되며 상충하는
두 지적 체계의 공존이라는 장애를 겪고 있다.
하나는 물질과 에너지의 성질과 상호 관계에 대해
지난 400년 동안 쌓인 지식이고, 또 하나는 선사
시대 풍습에서 발전한 화폐 문화다.

첫 번째 체계는 지금의 산업 체계가 특히 지난
200년 동안 비약적으로 성장하는 데 한몫했으며
앞으로 지속되는 데도 필수적이다. 두 번째 체계는
과학 시대 이전의 유산으로, 나름의 규칙에 따라
작동하며 물질-에너지 체계와는 공통점이 거의
없다. 하지만 화폐 체계는 느슨한 연관성을 통해
물질-에너지 체계에 덧씌워져 이를 전반적으로
통제한다.

두 체계는 본질적으로 모순되지만 지난 200년
동안 한 가지 근본적 공통점이 있었으니 그것은
기하급수적 성장이었다. 두 체계가 안정적으로
공존할 수 있었던 것은 이 때문이었다. 하지만
물질-에너지 체계가 기하급수적 성장을 하더라도
수십 차례 이상 배가되는 것은 여러 이유로
불가능하다. 지금은 기하급수적 성장 국면이
끝나기 직전이다. 반면에 화폐 체계는 그런 제약이
없으며, 가장 근본적인 규칙에 따라 복리 성장을
계속해야만 한다.

이렇게 보면 성장은 부를 화폐로 측정하는
관습이 우리에게 막무가내로 강요한 것이다.
이것은 부가 저절로 복리 증가하는 듯한 착각을
일으키지만, 실제의 부가 이렇게 자연 발생하는
것은 불가능하다. 화석 연료 같은 외부 에너지원이
없었다면 성장 신드롬이 지금처럼 중요해지지는
않았을 것이다.

화폐 체계, 즉 모든 부와 가치를 돈의 액수로
나타낼 수 있다는 관념은 모든 문화에 아로새겨져
있다. 얼마나 깊이 새겨졌던지, 대부분 정밀

과학자로 구성된 연구진이 유엔개발계획,
유엔경제사회이사회, 세계에너지회의의 의뢰로
세계 에너지 사용량과 가용량을 평가한 보고서는
오로지 화폐 단위를 기준으로 삼았다. 화폐는
에너지 사용량과 에너지 가용량을 평가하는
데 아무 짝에도 쓸모없는 기준이다. 에너지
단위(줄joule)로 평가해야 의미가 있다. 에너지원
평가에 대해서는 잠시 뒤에 다시 논의하겠다.

복리와 부

위대한 만병통치약으로 통하는 성장이 인간의
행복과 사회의 안정에 어떤 필연적인 악영향을
미치는지, 또한 성장에 대한 믿음에 어떤 종교적
성격이 내재하는지에 대해서는 다른 연구자들이
자세히 논의한 바 있다. 하지만 화폐의 지적
체계가 현대 사회의 세계관을 이루는 필수
요소라는 사실과 이 체계가 경제의 성장(또는
쇠퇴)을 강요하는 과정을 간파한 사람은 거의
없다. 노벨상을 받은 자연과학자로, 웬만한
경제학자보다 경제를 더 잘 이해하는 프레더릭
소디는 복리가 부를 창조한다는 잘못된 통념을
사실상 모든 사람이 받아들이게 된 논리의 오류를
밝혀냈다. 복리는 부를 조금도 창조하지 않는다.
복리가 창조하는 것은 부채다. 복리는 생산 부문이
창조하는 부에서 점점 큰 몫을 떼어다 채권자에게
넘겨준다. 결국 생산자에게는 (빈) 가방만이 남는다.

하지만 먼저 생각해 볼 것이 있다. 부란 대체
무엇일까? 소디는 부의 합리적 정의를 제시했고
최근에 허먼 데일리가 이를 요약했다.

소디가 보기에 경제에서 가장 기본적인
물음은 〈사람은 무엇으로 사는가?〉이며 정답은
〈햇빛으로〉다. 지금이든 고생대든 인간이

햇빛으로 살면서 따라야 할 규칙은 열역학 제1법칙과 제2법칙이다. 이것을 한마디로 나타내면 〈국가의 책무와 자연 과학의 연관성〉이다. 소디에게 부는 〈물질과 에너지를 인간에게 유용한 형태로 바꾼 것〉이다. 부에는 무정물에 관계된 물리 법칙의 지배를 받는 물질 및 에너지라는 물리적 차원뿐 아니라 정신과 의지가 부여한 목적의 지배를 받는 유용성이라는 목적론적 차원도 있다. 소디의 부 개념은 자신의 근본적 이원론을 반영하며, 평범한 일상생활에서 삶과 부의 인간 세계가 물리학과 정신이라는 극단적 두 세계의 상호 작용과 연관되어 있다는 신념이 녹아 있다. 소디가 물리적 차원을 강조한 것은 예전에 사람들이 물리적 측면을 간과하여 생긴 문제점을 바로잡기 위해서이므로, 소디가 부의 일원론적 물리 이론을 내놓았다고 예단해서는 안 된다.

소디의 설명에서 분명히 알 수 있듯 부채는 부가 아니다. 부는 환원되지 않는 물리적 차원이 있는 반면에 부채는 순수하게 수학적인, 또는 가상의 양이기 때문이다. 부의 본질적 속성은 〈흐름〉이다. 사실상 모든 부는 하루하루 생산되어 짧은 시간에 확대된다. 물론 부의 형태에 따라서는 어느 정도 영속성을 지닐 수도 있다. 부의 전체 현황을 파악하고 싶다고 해서 굳이 부를 얼마나 많이, 또는 얼마나 오랫동안 실제로 저장할 수 있는지 계산할 필요는 없다. 저장할 수 있는 부조차도 감가상각과 부식 때문에 천천히 감소하여 결국 사라진다. 중요한 사실은 부가 실체인 반면에 부채는 그렇지 않다는 것이다. 데일리는 이에 대해 이렇게 말한다. 〈플러스의 물리적 양, 이를테면 돼지 두 마리는 부를 나타내며 보고 만질 수 있다. 하지만 마이너스 두 마리, 즉 부채는 물리적 차원이 없는 가상의 양이다.〉 소디 말마따나 이것은 사소한 차이가

아니다.

부채를 지배하는 것은 물리 법칙이 아니라 수학 법칙이다. 열역학 법칙을 따르는 부와 달리, 부채는 시간이 지나도 부식되지 않으며 삶의 과정에서 소비되지 않는다. 오히려 단리와 복리라는 잘 알려진 수학 법칙에 따라 해마다 일정한 비율로 증가한다. ……복리 감소는 물리적으로 흔한 현상이지만 복리 증가는 물리적으로 불가능하다. 복리 증가는 시간이 지남에 따라 속도가 점차 빨라지며 결국 무한에 이르되 무한은 음수와 마찬가지로 물리적 양이 아니라 수학적 양인 반면에 복리 감소는 속도가 점차 느려지며 0을 향해 나아가되 0은 물리적 양의 최솟값이기 때문이다.

인류 역사에서 대부분의 기간 동안 부를 생산하는 자원이나 원료는 살았거나 죽은 생물이 햇빛의 작용을 받고 이를 인간의 힘으로 가공한 것이었다. 인류가 등장하기 오래전에 생명 과정을 통해 만들어진 탄화수소가 부의 생산 자원이 된 것은 최근 일이다. 몇백 년 전부터 탄화수소를 뽑아 쓰게 되면서 부의 생산량을 부쩍 늘리는 것이 일시적으로 가능해졌다. 이 탄화수소는 지금의 산업 사회가 돌아가는 데 필수적인 자원이다. 탄화수소가 없었다면 복리 개념 자체가 지금처럼 중요해지지는 않았을 것이다.

데일리가 소디의 문헌을 원용하여 만든 아래 공식은 허버트의 명제, 즉 〈실제 부는 일시적으로만 증가할 수 있지만 부채는 실제 양이 아니기에 무한히 증가할 수 있다〉는 명제와 일맥상통한다.

부채는 복리 법칙을 따를 수 있지만, 미래의 햇빛에서 얻게 될 실제 에너지(부채의 담보가 되는 미래의 실제 소득)는 오랫동안 복리 증가할 수 없다. 하지만 실제 부가 부채로 전환되면 〈썩을 몸은 불멸의 옷을 입는다〉. 이런 식으로 부채는 자연을

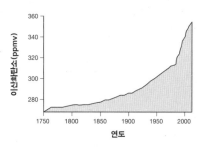

대기: 이산화탄소 농도

세로축: 이산화탄소 (ppmv)

가로축: 연도

제약을 피하고 열역학 제2법칙, 즉 무질서와 파괴와 녹과 부패의 법칙을 거스르는 수단이 된다. 서로 빚을 지고 그 이자로 살아갈 수 있다고 생각하는 것은 또 하나의 영구 기관 사기 행각, 즉 엄청난 규모의 저속한 환상에 지나지 않는다. ……부채는 복리로 증가하며, 순수한 수학적 양이기에 속도를 늦출 한계가 존재하지 않는다. 부는 얼마간은 복리로 증가하지만, 물리적 차원이 있기에 조만간 한계에 부딪힌다. 부채는 영원히 남지만 부는 그럴 수 없다. 부의 물리적 차원이 파괴적인 엔트로피 법칙을 따르기 때문이다. 부는 부채만큼 빠르게 끊임없이 증가할 수 없으므로 언젠가는 부와 부채의 일대일 관계가 끊어질 것이다. 즉, 상환이 거부되거나 채무가 말소되어야 한다.

실제 부채와 에너지의 에너지 비용

앞에서 설명했듯 금전적 부채는 실제 양이 아니지만 실제 부채는 존재할 수 있다. 땅에서 에너지원을 채굴하는 비용을 알면 기업이 이윤을 추구하는 데 유리할 수도 있지만, 실제 비용은 물질-에너지 단위로만 산출할 수 있다. 이 경우에는 (1) 채굴, 정련, 오염 물질 제거, 채굴과 정련 과정에서 생긴 폐기물 제거, (2) 에너지원을

가용 에너지를 전환하는 공장을 건설하고 사후에 폐쇄하는 데 드는 에너지의 총에너지 비용과 (에너지 단위로 표시된) 운영 비용이 든다. 에너지원의 에너지 가치는 산출된 총가용 에너지에서 총비용을 뺀 것이다.

이를테면 지난 200년 동안 태운 화석 연료에서 인류가 얼마나 많은 순에너지를 뽑아냈는지는 어림조차 할 수 없다. 그 까닭은 생물권에서 오염 물질, 특히 이산화탄소를 제거하는, 적어도 지구상에서의 삶이 위협받지 않을 만큼 제거하는 에너지 비용을 전혀 모르기 때문이다. 오염 물질 제거를 진지하게 고려한 적이 없으니 그럴 수밖에 없다. 이 비용을 감안하지 않고 화석 연료를 태우는 것은 〈나만 아니면 괜찮아〉라는 태도다. 정도의 차이는 있지만 부자 나라들은 모두 이런 태도를 취했다. 이산화탄소를 비롯한 오염 물질의 생산을 획기적으로 줄이면 서로 얽혀 공생하는 생물권의 살아 있는 체계가 수백 년에 걸쳐 인류 대신 빚을 갚을 것이다. 반대로 이산화탄소 배출량이 지금과 같거나 더 많아진다면 모든 생명체는 파멸을 맞을 것이다. 그리고 나면 생물권의 생명 지탱 능력이 가진 복원력이 발휘되겠지만 말이다.

원자로에서 핵분열을 일으키고 남은 방사성 오염 물질을 처분하는 문제를 생각해 보자. 방사성

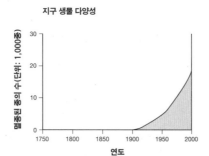

지구 생물 다양성

폐기물은 인류가 갚아야 하는 실제 부채다.
생물권은 방사능에 대한 방어 수단이 없다. 물론
방사성 물질은 붕괴하므로 언젠가는 자연이 부채를
청산할 테지만 그러기까지는 수십만 년을 기다려야
한다. 이 기간은 인류가 고려할 수 있는 범위를
넘어선다.

에너지 비용을 비롯한 실물 부채는 에너지
단위(줄)로 나타내야만 의미가 있다. 에너지 단위는
실제 양을 나타낼 뿐 아니라 보존되기 때문이다.
따라서, 금융 관련 조사와 정책에서는 자원의
(금전적) 가치를 할인하는 터무니없는 오류를
저지르고 있지만 에너지원에는 이를 적용할 수
없다. 비물리적 단위(화폐)로 가치를 나타내는
통화 체계에서는 상환할 수 없는 부채를 〈악성
채무〉로 간주하여 장부에서 지울 수 있다. 보존되는
양이 아닌 것이다. 하지만 물질과 에너지의 실제
세계에서는 부채를 결코 임의로 처리하지 못하고
반드시 상환해야 한다. 에너지와 물질로 갚지
못하면 그 대신 생물권의 생명 체계가 고통을
받아야 한다.

이러한 실제 에너지 부채가 상환되지 않은 채
누적된다는 것은 우리가 가짜 낙원에 살고 있다는
뜻이다. 분기별 수익에만 관심 있는 기업들과
이들의 정신적 동지인 주류 경제학자들은 대중이
이러한 사실을 깨닫지 못하도록 조직적으로
방해한다.

물론 인류가 집안을 잘 간수하지 못해 쌓인
부채가 모두 에너지 단위로 환원될 수 있는 것은
아니다. 다만 화학 업계에서 생산했으며 모든
생명체에게 유독한 잔류성 유기 염소가 전 세계
모든 산모의 모유에서 검출된다는 사실은 언급할
필요가 있겠다. 이 부채를 나타내려면 다른 단위가
필요하겠지만 우리가 아는 한 이를 상환할 방법은
없다. 잔류성 유기 염소는 여전히 생산되고 있다.

복리, 석유 정점, 그리고 성장의 종말

복리는 채권자에게 하는 역할과 채무자에게 하는
역할이 전혀 다르다. 이자가 붙든 안 붙든 부채가
상환 전까지 단순히 부채라면 채무자에게서
채권자에게로 이전되는 부의 흐름에서 차지하는
몫이 장기적으로 증가하지는 않을 것이다.
하지만 여기에 복리가 적용되면 채무자에게서
채권자에게로 이전되는 부의 양이, 아마도 유용한
목적을 위해 이루어졌을 원래의 이전이 끝나고도
오랫동안 꾸준히 증가한다.

돈을 빌려 부를 생산할 경우, 생산 활동에서
창조되는 부의 총량에서 채권자에게 이전되는

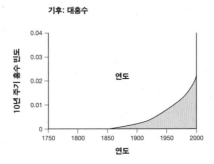

기후: 대홍수

양은 점차 증가한다. 생산 부문이 점차 빈곤해지지 않도록 하면서 체계를 유지하려면 생산되는 부의 양을 꾸준히 늘려야 한다. 허버트 명제의 본질은 햇빛의 지속적인 공급에 더해 화석 연료 이용이 계속 증가하는 한 물질-에너지와 화폐라는 두 체계가 공존할 수 있다는 것이다. 이 조건이 유지되는 한, 지구에서 뽑아내는 에너지와 물질의 이용이 꾸준히 늘어야 하는 것은 겉보기에는 〈자연스러운〉 듯하다.

하지만 실제로는 매우 부자연스럽다. 화석 연료 이용이 꾸준히 늘기 전 오랜 기간 동안은 이 현상이 일어나지 않았기 때문이다. 사람들은 성장이 정상이라고 생각하지 않았다. 1,000년에 걸쳐 농업 기술이 발전하면서 태양 에너지의 이용 효율이 꾸준히 증가했고 먹여 살릴 수 있는 인구도 늘었지만, 사람들의 사고방식을 변화시킬 만큼 극적인 변화는 아니었다. 하지만 화석 연료 사용으로 인한 증가는 이례적으로 급작스러우면서도 무엇보다 양적으로 엄청났기에 오늘날 대다수 사람들은 성장이 정상이며 무한정 계속될 수 있다고 믿는다. 화석 연료 이용의 증가가 멈추는 때가 오면 두 체계의 공존은 불가능해지고 비성장에 적응해야 하는 극도로 고통스러운 과정이 시작될 것이다.

석유가 부족해지기 시작하면 여러 위기가 일어날 것이다. 가장 소름끼치는 예를 하나만 들어보자. 이른바 〈녹색 혁명〉을 통해 개발한 다수확 품종은 인류 역사상 최고의 인구 폭발을 가능하게 했고 또한 실현했지만, 생산량을 증가시키려면 화학 비료와 농약을 대규모로 투입해야 한다는 문제가 있다. 이런 농산물은 산업 생산물로서, 가용 석유 에너지가 없으면 제조할 수 없다. 말하자면, 수십억 인구가 먹고살 수 있는 것은 (햇빛 이외에도) 석유 에너지를 추가로 임시 투입한 덕분이다. 석유가 고갈되면 지구상의 전체 인구를 먹여 살릴 도리가 없어 대기근을 피할 수 없을 것이다. 낙관론자들은 석유 발견 및 생산의 감소가 이례적 현상이며 발견 속도가 곧 빨라지리라 생각한다. 물론 그럴 수도 있겠지만, 그런 성장세가 10년 이상 지속될 리 없다. 물리적으로 유한한 시스템 안에서는 언젠가 성장이 멈출 수밖에 없기 때문이다.

교 수 님 , 질 문 있 습 니 다 !

자본주의적 관계의 진정한 변화를
상상하는 것보다 지구상의 모든 생명체가
멸종하는 대재앙을 상상하기가
더 쉬운 이유는 뭐죠?

발전의 역사

인류는 지구에서 가장 풍부하고 쉽게 채굴할 수 있는 광물 자원을 마구 뽑아내고 오래된 나무를 베어내고 바다의 물고기를 닥치는 대로 잡아들인다. 마실 수 있는 물이 귀한 대접을 받는다. 석유를 얻기 위해 점점 더 깊이 파들어 간다. 삶을 풍요롭게 하려고 발명한 방법과 기술이 오히려 삶을 위협한다.

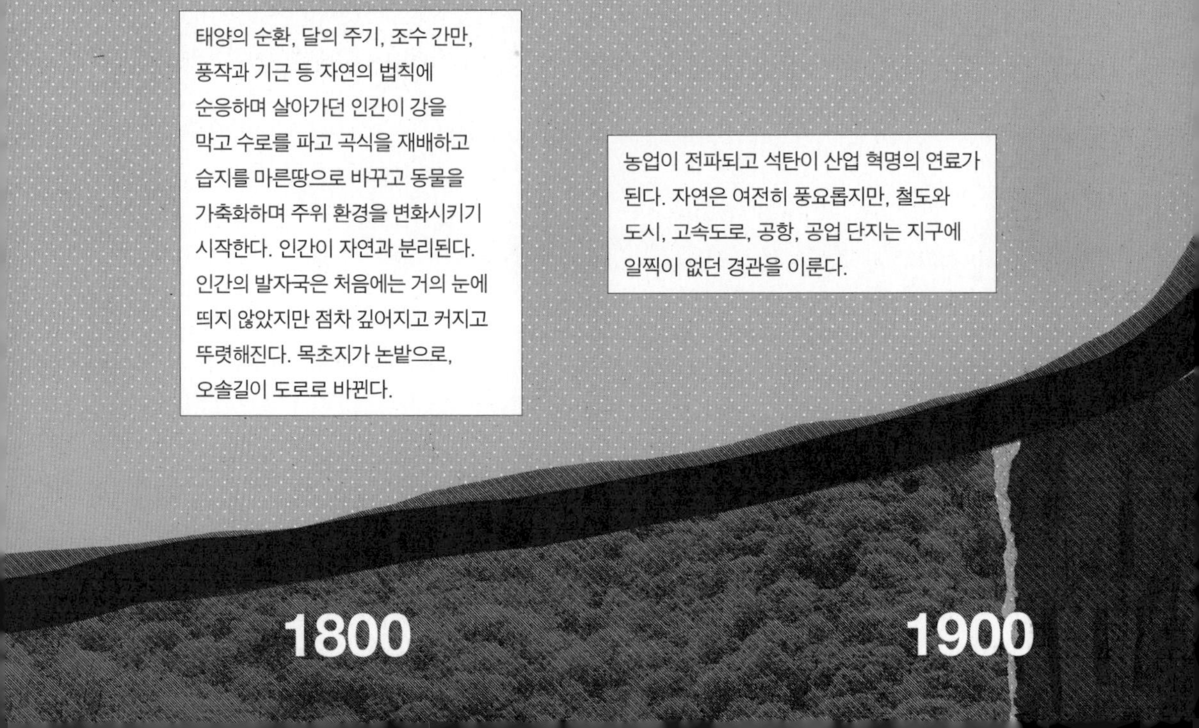

태양의 순환, 달의 주기, 조수 간만, 풍작과 기근 등 자연의 법칙에 순응하며 살아가던 인간이 강을 막고 수로를 파고 곡식을 재배하고 습지를 마른땅으로 바꾸고 동물을 가축화하며 주위 환경을 변화시키기 시작한다. 인간이 자연과 분리된다. 인간의 발자국은 처음에는 거의 눈에 띄지 않았지만 점차 깊어지고 커지고 뚜렷해진다. 목초지가 논밭으로, 오솔길이 도로로 바뀐다.

농업이 전파되고 석탄이 산업 혁명의 연료가 된다. 자연은 여전히 풍요롭지만, 철도와 도시, 고속도로, 공항, 공업 단지는 지구에 일찍이 없던 경관을 이룬다.

1800

1900

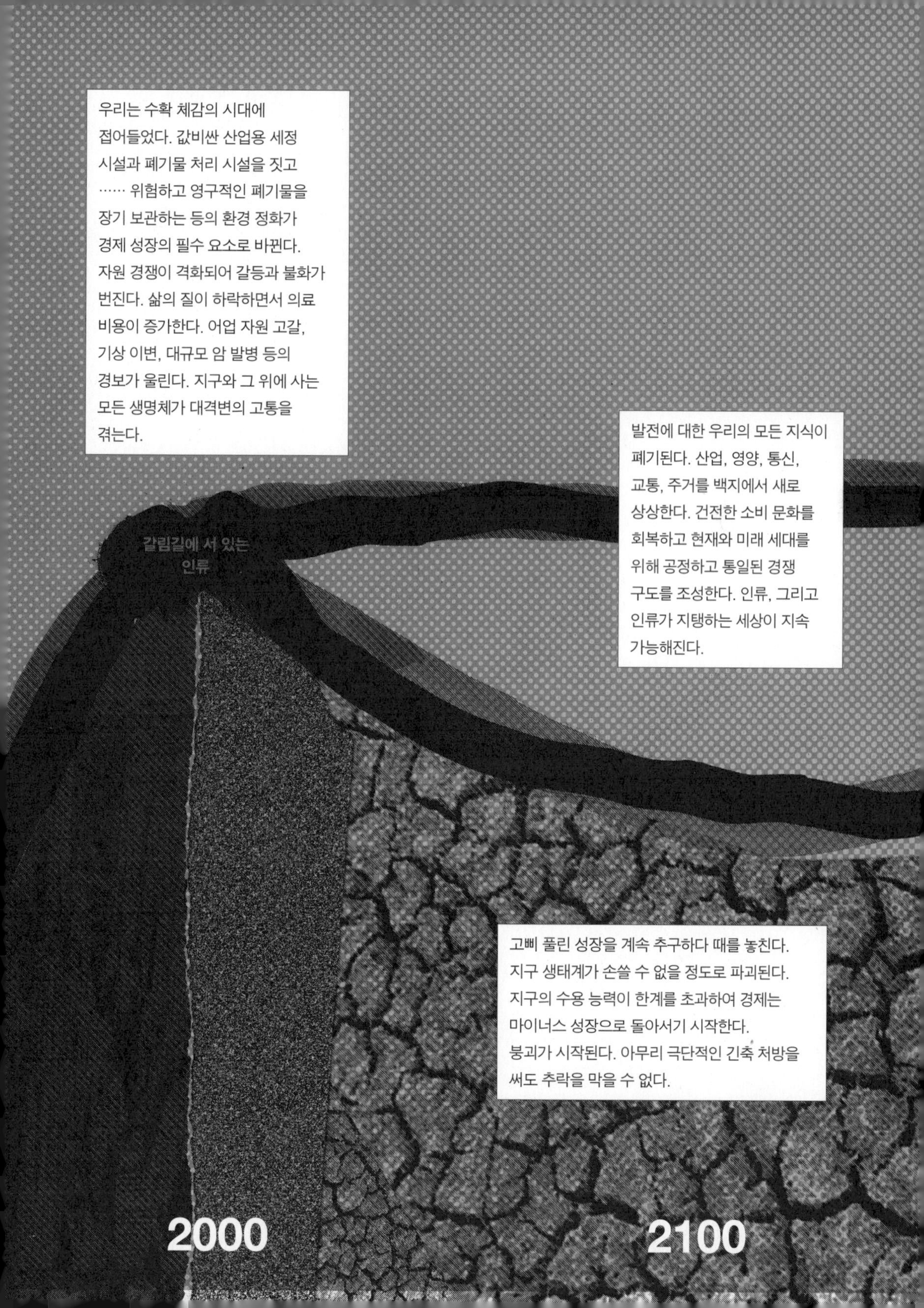

우리는 수확 체감의 시대에
접어들었다. 값비싼 산업용 세정
시설과 폐기물 처리 시설을 짓고
······ 위험하고 영구적인 폐기물을
장기 보관하는 등의 환경 정화가
경제 성장의 필수 요소로 바뀐다.
자원 경쟁이 격화되어 갈등과 불화가
번진다. 삶의 질이 하락하면서 의료
비용이 증가한다. 어업 자원 고갈,
기상 이변, 대규모 암 발병 등의
경보가 울린다. 지구와 그 위에 사는
모든 생명체가 대격변의 고통을
겪는다.

발전에 대한 우리의 모든 지식이
폐기된다. 산업, 영양, 통신,
교통, 주거를 백지에서 새로
상상한다. 건전한 소비 문화를
회복하고 현재와 미래 세대를
위해 공정하고 통일된 경쟁
구도를 조성한다. 인류, 그리고
인류가 지탱하는 세상이 지속
가능해진다.

갈림길에 서 있는
인류

고삐 풀린 성장을 계속 추구하다 때를 놓친다.
지구 생태계가 손쓸 수 없을 정도로 파괴된다.
지구의 수용 능력이 한계를 초과하여 경제는
마이너스 성장으로 돌아서기 시작한다.
붕괴가 시작된다. 아무리 극단적인 긴축 처방을
써도 추락을 막을 수 없다.

2000

2100

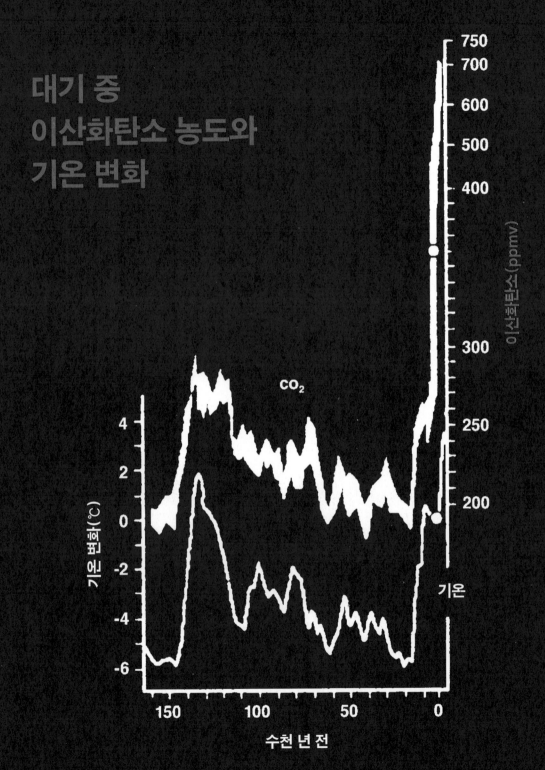

대기 중
이산화탄소 농도와
기온 변화

CO_2

기온

이산화탄소 (ppmv)

기온 변화 (℃)

수천 년 전

당신은 중국을 비난한다.
당신은 인도를 비난한다.
당신은 미국을 비난한다.
당신은 기업 총수들을 비난한다.

석유 회사를,
모호하고 이질적인 〈시스템〉을,
국제 규제 체제를,
좌파의 위선을,
우파의 독선을,
교사를,
경제를,
부모를,
자녀를,
회사를,
은행 제좌를,
자신의 정신 건강을,
정부를,
모든 것을 비난한다.
자신만 빼고.

꿈 깨시지!
이게 농담인 줄 알아?
우리 주위에서 불어나지는 일은 엄연한 현실이다.
지구가 다섯 개 있어도 모자라는 당신의 생활
방식이야말로 사태의 근본 원인이다.

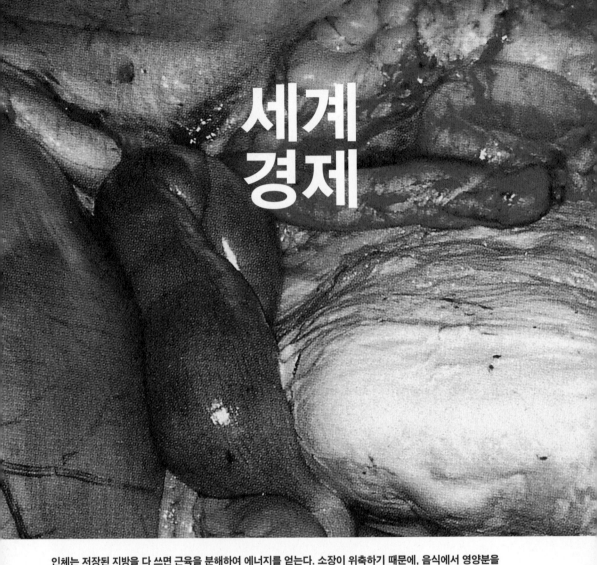

세계
경제

인체는 저장된 지방을 다 쓰면 근육을 분해하여 에너지를 얻는다. 소장이 위축하기 때문에, 음식에서 영양분을
흡수하기가 점점 힘들어진다. 이에 대한 방어 기제로 심장이나 간 같은 필수 장기의 활동이 감소하면 근육이
쇠약해질 뿐 아니라 몸 곳곳에서 지독한 피로를 느낀다. ……피부는 늘어지고 맨들맨들하고 과민한 상태로
바뀐다. 혈압이 떨어지고 각막염, 잇몸 시림, 두통, 다리 통증, 신경통, 경련, 수족 기능 장애 등을 앓는다.
사망하기 직전에는 우울증에서 과민증으로, 다시 극심한 무력증으로 급격한 변화를 겪다가…… 심장이
위축하고…… 장기의 기능이 정지되면 최종적으로 숨이 끊어진다.

리지 콜링엄, 『전쟁의 맛*The Taste of War*』

자유의
의미는
무엇인가?

온실가스를 배출할 권리는 지구상의 모든 사람이 똑같이 나눠 가져야 하는가? 이처럼 만인에게 같은 기준을 적용하는
것을 일컬어 〈균등할 원칙〉이라 한다. 이산화탄소 배출량을 현격히 감축하고 되돌릴 수 없는 기후 재앙을 막고자 할
때 공정한 방법은 이것뿐이다. 균등할 원칙을 적용할 경우 70억 인구 한 사람 한 사람은 이산화탄소를 해마다 2.8톤씩
배출할 수 있다. 해마다 20톤씩 배출하는 미국과 오스트레일리아 사람들에게는 청천벽력 같은 소식이리라. 매년 9톤을
내뿜는 영국, 일본, 스페인 사람들도 달갑지 않을 것이다. 하지만 중앙아메리카, 남아메리카, 인도, 아프리카에 사는
사람들은 2.8톤에 훨씬 못 미친다. 서구의 과도한 이산화탄소 배출이 기후 변화의 주요인이기 때문에, 우리 서구인들은
생태 위기에 대해 도덕적 책임이 더 크다. 우리는 과연 절제와 의지를 발휘하여 생태 위기에 대한 책임을 받아들이고
생태 발자국을 줄이는 다른 삶의 방식을 선택할 것인가, 종말을 부르는 무절제한 소비의 자유를 계속 누릴 것인가?

기록적으로 높아진 이산화탄소 배출량

중국은 사치의 온상이 될 것인가?

중국에서는 지저분한 골목길, 녹슨 자전거, 찢어진 바지, 검소한 농부, 근검절약 등이 급속히 역사의 뒤안길로 밀려나고 있다. 백만장자가 백만 명이 넘고 그중 3분의 1 가까이가 지난해에 백만장자로 등극한 중국은 이제 일본에 뒤이어 세계에서 두 번째로 큰 사치품 시장이다. 20년 동안 전례 없는 경제성장을 이룬 중국의 파이에서 한 조각이라도 차지하려고 사치품 판매 업체들이 장사진을 쳤다. 구찌는 2011년 상반기에 매출이 39퍼센트 늘었다. 보테가베네타는 80퍼센트나 치솟았다. 조르조아르마니 그룹은 매장이 300곳에 이르며 해마다 30곳 이상 신설할 계획이다. 루이비통, 베르사체, 까르띠에, 에르메스도 사업을 확장하고 있다. 페라리, 포르쉐, 부가티 같은 최고급 승용차 업체도 아시아에서 최고의 수익을 기록하고 있다.

— 조지나 레만

YOUR ECONOMY NEEDS YOU TO KEEP CONSUMING

kickitover.org

심리학 교과목 수강 안내: 생존을 위한 해리성 인지

학제간 연구, 과목 번호 1789번, 전 학과 학점 인정

언론에서는 기후 변화와 불확실한 경제 상황을 끊임없이 보도한다. 인구 압박으로 경작지가 지력을 잃을 정도로 혹사되고 식량 가격이 상승하여 수많은 사람들이 굶주림에 시달린다. 자연 세계에서는 고유 생물종이 하루에 27종씩 멸종하고 지구의 생체 리듬이 균형을 잃고 모든 생물권에서 외래종이 재래종을 몰아낸다.

이와 동시에 미국은 이윤 극대화에 집착하는 부패한 기업 권력의 손에 놀아나, 2~11위 나라를 전부 합친 것보다 더 많은 군사비를 지출하고 지구상의 어떤 나라보다 많은 이산화탄소를 배출하고 국민에게 오락거리를 끊임없이 제공하여 정치적 지향과 바람직한 미래의 모습을 오도한다.

본 수업에서는 이 뚜렷한 부조화에 우려를 느끼는 사람들의 심리적 토대를 탐구하고 패러다임적, 사회적, 경제적, 개인적 변화를 제안하는 주장에 맞서기 위한 현대적 전략에 주목한다. 맥락 상실의 근거를 해명하고 타인을 향한 공감에 문제를 제기하고 과소비의 심리적 유익을 자세히 들여다본다.

미국은 계몽의 이상을 회복하여, 진정으로 자유롭고 공정하고 지속 가능한 세상으로 향하는 길을 주도할 수 있을까? 하지만 더 중요한 물음은 〈뭐 하러?〉다. 생존을 위한 해리성 인지 과목에서는 안락하고 생각 없는 풍요의 윤리적 스트레스를 이겨내는 데 필요한 합리화 기술을 습득할 수 있다.

참고 도서
앨프리드 마셜, 『경제학 원리』(1890년 판)
프리드리히 폰 하이에크, 『노예의 길』
니콜 〈스누키〉 폴리치, 『해변에서 생긴 일』
짐 데이비스, 『고양이 가필드 전집』

월~금, 오전 9시~오후 5시 | 5학점 | 담당 교수는 미정

만물의 정점

석유의 정점

자연의 정점

지난 100년 동안, 특히 마지막 50년 동안 인구가 네 배 증가하여 70억 명이 되었고 에너지 사용이 16배 증가했으며 어획량이 35배 증가하여 물고기 씨가 마를 지경이며 산업 생산이 40배 이상 치솟았다. 식량과 상품을 생산하기 위한 산업 공정은 육상의 자연적 과정을 모두 합친 것보다 더 많은 대기 중 질소를 고정하여 육상계에 주입한다. 온실가스를 비롯한 온갖 오염 물질이 위험 수준에 도달했다. 한편 육지 절반이 인간 활동의 직접적 영향으로 변형되었다. 인간은 이용 가능한 담수의 절반 이상을 소비하고 있으며 기후 변화라는 먹구름이 지구 문명을 뒤덮고 있다.

윌리엄 리스

사우디아라비아는 20년 넘도록 밀을 자급했으나, (재생 불가능한) 화석 대수층이 고갈되면서 밀 수확량이 급감했으며 1년 안에 밀이 자취를 감출 전망이다. 시리아와 이라크에서는 관개용 우물이 마르면서 곡물 수확량이 서서히 줄고 있다. 물 부족에 시달리는 예멘은 국토 전역에서 지하수면이 낮아지고 우물이 마르고 있다. 식량 거품이 꺼지면서 중동 아랍 지역은 대수층 고갈로 곡물 수확이 감소하는 최초의 지리학적 지역이 되었다. 중동의 수확량 감소가 극적이기는 하지만, 물을 채운 식량 거품이 가장 큰 곳은 인도와 중국이다. 세계은행은 인도 인구 중 1억 7,500만 명이 과다 양수로 재배한 곡물을 먹고 있다고 밝혔다. 중국에서는 1억 3,000만 명의 식량이 과다 양수로 재배된다. 두 인구 대국 인도와 중국에서 물 부족이 확산되면서 식량 공급을 늘리기가 더 힘들어지고 있다.

레스터 브라운

2010년부터 2050년까지 미국에서는 당뇨병이 164퍼센트 증가할 것으로 예측된다. 그중에서도 2형 당뇨병의 증가율이 가장 클 것이다. 뿐만 아니라 향후 5년 동안 선진국의 당뇨병 환자 중 60퍼센트가 만성 심장 질환, 폐 질환, 근육 질환, 혈관계 질환, 신경학적 합병증 등의 만성 질환을 하나 이상 앓을 것이다. 미국 알츠하이머 협회에서는 같은 기간 동안 알츠하이머 병과 관련된 비용이 1조 달러에 이를 것으로 추산한다(질병 하나에 연간 GDP의 약 7퍼센트를 쏟아붓는 것이다). 이런 상황에서 미국이 어떻게 승리할 수 있겠는가?

담비사 모요

CAPITALISM

kickitover.org

INSERT
COMMERCIAL
HERE

$ 253.0000000000000000 0 0 0 0 0 0 0

$ 10000000000000000 0 0 0 0 0 0 0 0 0 0 0

10 000 00000000 0 00 00000 0000 0 00000 0 0000 0 0 0

ist-one

3. 궤변

그대
딜레탕트,
식도락가,
현학자에게
고함

현대 경제학은 맛이 갔다. 경제학은 경제를 이해한다는 실용적 목적을 저버리고 학문 자체를 위한 지적 유희로 전락했다. 경제학자들은 경제학을 분석적 엄밀성만 있을 뿐 현실 적합성이라고는 눈 씻고 찾아봐도 없는 일종의 사회 수학으로 둔갑시켰다.

　　노벨상 수상자 중에서도 적어도 세 명이 이런 우려를 표명했다. 계량 경제학의 초창기인 1982년에 바실리 레온티예프는 모형이 데이터보다 중요해졌다는 주장을 반박했다.

　　경제학 전문 학술지를 들추면 매 쪽마다 수학 공식이 빼곡하다. ……경제 이론가들은 해마다 수많은 수학 모형을 쏟아내고 그 형식적 성질을 꼼꼼히 탐구한다. 계량 경제학자들은 가능한 모든 형태의 대수 함수를 가져다 본질적으로 똑같은 데이터에 끼워 맞춘다.

　　1997년에는 로널드 코스가 〈기존 경제학은 구름 위를 노닐며 현실 세계와 동떨어진 이론 체계다〉라고 불만을 토로했으며 밀턴 프리드먼은 말년에 〈경제학은 현실의 경제 문제를 다루기보다는 난해한 수학 분야에 가까워지고 있다〉고 말했다.

　　그렇다면 석학들이 불만을 토로한 뒤에 무슨 일이 일어났던가? 2009년에 데이비드 컬랜더는 저명 학자들의 경고가 〈미국 대학원의 경제학 교육에 아무런 영향을 미치지 않았다〉고 탄식했다. 1998년에 마크 블로그는 비관적인 어조로 〈우리는 제압하기가 매우 힘든 괴물을 창조했다〉라고 말했다.

　　문제는 수학 자체가 아니라 내용을 무시하고 기법에 집착하는 행태다. 논란의 여지가 있지만, 실용적 추단법이나 데이터 위주 모형도 경제학에서 제한적이나마 쓸모 있는 경우가 있다. 하지만 경제학에 수학을 받아들일 것인가를 결정하는 것은 기술에 치우친 심미적 기준이 아니라 현실 세계를 설명하는 유용성이 되어야 한다.

제프리 호지슨

질문:

어떻게
사유할 것인가?

인간과 신의 관계…
인간과 자연의 관계…
옳고 그름, 좋고 나쁨의 관계…

주체와 객체, 원인과 결과, 정신과 물질,
천상과 지상의 차이.

서구적 정신은 개념과 감정과 목적과 기준을
사유하고 재사유하고, 정식화하고 재정식화하고,
검토하고 재검토한다.

이 정신이 과학적 방법의 토대를 놓았으며…

이 정신이 2000년 동안 논리 법칙을 이용하여
신의 존재를 증명하려 들었다.

배경이 되는 관점과 경험을 포기한 채
정확하고 범주적인 사유를 장려하는 태도,

플라톤 시대부터 서구적 사유에 깊은 영향을 미치며 번성한 이러한 태도는
이제 우리의 삶과 사유를 둘 다 심각하게 왜곡하기에 이르렀다.
사람들은 문자적 정확성, 즉 질보다 양을 중시하고 경험보다 이론을 중시하면서
이를 과학적 또는 전문가적 개념으로 포장했다. 근대 과학을 창시한 17세기
사람들조차 눈이 휘둥그레졌을 것이다. 이제 우리는 자연 만물을 감각 없고
우리와 동떨어진 비활성 객체로 여긴다.

이언 맥길크리스트, 『주인과 심부름꾼』

피터르 몬드리안,
「빨간 나무」, 1908~1910

「회색 나무」, 1911

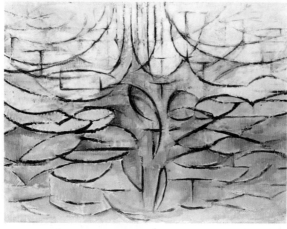

「꽃 핀 사과나무」, 1912

몬드리안은 나무를 어찌나 싫어했던지,
나무가 보이는 창가 테이블로 안내받으면
자리를 바꿔 달라고 요구할 정도였다.

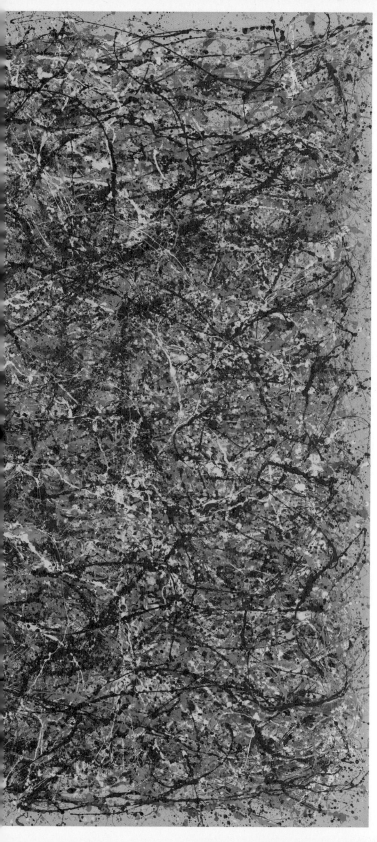

내 관심사는 자연의 리듬이다.

– 잭슨 폴록

PROGRESS
PROGRESS
PROGRESS
PROGRESS
PROGRESS
PROGRESS
PROGRESS
THE END

합리적 rational
유용 utility
극대화 maximizer

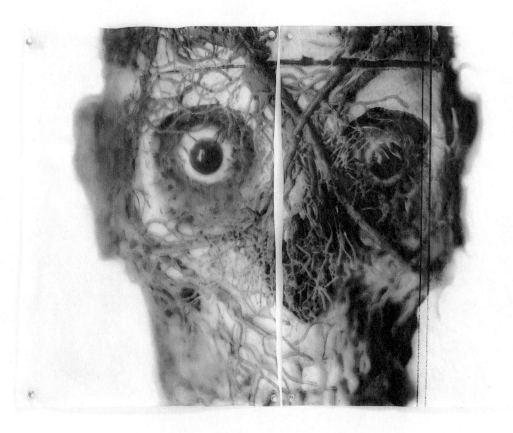

공산주의가 안되는 이유는 우리가 너무 이기적이기 때문이고, 사회주의가 안되는 이유는 사람들이 시스템을 속이기 때문이고, 복지가 안되는 이유는 사람들이 억지로 일을 시키지 않으면 일하려 들지 않기 때문이고, 환경주의가 망하는 이유는 환경을 돌볼 금전적 유인이 없기 때문이다. ……그런데 낯선 사람이 어려움에 처한 광경을 보면 사람들은 으레 길가에 차를 대고, 병사들은 전쟁에서 추상적 이상을 위해 기꺼이 목숨을 바치고, 운동가들은 고귀한 대의를 위해 체포를 감수하고, 부모들은 자녀를 위해 자신의 행복과 꿈과 모든 것을 본능적으로 희생한다.

완전 perfectly
방유 competitive
시장 markets

신발을 신고 돌아다닐 때에도, 음악을 들을 때에도, 자동차를 몰 때에도, 스마트폰으로 트위터를 할 때에도, 책을 읽을 때에도, 샐러드드레싱을 고를 때에도, 슈퍼마켓 음료 코너에서 달짝지근한 탄산음료를 집어들 때에도…… 일상의 구석구석 어디를 둘러보아도 시장의 대부분을 장악한 두세 개의 거대 기업이 우리의 삶을 지배한다. 이걸 전부 합치면 상위 100대 기업이 세상을 좌지우지하는 것이다.

문 득

　　　　　나 는

　　깨 달 았 다　　　· · ·

도구적 합리성, 그러니까 정해진 목표를 달성하기 위해 가장 효율적인 방안을 계산하는 태도가 300년 넘도록 서구적 사유를 지배했으며 이로부터 냉정하고 경험적이고 계산적인 사고 방식이 탄생했다.

번 영 의

샘

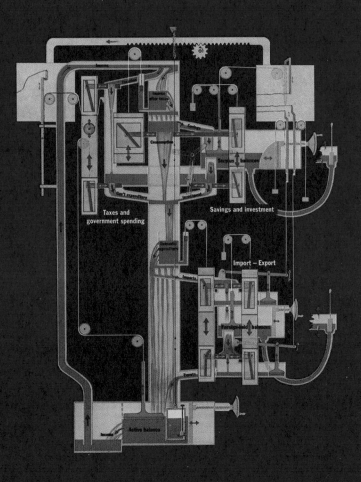

뉴질랜드의 경제학자 빌 필립스가 1949년에 설계한 모니악은 사람들의
뇌리에서 사라진 지 오래인 수력 컴퓨터다. 모니악은 높이가 2미터, 너비가
1.5미터이며 물, 밸브, 튜브, 펌프, 플라스틱 물탱크를 이용하여 거시적 경제
활동을 시각적으로 나타낸다. 화폐를 의미하는 물에는 빨간색 염료를 섞어
기계 안에서 그 흐름을 관찰할 수 있게 했다. 스위치를 켜면 모니악은 아래에
있는 커다란 자금 물탱크에서 화폐를 뽑아 올려 의료, 교육, 수입, 금리 등 여러
종류의 작은 용기와 튜브로 보낸다. 모니악을 조작하면, 화폐의 양을 늘리거나
줄였을 때 어떤 현상이 일어나는지 관찰할 수 있다. 한 용기가 다른 용기보다
화폐를 더 많이 빨아들이거나 자금 흐름이 제한되면 세금, 저축, 유동성, 소득
등의 저장고 수위가 달라진다. 모니악이 발명되자마자 하버드, 케임브리지,
옥스퍼드 같은 유수의 대학들이 교보재로 활용하려고 복제품을 구입했다.
포드 자동차와 과테말라 중앙은행도 모니악을 장만했다. 복제품은 총 15대가
제작되었다. 〈모니악〉이라는 이름은 화폐money, 열광mania, 컴퓨터
계산computation을 조합했다고 한다.

신
고전파의

로비

신고전파 경제학이 순조롭게 안착하여 학계에서
인정받은 것은 사실이지만 다른 관점이
공존했다. 이를테면 베블런 등이 제시한 제도
경제학은 1930년대 들어 케인스학파에 자리를
내주었지만 완전히 사라지지는 않았으며,
여전히 마르크스주의 경제학 등의 다른 접근법과
공존했다. 후기 케인스학파, 오스트리아학파,
행동주의 경제학, 여성주의 경제학을 비롯한
여러 학파도 1960년대 말까지 나름대로
기여했다. 그때만 해도 나 같은 학생은 다양한
관점에서 경제 문제를 분석할 수 있었으며,
경제사와 경제사상사 등은 모든 경제학과의
기본 과목이었다(지금은 교과 과정에서 완전히
빠졌다).

19세기 신고전파 경제학에서 유별난 점은
최종적 성공을 거둔 시기가 20세기 말이라는
것이다. 이건 대단히 놀라운 현상이다. 물리학,
생물학, 천문학, 지질학, 공학은 이제 19세기의
것을 찾아볼 수 없기 때문이다. 과학은 늘
진화했다. 경제학은 21세기 문제를 19세기
이론으로 해석하고 분석하고 이해하는 유일한
학문이다. 죽음 충동에 사로잡힌 오늘날의
〈주류〉 경제학자들은 그동안 아무 일도 일어나지
않았다는 듯 150년 된 공동묘지에서 가르침과
깨우침을 찾는다. 아무리 좋게 보아도 주객이
전도된 꼴이다. 지금처럼 대학들이 여기에
부화뇌동하는 것은 인식론적으로 무척 부끄러운
일이다.

나머지 학파를 서서히 밀어내던 신고전파
경제학이 부쩍 탄력을 받은 것은 1960년대
후반이다. 국방부의 후원을 받는 두 기관인
랜드 연구소와 미국 공군이 수리 경제학 연구를
지원하는 대규모 프로그램을 시작한 것이다.
군사 전문가들은 게임 이론을 비롯한 수학적
도구를 국방에 요긴하게 써먹을 수 있겠다고
생각했다. 자금은 대부분 캘리포니아, 하버드,
프린스턴, 컬럼비아, 스탠퍼드, 시카고, 예일,
MIT 등 8개 대학에 돌아갔다. 이 대학들은
대규모 자금 지원을 계속 받을 수 있도록
선뜻 경제학과의 학문적 방향을 선회했다.
8개 대학의 비중과 국제적 명성을 보건대,
이 대학들이 신고전파 경제학을 확고한 경제
교리로 받아들이자 서구의 나머지 대학들도
뒤따를 수밖에 없었을 것이다. 게다가 1960년대
이후로 국제통화기금과 세계은행에 고용된
1,000명 이상의 경제학자들은 절대다수가
8개 대학의 교리를 철저히 받아들였다. 따라서
20세기의 마지막 30년과 새 천 년 들머리에
신자유주의라는 경제 교리가 전 세계를 지배한
것은 놀랄 일이 아니다.

만프레드 막스네프와 필립 B. 스미스,
『경제학 발가벗기기』

신고전파 경제학이 처음으로
지속적인 공격을 받다니 고무적이었다

앨런 울프

보스턴 대학 정치학과 교수이자 보이시 종교·공적생활연구소 소장이다. 스무 권이 넘는 책을 썼으며 『뉴욕 타임스』와 『워싱턴 포스트』에 여러 차례 글을 기고했다.

취리히 대학 경제학과 교수 브루노 S. 프레이가 자기 분야에서 〈혁명〉을 이야기하는 것을 처음 들었을 때 나는 쾌재를 불렀다. 물론 늦은 감이 없진 않았다. 신고전파 경제학자들은 인간 행동을 모델링할 때 자기 이익이 무엇보다 중요하다고 주장했지만, 시카고 대학을 중심으로 합리적 선택 이론이 발전한 과정을 살펴보면 신고전파 경제 사상가들에게 자기 이익은 단순한 사실이 아니라 이상이었던 듯하다. 단지 사람들이 어떻게 행동하는가가 아니라 어떻게 행동해야 하는가를 밝혀내겠다는 것이었다. 공공 정책을 시장에 맡기라는 이들의 집요한 요구는 마침내 이념의 옷을 입었다. 내가 보기에 이는 이념적 오류였다. 언어는 점차 고집불통이 되었고 수학은 현란하고 난해해졌다. 시카고학파 경제학자들이 자신의 방법론을 나머지 사회 과학 분야에, 또한 인간 생활의 온갖 문제에 적용하기 시작하자, 강단 제국주의라는 오명도 이들의 것이 되었다. 나는 프리드리히 아우구스트 폰 하이에크와 밀턴 프리드먼을 언제나 변방의 괴짜 사상가로 여겼다. 특히 존 메이너드 케인스와 조지프 슘페터 같은 지성계의 거장과 비교하면 더더욱 그랬다. 신고전파 사상이 학계에 급속히 퍼진 것은 미래를 생각할 때 좋은 조짐이 아니었다.

신고전파 경제학이 처음으로 지속적인 공격을 받다니 고무적이었다. 첫째, 공격을 개시한 두 사상가 대니얼 카너먼과 에이머스 트버스키는 천재적

인물이었다. 그들이 의사 결정 과정에 매료된 데는 그만한 이유가 있었다. 카너먼은 1934년에 텔아비브에서 태어나 파리에서 자랐다. 카너먼의 가족은 나치가 프랑스를 점령했을 때 프랑스에 남기로 결정했으며, 카너먼의 아버지를 강제 수용소에서 빼내고 이스라엘 건국 전에 팔레스타인으로 이주하기 위해 사업상 인맥을 동원한 것도 가족의 결정이었다. 트버스키는 1937년에 하이파에서 태어났다. 열아홉 살 때에는 폭발하는 장치에서 동료 병사를 구한 공로로 이스라엘 최고 무공 훈장을 받았다(그 과정에서 부상을 입었다). 카너먼과 트버스키는 세상을 흑과 백, 선과 악으로 나누는 분위기에서 자랐으나 이런 이분법에 물들지 않았다. 오히려 둘은 인간의 복잡성에 대한 존중을, 심지어 사랑을 키웠다. 카너먼은 부모에게서 〈세상에는 남보다 잘난 사람도 있고 남보다 못난 사람도 있지만, 아무리 잘난 사람도 완벽하지 않고 아무리 못난 사람도 몹쓸 놈은 아니다〉라는 교훈을 배웠다.

카너먼과 트버스키는 공동 연구를 통해 20세기 후반의 대표적인 지적 성취를 이루었다. 정교하게 설계한 일련의 실험은 미시 경제학자들의 주요 가정인 〈효용 극대화〉에 대해 곤란한 질문들을 던졌다. 쉽게 말하자면, 연극 입장권을 잃어버리든 입장권 가격인 10달러를 잃어버리든 이론상으로는 차이가 없지만 입장권을 잃어버린 사람이 새 입장권을 살 가능성은 10달러를 잃어버린 사람보다 훨씬 작

다. 카너먼과 트버스키의 설명에 따르면, 우리의 머릿속 계좌에서는 연극을 보려고 10달러를 쓰는 것은 말이 되지만 20달러나 쓸 수는 없다고 판단한다. 입장권을 잃어버렸을 때 사라지는 효용과 돈을 잃어버렸을 때 사라지는 효용이 똑같은데도 말이다.

트버스키는 1996년에 암으로 사망했다. 카너먼은 2002년에 노벨 경제학상을 받았으며 현재 프린스턴 대학 명예 교수다. 그 사이에 둘은 인간 행동의 온갖 동기에서 이성의 역할이라고 여겨진 것들을 뒤흔들었다. 우리는 무엇이 자기에게 가장 유리한지 안다고 생각하지만 결정을 내릴 때 잘못된 정보, 근시안, 변덕에 휘둘리기 십상임을 카너먼과 트버스키는 분명히 밝혀냈다. 둘이 그려 낸 인간 본성은 〈호모 에코노미쿠스〉의 세계와는 대조적으로 모순적이고 회의적이고 지독하게 복잡했다.

이 두 경제 심리학자의 통찰을 경제학에 접목하는 데 가장 큰 공을 세운 사람은 시카고 대학의 리처드 H. 탈러다. 탈러는 이제는 고전이 된 둘의 1974년 논문 「불확실한 상황에서의 판단Judgment Under Uncertainty」을 읽고 〈흥분을 감출 수 없었다〉고 말했다. 탈러는 신고전파 경제학을 공부했지만, 심리학에 푹 빠져 이 분야의 연구 성과에 점차 매료되었다. 카너먼과 트버스키를 만나 1970년대에 오랜 시간을 함께 보낸 뒤에 탈러는 둘의 통찰을 다양한 경제 활동, 특히 금융 활동에 접목한 일련의 논문을 펴냈다. 러셀 세이지 재단에서 탈러의 초기 논문을 모아 1991년에 『준(準)합리적 경제학Quasi Rational Economics』을 출간하자 탈러의 이론이 영향력을 얻었다. 책 제목은 인간이 늘 합리적이지도 늘 비합리적이지도 않음을 암시한다. 그렇다, 사람들은 신고전파 경제학에서 주장하는 인간 행동 모형에 얽매이지 않지만 준합리적 행동이 주로 관찰되는 상황은 〈주도면밀한 실험 통제에 놓인, 치밀하게 정의된 상황〉이나 〈주식 시장처럼 자연적인 상황〉이다. 탈러

가 말하고자 한 바는 인간 행동에 대한 경제학의 전통적 가정을 대체하는 것이 아니라 변형해야 한다는 것이었다.

카너먼과 트버스키가 빚어 내고 탈러가 단단하게 다진 이 견해는 〈행동 경제학〉이라는 이름으로 곧잘 불린다. 행동 경제학에서는 그 뒤로도 걸출한 인물들이 배출되었다. 『괴짜 경제학』의 공저자인 스티븐 D. 레빗은 잘 읽히는 산문을 쓴다. 적어도 그렇게 쓰는 언론인과 일하려 한다. 그 역시 시카고 대학 교수다. 행동 경제학이 다루는 주제는 넓고도 깊으며, 돈을 벌고 쓰는 세계와는 대체로 무관하다. 자녀 양육, 범죄 예방, 도박, 작명 등은 흥미롭고 매혹적이다. 이런 사고방식에 토대한 공공 정책은 결코 우파적일 수 없다. 또 다른 시카고 대학 경제학과 교수이자 2011년까지 버락 오바마의 수석 경제 자문을 지낸 오스턴 굴즈비의 사례에서 보듯 이들은 미국 정치의 주역으로 나섰다.

얼마 전에 탈러는 시카고 대학 법학과 교수이던 캐스 R. 선스타인과 공저한 『넛지: 똑똑한 선택을 이끄는 힘』에서 〈자유주의적 개입〉이라는 개념을 주창했다. 이 도발적인 모순 어법은 자유방임과 정부의 강압적 규제 사이에서 중도를 추구한다. 이들은 공공 정책을 짤 때 사람들에게 특정한 행동을 강요하거나 그들의 기호를 간과하지 않고 이른바 〈선택 설계〉를 제시함으로써 전체적으로 볼 때 가장 현명한 결정을 유도할 수 있다고 본다. 〈자유주의적 개입〉이 공공 정책을 생각하는 새로운 관점을 제시하여 중요한 법 제도 개혁을 이끌어 낼 수 있을지, 비(非)시카고학파 경제학자 폴 크루그먼이 〈절망스럽도록 순진하다〉고 비난하는 부드러운 중도파 정치를 대변할지는 지켜봐야 할 것이다. 하지만 레빗이 행동 경제학을 베스트셀러 목록에 올려놓았듯 탈러와 선스타인이 행동 경제학을 싱크탱크에, 심지어 백악관에 전파하고 있음은 분명하다.

교 수 님 , 질 문 있 습 니 다 !

경제학은
정밀 과학인가요?

Drinks

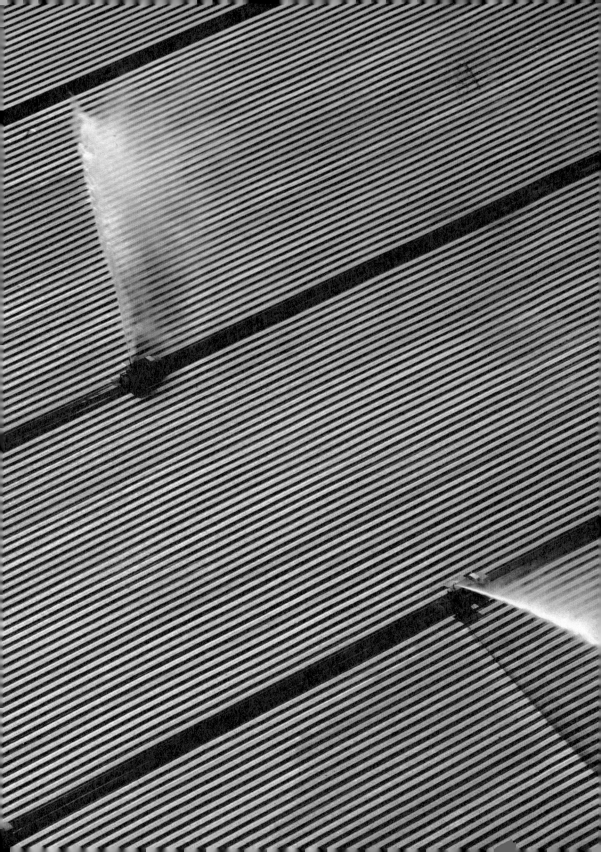

교수님, 질문 있습니다!

경제학자들은 〈물리학 선망〉이라는
학문적 열등 콤플렉스를 앓고 있나요?

$$\frac{\partial V}{\partial t} + \frac{1}{2}\sigma^2 S^2 \frac{\partial^2 V}{\partial S^2} + rS\frac{\partial V}{\partial S} - rV = 0.$$

위험. 이윤. 헤징. 수학. 베팅. 옵션. 파생 상품. 시작은 그럴싸했다. 위험을 양적으로 평가하여 채권의 예측 가능성을 높이겠다는 것이었으니까. 경제 학자 피셔 블랙과 마이런 숄스가 1973년에 고안하고 하버드 경제학과 교 수를 지낸 로버트 C. 머튼이 살을 붙인 블랙-숄스 모형은 1990년대까지 월스트리트에서 커다란 영향력을 발휘했다. 숄스와 블랙은 1997년에 노벨 상을 받았다.

이들의 공식은 금리, 포트폴리오 가치, 행사 가격, 변동성, 최초 주식 비용 같은 몇 가지 추상화된 시장 지표를 이용하여 자산의 통시적 가치를 정확 하게 판단하려는 시도다. 방정식에서 산출한 위험 지표를 토대로 투자자는 위험을 헤지하고 경제의 탈을 쓴 내기와 도박과 다를 바 없는 금융 상품을 주무른다. 이 복잡한 파생 상품의 규모는 커져만 간다. 블랙-숄스 증명과 이로부터 파생된 공식이 증권 중개인들에게 어떤 의미였는지 이해하려면 IBM에서 제작되어 초당 2억 회의 계산 능력을 자랑하는 체스 컴퓨터 딥블 루가 세계 체스 챔피언 가리 카스파로프에게 어떤 의미였는지 생각해 보라.

복잡한 수학 함수가 월스트리트에 도입되자, 매도와 매수 시기를 우연이나 직감에 맡기던 시대는 끝났다. 증권 거래의 심장부에서 꿈틀대던 인간적 충 동은 온갖 정서적 결함, 잘못된 기억, 일시적 미신 등과 함께 퇴물로 전락했 다. 별안간 세계 유수의 기업 총수들은 금융의 논리가 과학적으로 안전하다 고 확신하며 막대한 금융 위험을 떠안을 수 있게 되었다. 그저 지표에 지나 지 않던 단순한 방정식은 우리 시대의 합리성에 대한 최고의 비합리적 신앙 으로 변질되었다. 2008년을 돌아보면, 애초의 증명에서 파생한 수백 가지 개념과 응용은 모든 투자가의 호주머니에 들어 있는 부적이나 다름없었다. 부적은 연금술사가 납 막대기를 가지고 할 수 있다고 주장한 일, 즉 납을 금 으로 바꾸는 일을 현실로 만들어 주었다.

금융의 연금술이 어떻게 종말을 맞았는지에 대해서는 이후의 어떤 알고리 즘으로도, 수학적 수수께끼로도 단서를 찾을 수 없었다. 금융에 대한 직관 적 감각을 오래전에 잃어버린 채, 터져 버린 거품을 여전히 붙들고 있는 사 람들은 수학 공식의 효력이 사라진 뒤에도 상식보다는 괴상한 논리와 대수 학에 더더욱 매달렸다.

대런 플리트

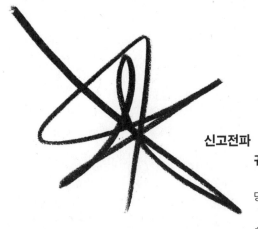

신고전파

궤변론자들에게 고함

당신네 삶에 활력을 불어넣는 법을 알려 주지.

호젓한 곳에 앉아서

눈을 반쯤 감고

숨을 천천히 규칙적으로 쉬면서

마음을 가라앉히고

머릿속을 비우고

부글부글 끓어오르는 가짜 사상을 모조리 덜어 내고……

아무 생각 없이 30초만 삶을 살아 봐.

할 수 있겠어?

> 계속해 봐. ……조금만 연습하면 30초는 물론이고
> 시간을 더 늘릴 수 있어. ……금세 분주한
> 머릿속의 끊임없는 수다를 잠재울 수 있을 거야.

누가 더 행복한가…

미국 교외에 사는
            아이들인가,

방 글 라 데 시   빈 민 가 에   사 는
아 이 들 인 가 ?

보이지 않는 손:
부풀린 희망의 어머니,
절망의 애인!
애서리지 나이트

인간에게는 신이 부여한 본성, 즉 강요받지 않고
자신의 개인적 행복만을 추구하는 개인적 선택들이
어우러져 질서 정연하고 조화로운 사회를
만들어 내는 그런 본성 따위는 존재하지 않는다.

앨러스테어 크루크

R.I.P.
NEOCLASSICAL
ECONOMICS

신고전파 경제학
이곳에 잠들다

복도에 붙일 것   kickitover.org

4.
비주류를
만나다

이러한 창조적 파괴 과정은
자본주의에 대해서는 본질적인 사실이다.

조지프 A. 슘페터

밈
전사에게
고함

한동안 캠퍼스가 잠잠했다. 머나먼 광야에서는 저항의 외침이 메아리치지만 무대를 장악한 신고전파는 방송 뉴스에서, 신문 경제면에서 장밋빛 전망을 쏟아 내며 오해의 씨앗을 뿌렸다. 2008년 금융 붕괴가 일어나기 직전까지 20년 동안 앨런 그린스펀은 미국 연방준비제도이사회 의장이라는 권좌에 앉아 전지(全知)의 신인 양 수수께끼 같은 지혜의 말씀을 설파했다. 신고전파의 세계관은 우리 시대의 경제적 토대이자 정치 이념으로서 반세기 동안 세상을 지배했다.

하지만 지금 지각 변동이 일어나고 있다.

노벨상을 수상한 과학자들이 기후 재앙의 티핑 포인트 가능성을 경고하고 나서자 대중의 마음속에 두려움의 물결이 일었다. 자연이 정말 죽어 가는 걸까? 정말로 지구 온난화 때문에 인류가 멸망하는 걸까? 〈외부 효과〉가 경제학자들 말처럼 그렇게 사소한 걸까?

2008년에 금융 열차가 탈선하자 한 줌의 신고전파 학자들 말고는 모두가 화들짝 놀랐다. 이번 사고는 우리가 그동안 현실과 완전히 동떨어진 상상의 세계에 살고 있었다는 분명한 신호였다. 싱크탱크, 경제학 원론 강의실, 미국경제학회 학술 대회장에서는 아직도 신고전파 학자들이 맨 앞자리를 차지하고 있다. 하지만 학생들은 불만스럽고 코미디언들은 물 만난 물고기이고 인터넷은 온갖 이단적 웹사이트들로 북적거린다. 급기야 2011년 11월 하버드 대학에서 대단히 상징적인 사건이 일어났다. 그레고리 맨큐의 수업을 듣던 학생들이 자기네가 배우는 경제학에 반대한다는 표시로 수업을 거부한 것이다.

낡은 확실성의 성채가 무너져 내리고 있다. 밈 전사들은 스텐실, 마스크, 성명서를 준비하고 있다. 구식 교육자들은 뒷전으로 물러나, 자신들이 비선형적 실세계 시스템을 제대로 이해하지 못하며 자신들의 수학 모형이 쓰임새가 별로 없다는 사실을 마지못해 인정해야 했다. 은행업, 금융 규제, 신용으로부터 성장, 발전, 행복, 자유 등 경제의 근본 토대에 이르기까지 모든 것이 지금 재사유되고 있다. 경제학은 창조적 파괴라는 니체적 시대에 진입하는 중이다.

경제학 — 일종의 클럽

01.

조지프 스티글리츠

조지프 스티글리츠는 세계은행
부총재와 수석 경제 자문을 지냈다.
브룩스 세계빈곤연구소 이사장이자
교황청 사회과학원 회원이기도 하다.
조지 애컬로프, 마이클 스펜스와 함께
2001년에 노벨 경제학상을 받았다.
최근작으로『끝나지 않은 추락』과
『불평등의 대가』가 있다. 다음은 현대
경제학의 한계를 주제로 생태 경제학자
톰 그린과 대담한 내용이다.

경제학의 패션 트렌드에 대하여

누구나 자기 논문이 학계에서 인정받기를
바랍니다. 하지만 주류에서 벗어나면 그런 칭찬을
얻지 못합니다. 일종의 클럽인 셈이죠. 클럽
회원이기를 거부하기보다는 회원으로 사는 게 훨씬
편하니까요. 문제는 클럽이 그날그날의 사안에
치중한다는 것입니다. 어떤 때는 인플레이션을
논하다가 또 어떤 때는 실업을 주제로 삼는
식이죠. 시야가 근시안적이어서 큰 그림을 보지
못하는 경우가 많습니다. 주류 경제학계에서는
〈정통 이론〉이 특별한 위치를 차지합니다.
시대가 바뀌면 정통 이론도 바뀝니다. 한때는
통화주의가 정통이었습니다. 학문적 근거가
전혀 없었는데도 말이죠. 대유행이었습니다.
다들 통화주의자였으니까요. 그러다 통화주의가
효과가 없다는 것을 사람들이 알아차리자
등장할 때만큼이나 빠른 속도로 퇴장해 버렸죠.
1970년대에 인플레이션 문제가 대두되자
사람들은 케인스주의 경제학의 중요한 교훈을
잊어버렸습니다. 교훈이 사라진 것은 아니지만
온통 인플레이션에 정신이 쏠려 있었습니다.
경제가 심각한 침체를 겪는 지금은 또 다른
국면입니다. 사람들은 경제가 왜 침체하는지
궁금해하고 있습니다. 지난 15~20년 동안 인구에
회자되던 이론들은 당면 문제를 해결하는 데 별
쓸모가 없다는 사실이 드러났습니다.

개론서에서 낡은 모형을 계속 가르치는
이유에 대하여

두 가지 이유가 있다고 생각합니다. 첫째,
더 쉬우니까요. 수요 공급은 불완전 정보

이론보다 설명하기 쉽습니다. 적어도 그렇게
생각하는 사람들이 있습니다. 둘째, 이와 관련된
정치적 의제가 있습니다. 『맨큐의 경제학』
저자인 그레고리 맨큐가 부시 대통령 시절에
경제자문위원회에 몸담았고 시장이 완벽하게
돌아간다는 이념적 견해를 밀어붙이려 한 것은
놀랄 일이 아닙니다. 하지만 대다수 사람들이
그 견해에 동의하지는 않는 듯합니다. 금융
시장은 정보와 위험을 다루지만 맨큐의 책처럼
낡은 교과서들은 이런 주제를 제대로 설명하지
못합니다. 진짜 위험한 건 시대에 뒤떨어진
경제학을 배운 사람들이 규제나 경제 정책을
결정하려 드는 것입니다. 이 사람들은 그런 문제를
다룰 준비가 되어 있지 않습니다.

보이지 않는 손에 대하여

보이지 않는 손이 작동하지 않는 이유를 설명하는
간단한 방법은 이렇게 반문하는 것입니다. 엔론
사태 때 최고 경영자들이 자기 이익을 추구하여
세계 경제의 효율이 높아졌나요? 시티은행과
메릴린치를 비롯하여 서브프라임 모기지를 다루던
모든 대형 은행들의 지점장들이 미국 경제의
효율을 높였습니까? 높이지 않은 게 분명하죠.
이유는 뻔합니다. 이자들의 목표는 자기 보너스를
높이는 것이었습니다. 이들의 소득 극대화는
사회적 안녕의 극대화와 양립할 수 없었습니다.
애덤 스미스는 자기 이익을 극대화하는 것이
사회의 이익을 극대화하는 것과 일치한다고
말했습니다만, 엔론 사태나 서브프라임 모기지
사태는 사정이 그렇지 않음을 똑똑히 보여 줍니다.

지속 가능성에 대하여

미국의 생활 방식이 나머지 나라들에까지 확대되면 지구가 배겨 낼 수 없다는 사실을 이제는 사람들이 깨달은 듯합니다. 문제는 인도와 중국이 우리의 생활 방식을 본뜨려 한다는 것입니다. 두 나라의 인구를 합치면 24억이나 됩니다. 중국의 성장률은 믿기지 않을 지경입니다. 30년 동안 10퍼센트 가까운 성장률을 이어 오고 있지요. 중국은 이미 세계 2위의 자동차 생산국이며, 이 추세가 지속되면 지구가 정말 위험에 처할 것입니다. 하지만 우리는 이렇게 말합니다. 〈어, 당신들은 그러면 안 돼. 우리가 흥청망청 살아가는 건 괜찮지만, 당신네까지 그러면 지구가 망가지니까 안 된다구.〉 이렇게

말해야 합니다. 우리도 생활 방식을 바꾸고 있으며 국제 협약이 필요하다고, 모두가 지구를 마땅히 존중하는 생활 방식을 택하도록 하는 사회적 협약이 필요하다고 말입니다. 경제가 건전하려면 시간을 효율적으로 쓰고 자신의 시간을 즐길 수 있어야 합니다. 출퇴근하느라 두 시간을 허비하는 것은 시간을 제대로 쓰는 게 아닙니다. 비효율이 극심한 분야는 그 밖에도 많습니다. 우리는 토지를 어떻게 관리하면 효율적일지 생각한 적이 없습니다. 프랑스에서 어떤 회의에 참석했는데, 쓰레기를 줄이고 잉여 에너지를 포획하여 사용하고 또 재사용하는 등 환경 효율성을 높이기 위해 도시 전체를 새로 디자인하는 방안을 논의하더군요. 전반적인 효율성을 높일 방법은 많습니다.

경제적 합리성을
토대로 한 결정은
감정이나 사랑 따윈
고려하지
않아요

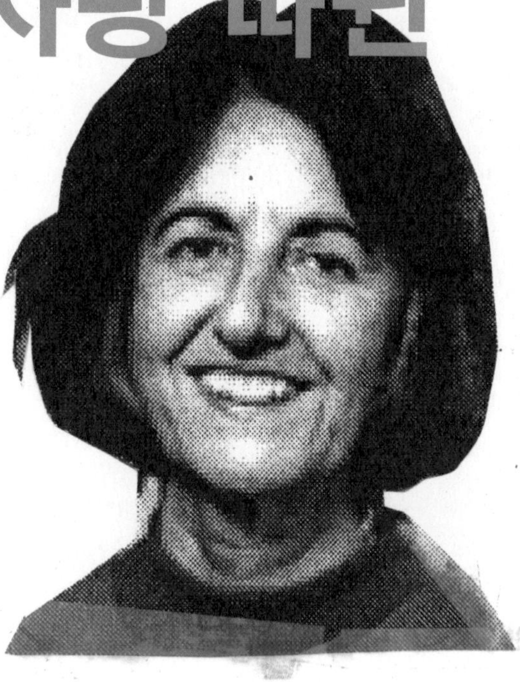

02.

루르데스 베네리아

루르데스 베네리아는 코넬 대학에서
젠더와 경제 발전을 가르치며 『젠더,
발전, 세계화: 사람을 중시하는
경제학Gender, Development and
Globalization: Economics as if
People Mattered』을 썼다.
라틴 아메리카를 중심으로 여성주의
경제학, 노동 시장, 여성 노동, 세계화
등을 주로 연구한다. 이 글은
생태 경제학자 톰 그린과 대담한
내용이다.

경제학이 변화를 거부하는 이유에 대하여

경제학은 매우 패권적인 학문입니다. 경제학의 오만과 비판을
받아들이려 하지 않는 독선에 저항하는 이단적 경제학자들이
아주 많다는 점을 고려하더라도 그렇습니다. 여성에게
포용적인 여느 사회과학과 달리 기존 경제학은 난공불락의
금녀 구역이었습니다. 정통 경제학에 여성주의 문제를
접목하기란 어렵거나 불가능한 일이었습니다.

2011년 10월 뉴욕 타임스 광장에서 점령하라 운동 참가자 둘이 포옹을 나누고 있다.

경제학이 여성주의에 배타적인 한 가지 이유는, 경제학자들은 자신이 과학적 분석 도구를 개발한다고 생각하는데 여성주의자들이 제기하는 문제는 과학과 거리가 멀어 보인다는 것입니다. 경제학자들은 자기네가 여느 사회 과학자보다 더 〈과학적〉이라고 생각합니다. 기업에서는 말할 것도 없고 대학에서조차 경제학자들은 일반 사회 과학자보다 높은 임금을 받습니다. 경제학이 사회과학의 여왕이라 불리는 이유는 물리학을 모방하고 수학을 사용하기 때문입니다.

수학을 내세우면 경제학이 과학적이고 확실하다는 인상을 줍니다. 하지만 이러한 전제를 파고들어야 합니다. 이를테면 〈가정(家庭)경제학〉이라는 분야를 살펴봅시다. 신고전파에서 이런 모형을 구성할 때 내세우는 전제에는 남자와 여자가 자유롭고 평등한 개인으로서 가정에 가장 바람직한 것을 합리적으로 조율한다는 주장이 담겨 있습니다. 가정과 각 구성원에게 가장 바람직한 것이 무엇인지 아는 〈자애로운 가부장〉이 결정을 내린다고 가정하는 모형도 있습니다. 경제적 합리성을 토대로 한 결정은 감정이나 사랑 따윈 고려하지 않아요.

하지만 여성주의자들이 지적했듯 가정 안에서 남자와 여자의 관계는 매우 불평등할 수 있으며 결정이 합리적으로만 내려지는 것은 아닙니다. 남자는 으레 교육받을 기회가 더 많습니다. 뿐만 아니라 땅을 소유하고 자금을 관리하고 더 많은 권력을 누릴 가능성이 큽니다. 이런 모형에서 그려 낸 현실의 모습은 매우 남성 중심적입니다. 이 같은 모형을 토대로 정책을 수립하다 보면 정책이 남자와 여자에게 다른 영향을 미친다는 사실을 간과할 수 있습니다.

문제는 양성 관계를 다루려면 권력을 분석 대상에 넣어야 한다는 것입니다. 신고전파 경제학은 권력관계를 다루지 않고 순전히 경제적인 사안에만 초점을 맞추는 데 반해 이른바 〈협상 모형〉은 가정 안의 권력관계와 비대칭 관계에 더 직접적으로 주목할 수 있습니다.

극대화의 위험에 대하여

경제학은 극대화를 추구하는 학문입니다. 우리는 주어진 한계 안에서 효용을 극대화하고 성장을 극대화하고 소득을 극대화하고 생산을 극대화하고 싶어 합니다. 우리는 자본가가 이윤을 극대화하는 것이 마땅하다고 생각합니다. 경제학에서는 이 같은 고삐 풀린 극대화로 인한 경제적 비용을 고려하지 않았습니다. 그 결과는 지금 보시는 대로입니다. 지구는 규제를 벗어난 이 모든 경제 활동을 지탱하지 못할 지경에 이르렀고 우리는 심각한 생태 위기를 맞았습니다. 이제는 극대화만을 추구할 수 없는 시대가 되었습니다. 최소한 극대화에 조건을 내거는 방안을 고민해야 합니다. 경제학을 처음부터 다시 사고해야 합니다. 경제학자들은 지속 가능한 발전을 입에 올리지만, 실은 깊이 생각해 본 적도 없습니다. 과학자들 말로는, 우리가 지금까지 당연하게 생각했던 것들을 유지하는 것조차 불가능하다고 합니다. 부자 나라는 더더욱 그렇고요. 이제부터 소비를 줄여야 합니다. 그러려면 생산을 줄여야 합니다. 생산이야말로 지구에 숱한 문제를 일으키는 주범이니까요. 생태 위기가 뜻하는 바는 경제학자들이 경제학을 백지 상태에서 다시 사고해야 한다는 것입니다.

종신 재직권을 얻은 뒤로 여유를 가지고 학문적 도전을 할 수 있었다

웰즐리 대학에서 나를 임용한 것은 1978년이다. 급진적 경제학자를 받아들인 것은 그때가 처음이자 마지막이었다. 내가 임용된 것은 학생들의 요구 때문이었다. 3학년 때 외국 유학을 통해 주류 신고전파 경제학 이외의 이론을 접한 학생들은 우리 학교에서도 그런 이론을 가르치기를 바랐다. 경제학과에서는 이른바 〈경제학의 경쟁 패러다임들〉을 가르칠 교수를 찾는 임용 공고를 냈다. 나는 예일 대학 경제학과의 박사 후보생으로, 예일 대학의 유일한 마르크스주의 경제학자이자 종신 재직권을 얻지 못한 데이비드 르빈 문하에 있었다. 나는 지원서를 냈고 채용되었다.

03.

줄리 메타이

줄리 메타이는 웰즐리 대학 경제학과 교수이며 미국 연대경제네트워크www.ussen.org 공동 창립자이자 이사다. 메타이가 다른 이들과 함께 펴낸 『연대 경제: 사람들과 지구를 위한 대안 만들기Solidarity Economy: Building Alternatives for People and Planet』는 www.lulu.com/ changemaker에서 구입할 수 있다.

웰즐리 대학 경제학과 교수들은 모두 〈핵심〉 과목을 두 개 가르쳐야 했다. 나는 미시 경제학 초급과 중급을 가르치게 되어 주류 교과서를 건네받았는데 그 자리에서 주류 경제학을 가르치지 않겠노라고 잘라 말했다. 그 대신 교과서의 일부 내용을 비판적으로 제시하고 급진적인 대안적 견해를 소개했다. 경제학의 경전을 비판하는 것이 체제 전복 활동처럼 느껴진 기억이 난다. 커다란 팔이 교실에 쑥 들어와서 나를 채가는 상상을 했다. 다행히 그런 일은 일어나지 않았다. 오히려 학생들에게 인기를 얻고 첫 책『미국 여성의 경제사An Economic History of Women in America』가 성공하자 나는 종신 재직권을 얻었다.

　종신 재직권을 얻은 뒤로 여유를 가지고 학문적 도전을 할 수 있었다. 하지만 그 즈음 주류 경제 이론과 선진 자본주의 경제에 대한 나의 비판이 효과를 거두지 못한다는 사실을 깨닫기 시작했다.

이를테면 경제학 원론 수업에서 학생들에게 수요 공급 법칙을 소개하면서 나는 〈수요 공급 곡선이 오로지 완전 경쟁 시장에서만 가격을 결정하는데 이런 시장은 존재하지 않는다〉라고 말했다. 나는 학생을 가르칠 때 완전 경쟁 시장이 존재하지 않는다는 사실이 핵심이라고 생각했는데(특히 주류 경제학자들이 수요 공급 법칙을 엉뚱하게 적용하고 있으니 말이다) 시험 치를 때 상당수 학생들은 이 중요한 사실을 기억하지 못했다.

생산이 부족하지도 넘치지도 않는 시장 균형에 대해 가르칠 때에도 좌절을 맛보았다. 처음에는, 수요 곡선과 공급 곡선이 만나고 수요량이 공급량과 일치하는 균형이 이루어진다고 해서 모두가 행복하거나 기본 욕구가 충족되지는 않는다는 사실을 꼭 언급하려 했다. 실제로도 자기에게 필요한 것을 〈수요〉할 수 없을 정도로 가난해서 굶주리는 사람이 많으니까. 식량을 배급하거나 식량이 부족하지 않을 때조차, 굶어 죽는 사람이 생길 수 있다. 이렇게 가르쳤는데도, 시험 문제를 내보면 많은 학생들은 〈균형을 이루면 모두가 행복하다〉라는 명제가 왜 거짓인지 설명하지 못했다. 수업이 끝날 즈음 학생들은 최저 임금이나 임대료 규제 등 정부의 시장 개입 정책이 시장 균형을 방해하기 때문에 본질적으로 나쁘다는 자유 시장·신자유주의 사고방식에 물들어 있었다. 머리카락을 쥐어뜯고 싶었다. 내가 주류 경제학을 비판할수록 대다수 학생들은 주류 경제학을 더더욱 확고히 받아들였다.

처음에는 주류 경제 이론에 대한 비판의 수위를 높이고 수업 초반부터 비판의 날을 세웠다. 수요 공급 곡선과 한계 효용 곡선을 칠판에 그리기 전부터 아예 비판부터 하고 들었다. 이 이론들을 가르치면서 한 문장 한 문장마다 비판을 끼워 넣었다. 하지만 학생들은 짜증을 냈다. 문득 이런 생각이 들었다. 이론이 잘못되었다면서 왜 학생들에게 가르치고 있는 거지? 내가 공격하기 전에 애초에 가르치지 않았다면 학생들이 주류 경제 이론을 배울 리 없잖아? 개중에는 내 비판을 이해하고 받아들인 학생들도 있었지만 — 대체로 원래부터 급진적인 학생들이었다 — 상당수 학생들은 혼란과 소외감을 느끼고 의욕을 잃었다.

고급 자본주의 과목을 급진적으로 비판할 때도 비슷한 문제가 불거졌다. 나는 급진적인 경제학을 가르치면서 대기업이 노동자를 탄압하고 광고를 통해 소비자를 세뇌하여 노동·소비의 고리에 옭아매고 정치 헌금과 뇌물로 정부를 조종함으로써 경제를 지배한다는 신마르크스주의 경제관을 소개했다. 그와 더불어 투표를 통해 정부의 개입을 유도하는 주권적 소비자가 작고 무력한 기업을 통제하는 현상을 부각하며 기업 권력의 실태를 물타기하는 주류 교과서의 주장을 함께 제시했다. 학생들의 시험 답안지를 보니 놀랍게도, 그리고 실망스럽게도 많은 학생들은 내가 다른 두 나라 사례를 가르친 줄 알고 있었다!

하지만 이것이 미국 경제를 바라보는 두 가지 시각임을 학생들이 분명히 이해하도록 수업 방식을 바꾸었더니 또 다른 문제가 생겼다. 급진적 견해에 동조하는 학생들은 대기업의 힘이 너무 세서 우리가 할 수 있는 일이 아무것도 없다고 생각했다. 학생들에게 급진적 행동주의를 불어넣기보다는 이 사회를 지배하는 경제적 역기능과 불의에 체념하고 냉소하도록 가르친 것이다. 학생들은 이렇게 생각했다. 어차피 할 수 있는 일이 없다면 차라리 투자 은행가가 되어 돈이나 버는 게 낫지 않을까?

그때 나는 무대응의 정신적 원리를 깨달았다. 상대방에게 대응하는 것은 자신의 행동을 스스로 선택하지 않고 상대방이 결정하도록 하는 것이다. 내 수업 방식은 대체로 대응적이었다. 교과서를 비판하는 데 주력하면서, 주류 경제학을 무너뜨린다는 내 목표를 달성하기보다는 끊임없이 교과서에 〈대응〉했다. 대기업에 대한 나의 급진적 비판도 역시 대응이었다. 게다가 기업 권력을 지나치게 강조하다 보니 학생들을 무력감에 빠뜨렸다.

나는 주류 경제 이론과 막강한 영리 기업의 비중을 줄이는 새로운 수업 방식을 개발했다. 지금은 학기를 시작할 때, 심각해져만 가는 경제 문제와 지구 온난화 위기를 함께 소개한다. 소비자와 노동자, 기업이 자기 이익과 물질 만능주의를 추구할 때 어떤 문제가 생기는지도 언급한다. 요즘 뜨고 있는 〈연대 경제〉를 소개하고 토론하고 사례를 든다. 연대 경제는 사회적 책임을 다하는 — 또는 〈정도를 추구하는〉 — 경제적 가치와 관행, 제도, 즉 윤리적 소비, 공정 무역, 사회 책임 기업 등을 토대로 삼는다. 이렇게 하면 물질 만능주의를 추구하는 경쟁적 소비주의와 전통적 영리 기업을 궁지에 몰 수 있다. 이런 관점에서는 소유자(주주)의 이익만을 추구하는 영리 기업이 소비자, 노동자, 공급자, 정부, 환경 등 나머지 이해 당사자에게 정당한 대우를 해줄 것이라는 통념에 의문을 품게 된다.

물질적 재화를 사고 또 사면 진정한 성취를 얻을 수 있으리라는 생각에도 이의를 제기하게 된다.

최근에 내가 내준 과제 중에서 가장 큰 효과를 본 것은 미국의 현대 소비 문화를 질병으로 간주한 PBS 다큐멘터리 「어플루엔자와 나Affluenza and Me」에 대한 것이었다. 〈어플루엔자〉(부affluence로 인한 병influenza)의 증상으로는 과로, 시간 부족, 빚, 가족 관계 단절, 생태계 파괴 등이 있다. P. A. 파유토의

책 『불교 경제학Buddhist Economics』도 발췌하여 읽고 토론했는데, 이 책은 현명한 소비, 광고와 탐욕에 대한 저항을 통한 행복 추구, 자신에게 정말로 필요한 것과 사회 전체에 이바지하는 길에 대한 인식 등을 제시한다.

나는 이제 주류 경제학의 핵심 주장을 거대 이론으로 가르치지 않는다. 미시 경제학은 경제의 특정 측면을 이해하되 나머지 측면을 놓치는 이론이며 미시 경제학 모델을 사용할 때는 그 한계를 인정하고 다른 개념과 지식으로 보완해야 한다고 학생들에게 말한다. 이를테면 수요 공급 곡선은 노동력이 과잉 공급되어 임금이 최저 생계비 이하로 떨어지는 등 현재 노동 시장의 문제를 이해하는 데 매우 요긴하게 활용할 수 있다.

나는 이제 기업 권력이 막강한 단일 권력이라고 가르치지 않는다. 그 대신 소비자, 노동자, 관리자, 정부 공무원, 법률이 어우러져 끊임없이 만들어 가야 할 대상이라고 가르친다. 나는 학생들에게 〈사회적 책임을 감당하는 행동을 통해 기업을 급진적으로 재구성해야 한다〉고 강조한다.

나는 소비자로서, 노동자로서, 기업가로서, 부모로서, 시민으로서 미시 경제적 결정을 내릴 때 어떻게 해야 자신과 가족을 행복하게 할 수 있는지 학생들에게 가르친다. 〈돈〉이라는 가짜 신과 〈시장〉이라는 지배적 경제 종교를 버리고 자신의 가장 근본적인 가치를 표현하고 실현하려면 경제적 권력을 어떻게 써야 하는지에 대해서도 가르친다. 또한 우리는 모두 서로에게, 또한 전체에 의지하는 존재이기 때문에 계몽된 자기 이익을 실현하려면 사회적 책임을 다해야 한다고 말한다. 우리는 지구와 자신을 구하기 위해 자신의 할 일을 해야 한다. 진정한 가치를 경제적 결정의 기준으로 삼으면 할 수 있는 일이 아주 많다.

만프레드 막스네프

" 나는 시에라 산맥의 극심한 빈곤 지역에서, 정글에서, 라틴 아메리카 도시 지역에서 10년가량을 보냈다. 연구 초창기의 어느 날 페루 시에라 산맥의 인디오 마을을 방문했다. 지긋지긋한 날씨였다. 비가 쉬지 않고 내렸다. 나는 빈민가에 서 있었다. 그런데 건너편 진흙 속에 한 남자가 서 있었다. 그냥 빈민가가 아니라 진흙 속이었다. 키는 작달막했다. ……비쩍 마르고 굶주리고 무직에다 자녀 다섯과 아내, 어머니와 함께였다. 그때 나는 버클리 출신의 버

젓한 경제학자였다. 우리가 서로 쳐다보는 순간 그 상황에서 남자에게 해줄 말이 아무것도 없다는 사실을 깨달았다. 경제학자로서 나의 언어는 아무짝에도 쓸모가 없었다. GDP가 약 5퍼센트 증가했으니 행복할 거라고 말해야 했을까? 아니, 어떤 말도 통하지 않을 것 같았다. 경제학자들은 근사한 연구실에서 빈곤을 연구하고 분석한다. 온갖 통계를 입수하고 온갖 모형을 만들고 자신이 모든 것을 안다고 확신한다. 하지만 그들은 가난을 이해하지 못한다. **"**

경제학자들은 규범과 동기를 모형에 다시 추가해야 합니다

05.

조지 애컬로프

조지 애컬로프는 캘리포니아 대학
버클리 캠퍼스 교수다.
논문 「개살구 시장: 질 불확실성과 시장
메커니즘 The Market for Lemons:
Quality Uncertainty and the Market
Mechanism」으로 2001년에 마이클
스펜스와 조지프 E. 스티글리츠와
더불어 노벨 경제학상을 받았다.
1970년 이후로 인간 심리를 경제
모형에 접목하는 작업을 해오고 있다.
최근 저서로는
『야성적 충동: 인간의 비이성적 심리가
경제에 미치는 영향』, 『실용 경제학
탐구 Explorations in Pragmatic
Economics』, 『지구 온난화에 대한
생각 Thoughts on Global Warming』
등이 있다.
이 글은 주류 경제학에 무엇이
누락되었는지에 대해 생태 경제학자 톰
그린과 대담한 내용이다.

경제학은 지난 50년간 발전에 발전을 거듭했지만 여기에는 인간 동기의 중요한 측면이 여전히 빠져 있습니다. 저는 더 상식적이고 현실적인 경제학으로의 복귀를 이끌어 내고자 합니다. 최근까지도 인간 행동을 너무 단순하게 파악한 전제들이 이론과 정책을 잘못된 방향으로 이끌었습니다. 케인스가 말했듯이 〈인간 본성에 대한 지식과…… 우리가 경험한 세부 사실〉을 다시 한 번 모형의 토대로 삼아야 합니다. 이제 우리는 사람들이 합리적으로 행동하지 않을 때가 많다는 사실을 압니다. 우리가 할 일은 인간 행동을 인도하는 규범과 동기를 경제 모형에 포함하는 것입니다. 사람들은 자신과 딴 사람들이 어떻게 행동해야 하는지에 대해 매우 확고한 견해를 품고 있지만, 그 견해가 어디에서 비롯하는지 정확히 알지 못하는 경우가 많습니다. 그간 경제학은 이런 유형의 동기를 회피했으며, 그 결과 쓸데없이 엄숙해지고 재미도 없어졌습니다. 경제학이 지금보다 더 효과적인 분석을 내놓을 수 있는 문제들이 많이 있으며 경제학이 잘못된 대답을 내놓은 문제들도 많습니다. 경제학은 경제 현실을 꿰뚫어 본다고 주장하지만 이러한 통찰은 틀린 겁니다.

40년쯤 전에는 경제학자의 분석에서 규범과 동기가 중요한 역할을 했을 것입니다. 그러다 우리가 훨씬 과학적 태도를 취해야 하며 극대화 원리로부터 모든 것을 이끌어 내야 한다는 지적 사조가 유행했습니다. 어떤 이유에서든, 우리가 어떻게 행동해야 하는가 또는 행동하지 말아야 하는가에 대해 사람들이 실제로 관심을 두고 있다는 사실이 방법론에서 누락되었습니다. 경제학자들은 모형을 단순화하려고 애썼고 그 때문에 경제학의 설명력이 낮아졌습니다.

경제적 동기만을 고려하는 모형은 인플레이션 같은 중요한 현상을 제대로 설명하지 못합니다. 통화 당국이 고용 수준과 산출에 왜 영향력을 미칠 수 있는지, 인플레이션과 실업이 어떤 상충 관계에 있는지 설명하기도 무척 힘듭니다. 미시 경제학의 많은 분야에서 비슷한 문제를 찾아볼 수 있습니다. 우리는 조직이 어떻게 돌아가는지에 대한 설명에서, 성 경제학에서, 소수자 빈곤의 경제학 — 특히, 왜 소수 집단의 빈곤률이 높은지 설명하는 경제학 — 에서 많은 부분을 잃었습니다.

문제의 한 가지 원인은 1953년으로 거슬러 올라갑니다. 밀턴 프리드먼이 동료 경제학자들에게 〈간결한 모형, 단순한 모형, 최소한의 변수로 세상을 설명하는 모형〉을 토대로 삼으라고 촉구한 때죠. 간결성은 〈우리가 경제적 논거로 여기는 것 — 개인이 어떻게 효용을 극대화하는가, 무엇이 효용을 제공하는가 — 을 토대로 모형을 만드는 것〉이라고 잘못 정의되었습니다. 이 정의는 편협하며 소비에 치중했습니다. 간결성이라는 용어를 해석할 때 규범이 중요하지 않다는 주장을 포함해서는 안 됩니다. 규범은 실제로 중요한 역할을 하기 때문입니다.

경제학자들은 규범과 동기를 모형에 다시 추가해야 합니다. 사람들은 어떻게 행동해야 하는가에 대해 나름의 견해가 있고, 그 견해에 부응하여 살 때 행복해집니다. 그런데 경제학 교육 현장에서는 소비 기회를 극대화하는 것이, 소비자가 더 많이 소비할 수 있도록 경제가 성장할 기회를 창출하는 것이 행복에 이르는 길이라고 주장합니다. 하지만 이 모형에는 결함이 있습니다. 경제학자들은 규범과 동기를 누락함으로써 그 결함에 한몫했습니다. 기본적인 욕구가 충족되었다면, 그다음에는 무엇을 해야 하는지 입장을 가지고, 그러한 생각을 실행에 옮길 때 우리는 비로소 행복하다고 느끼게 됩니다.

06

스티브 킨

스티브 킨은 웨스턴시드니 대학
금융·경제학 부교수이며
『경제학 발가벗기기Debunking
Economics』 저자다. 블로그 주소는
debunkingeconomics.com과
debtdeflation.com/blogs다.

신고전파 경제학은
단순히
틀린 게 아니라
위험하다

세계 금융 위기가 경제 이론에 미친 가장 중요한 영향은
신고전파 경제학이 단순히 틀린 게 아니라 위험하다는 사실을
폭로한 것이다.

신고전파 경제학은 시장 경제가 본질적으로 안정적이라는 믿음을 주입하여 금융 시스템의 불안정 추세를 증폭함으로써 위기에 직접적 영향을 미쳤다. 신고전파 경제학은 시스템의 모든 불안정이 시장 자체보다는 시장 개입 때문에 일어난다고 착각하여 금융 규제의 완화와 소득 불평등의 급증을 옹호했다. 금융 시장의 작동을 바라보는 이들의 균형 관점은 자본주의의 지속 자체를 위협하는 바로 그 금융 상품의 개발로 이어졌다.

또한 이는 임박한 위기의 명백한 징후, 즉 자산 시장 거품, 무엇보다 이 거품을 지탱하는 민간 부채의 증가에서 경제학자들이 눈을 돌리게 했다. 자본주의 최악의 상황이 시시각각 다가오는 순간, 신고전파 거시 경제학자들은 인플레이션과 경기 순환이라는 두 마리 토끼를 잡은 〈대안정 시대The Great Moderation〉를 자축하고 있었다. 이에 대한 벤 버냉키의 언급은 길게 인용할 만하다.

지난 20년의 저인플레이션 시대에는 경제 성장과 생산성이 부쩍 향상되었을 뿐 아니라 경제 변동성이 눈에 띄게 줄었다. ……사람들은 이 현상에 〈대안정〉이라는 별명을 붙였다. 경기 후퇴는 횟수가 줄고 정도가 약해졌으며…… 산출과 고용의 변동성은 현저히 감소했다. ……대안정의 원인이 무엇인지에 대해서는 아직까지 논란이 있지만…… 분명한 사실은 경제의 환영할 만한 변화를 이끌어 내는 데는 인플레이션 관리 개선이 큰 몫을 했다는 것이다.

시장이 영구적으로 팽창할 때는 — 실물 경제가 성장해서든, 자산 시장의 가격이 상승해서든 — 시장의 안정성을 근본적으로 확신하는 학파가 경제

이론을 지배해도 괜찮다. 그런 상황에서는 〈탈자폐 경제학〉(지금의 『현실 세계 경제학 리뷰』)이라는 깃발 아래 모여든 강단 경제학자들이 주류 경제학의 논리적 모순을 마음껏 꾸짖을 수 있다. 어쨌든 이러한 우려에 공감하지 않는 정부와 재계, 대중은 과거에 그랬던 것처럼 그들의 말에 귀를 기울이지 않을 것이기 때문이다.

심지어 자본주의 비판자 — 아니, 아예 사회주의 옹호자 — 가 되어도 개의치 않는다. 학계 바깥에 있는 사람들과 신고전파 경제학자들이 보기에 이들이 공격하는 것은 자본주의 자체이지 경제 이론이 아니기 때문이다. 〈시장이 불안정하다고? 부끄러운 줄 알아야지!〉

하지만 자산 시장이 빚더미에 깔려 무너지거나 그 여파로 실물 경제가 휘청거릴 때는 얘기가 전혀 다르다. 이제는 신고전파 경제학을 비판하는 사람들, 즉 시장 경제의 작동을 근본적으로 잘못 이해하는 이론을 비판하는 사람과 자본주의의 성격과 결함 등 모든 것에 대한 새롭고 현실적인 분석을 시도하는 사람들의 말에 귀를 기울여야 한다.

교육의 변화

위기의 심각성이 입증된 지금, 경제 이론과 교육의 개혁은 당연하고도 시급한 과제여야 한다. 하지만 상황은 그렇게 흘러가지 않는다. 세계 금융 위기의 〈창〉이 아무리 날카롭더라도 경제적 신념의 〈방패〉 또한 그에 못지않게 단단하다.

현실 세계에서 위기가 아무리 심각하더라도 강단의 신고전파 경제학자들은 여전히 2008년 이전부터 쓰던 교과서로 가르칠 것이다(여기에는 이념적 편향뿐 아니라 게으름도 한몫했을 것이다). 반대파

경제학자들은 자신이 선택 과목에서 〈이미 그렇게 말하〉지 않았느냐고 목소리를 높일 테지만, 필수 과목인 미시 경제학, 거시 경제학, 금융 경제학에서는 달라지는 것이 전혀 없을 것이다. 앞으로도 경제학과 학부생들은 마치 현실 경제에서 아무 일도 일어나지 않은 것처럼 교수가 교과서 이론을 앵무새처럼 외는 장면에 할 말을 잃을 것이다.

학술지에서도 같은 일이 벌어질 것이다. 『아메리칸 이코노믹 리뷰』나 『이코노믹 저널』의 편집자가 후기 케인스학파나 진화 경제학, 경제 물리학 따위로 조만간 전향할 것 같지는 않다. 비정통파 경제학을 옹호하는 인물로 편집자가 교체되는 것은 더더욱 무망하다. 대학 안에서는 신고전파 경제학의 정통성에 맞서는 전투가 오랫동안 격렬하게 벌어질 테지만, 학계 바깥에서는 패배를 예견할 것이다.

그 이유는 신고전파 경제학자들이 자기네가 위기에서 어떤 역할을 했는지 전혀 모르고 있기 때문이다. 그들은 규제가 서툴렀기 때문에, 시장에 맡겨야 할 분야에 정부가 개입했기 때문에 위기가 일어났다고 해석할 것이다. 이런 이유를 갖다 붙일 수 없는 부분에는 기본적인 신고전파 이론에 살을 붙여 해명할 것이다. 이를테면 서브프라임 사기 사건은 비대칭 정보 이론으로 쉽게 설명할 수 있다고 주장할 것이다.

그들은 이번 위기가 신고전파 경제학의 폐기가 아니라 확산을 요구한다고 진지하게 믿을 것이다. 세계 금융 위기가 신고전파 이론을 완전히 거부하는 것은 고사하고 약간의 수정을 요구한다고 생각하는 것조차 이들에게는 불가능할 것이다.

이런 점에서 맥스웰을 추종하는 물리학자들을 비판하며 막스 플랑크가 한 다음과 같은 말은 그들에게 그대로 적용된다. 〈새로운 과학적 진실이 승리하려면 반대파를 설득하고 이해시키는 것이 아니라 반대파가 죽고 진실에 친숙한 새로운 세대가 성장해야 한다.〉

하지만 물리학은 본질적으로 경험적 학문이기에 경제학보다 한결 수월한 위치에 있다. 양자 역학은 경험적으로 수량화할 수 있는 흑체black body 문제에 대한 유일한 설명을 제시하지 않았던가. 그러니 신세대가 구세대를 대체하리라고 플랑크가 확신할 만도 했다. 하지만 경제학에서는 구세대 신고전파 경제학자들이 변화를 거부하는 것은 말할 것도 없고, 경제 상황이 안정된다면 그들은 자신들의 위기 해석을 추종하는 새로운 세대를 길러 낼 수도 있을 것이다. 이것은 케인스학파의 반혁명이 성공한 이유이며, 위기를 맞은 우리가 1930년대에 케인스가 맞닥뜨린 것보다 훨씬 격렬한 신고전주의를 내세운 이유이기도 하다.

따라서 세계 금융 위기를 계기로 경제학에서 가장 먼저 일어나야 할 변화는 경제학계 안에서 논쟁이 이루어지고 있지 않은 현실에 대해 학생들이 반대하고 나서는 것이다. 학생들이 대규모로 압박을 가하지 않으면 반체제 강단 경제학자만으로는 경제학이라는 학문 자체를 변화시킬 수 없기 때문이다.

이건 나 스스로 경험한 바다. 1970년대 초에 시드니 대학에서 학생들이 신고전파 경제학에 반대하며 정치경제학과 신설을 요구할 때 나도 참여했다. 〈경제학에 대한 기만적 접근법〉에 학생들이 반대하지 않았다면 시드니 대학의 비(非)신고전파 교수들이 자기네 힘만으로는 변화를 이끌어 내지 못했을 것이다.

하지만 우리는 시드니 대학의 전투에서는 승리했지만 전쟁에서는 패배했다. 1970년대 중엽에

경제가 침체하자 (조앤 로빈슨의 탁월한 작명을 빌리자면)
〈케인스의 사생아들Bastard Keynesianism〉이 밀려나고
프리드먼의 〈통화주의〉가 그 자리를 차지했다.
학생 시위는 반(反)자본주의 운동으로 매도되었다.
정치 경제 운동 진영에 반자본주의자가 많았던
것은 사실이지만, 학생 시위의 진짜 표적은
자본주의의 작동 메커니즘을 제대로 설명하지
못하는 이론이었지 자본주의 자체가 아니었다.

신고전파 경제학에 대한 불만이 프랑스에서
전 세계로 번진 오늘날의 〈탈자폐 경제학〉
운동에 대해서도 비슷한 얘기를 할 수 있다.
이 운동은 처음에 상당한 성과를 거두었지만
신고전파 경제학의 강단 지배는 요지부동이었다.
경제가 겉보기에 호황이었기 때문에, 운동이
지속되었음에도 현실 경제와의 연관성을 인정받지
못했다. 세계 경제가 위기에 처한 지금이야말로
학생들이 다시 한 번 경제학 교육의 실질적 변화를
요구해야 한다.

재계의 압력도 꼭 필요하다. 재계는 학계에서
시장 시스템의 미덕을 찬양하는 사람들과 소득
분배 논쟁에서 자기 편을 들어주는 사람들은
우군이고 시장을 비판하는 사람들은 적이라고
다소 순진하게 믿었다. 재계가 이번 금융 위기를
겪으면서, 학계의 진짜 친구는 시장을 비판하건
찬양하건 시장 시스템을 이해하는 사람들임을
깨달았기 바란다. 학생들이 경제학 교육에 반기를
드는 것 못지않게 재계도 금융 위기를 계기로
경제학과 교육 과정을 개편하라고 요구해야 한다.

경제학의 변화

교육을 변화시켜야 한다는 학생과 재계의 압박에
발맞추어 신고전파 경제학의 대안을 마련하는

데 박차를 가해야 한다. 신고전파 사상의
태생적 결함에 대한 지식이 대공황 시절보다
훨씬 많아졌지만 온전한 대안의 개발은 아직도
요원하다. 후기 케인스학파에서부터 진화 경제학,
행동 경제학, 경제 물리학에 이르기까지 수많은
대안 학파가 있지만 신고전파 경제학에 대해
온전한 대안을 제시하기에는 역부족이다.

그렇다고 해서 이것이 신고전파 접근법과
완전히 결별하지 말아야 할 이유는 되지 못한다.
앞으로 상당 기간 동안, 특히 현실 경제가 요동치는
동안은 경제학 교육과 연구에서도 격동기를
받아들여야 한다. 실패한 패러다임의 일부를, 다른
학파에 없는 내용이라는 이유로 살려 두는 것은
치명적 실수를 저지르는 일이다. 그런 유물이 남아
있다면, 시장 경제가 이번 위기에서 벗어났을 때
— 또는 벗어난다면 — 신고전파의 망령이 다시
부활할 수 있기 때문이다.

여기서 핵심은 신고전파 미시 경제학을
모조리 거부해야 한다는 것이다. 케인스의 혁명은
이 단계에 도달하지 못했다. 케인스는 세이의
법칙(기업주가 본질적으로 합리적이며 자금을 묻어 두지
않는다는 법칙) 같은 거시 경제학 고유의 논리를
뒤엎으려 했지만 완전 경쟁 등의 미시 경제학
개념뿐 아니라 이를 거시 경제학에 무턱대고
적용하는 것 또한 그대로 받아들였다. 이를테면
근본적으로 미시 개념인 〈소득 분배의 한계
생산성〉 이론을 임금 결정이라는 거시적 차원에
적용할 수 있다고 생각했다.

대공황 이후의 경제학에서 신고전파 경제학의
미시 경제학적 토대를 일소하지 못한 탓에 〈미시
경제학에 기초한 거시 경제학〉 논쟁이 등장했고
이는 결국 〈합리적 기대를 품은 대표적 경제 주체〉
거시 경제학으로 이어졌다. 이 이론에서는 〈미래를

완벽하게 아는 상태에서 효용 극대화를 추구하는 단일한 개인〉을 가정한다.

다행히 행동 경제학에서는 시장에서 개인이 어떻게 행동하는가에 대한 대안적 시각의 실마리를 던지고 있으며, 복수 주체 모형과 네트워크 이론에서는 복잡 사회에서의 집단 역학을 이해하는 토대를 제시한다. 이들은 신고전파 경제학이 회피한 사실, 즉 이질적 개인의 집합에서 생겨 나는 집단적 속성은 어떠한 〈대표적 경제 주체〉의 행동으로도 환원될 수 없음을 분명히 강조한다. 이 같은 접근법이 신고전파 미시 경제학을 완전히 대체해야 한다.

미시적 차원을 넘어서 경제 이론을 변화시키려면 신고전파 신앙을 철저히 부정해야 한다. 반드시 밟아야 하는 첫 단계는 균형에 대한 집착을 버리는 것이다.

신고전파 경제학이 이론적으로 실패한 가장 중요한 이유는 동태적 과정을 모델링할 때 시스템이 지속적 균형을 이룬다고 가정한 오류 때문일 것이다. 수학, 과학, 공학은 오래전부터 균형 과정에서 벗어난 모형을 만들어 내는 수단을 개발했으며, 이처럼 경제를 동태적으로 사고하는 접근법이 경제학자들에게 제2의 천성이 되어야 한다.

여기서 교육학적으로 꼭 필요한 단계가 있는데, 그것은 경제학에 쓰이는 수학적 방법론의 교육 권한을 수학과에 넘겨주는 것이다. 경제학과 학생에게 수학적 훈련을 시키려면 적어도 기초 미적분, 대수학, 미분 방정식 정도는 익힌 뒤에 시켜야 한다. 미분 방정식은 분야를 막론하고 할 줄 아는 경제학자가 드물다. 그라치아니가 말했듯 신고전파 경제학자들이 증명에 집착하고 순환학파 같은 비(非)신고전파 경제학자들이 신용 창조에

대한 탁월한 언어적 개념을 통화 생산 경제의 일관된 동태적 모형으로 발전시키는데 어려움을 겪는 것은 이 때문이다.

신고전파 경제학자들은 지난 40년 동안 순수 과학과 공학 분야에서 이루어진 눈부신 발전으로부터 단절되어 있었다. 그래서 신고전파 경제학이 구사하는 개념들이 더욱 어렵게 느껴지기도 할 것이다. 그러나 이들 개념들은 오늘날의 수학, 공학, 컴퓨터 공학, 진화 생물학, 물리학이 도달한 정교함에는 비할 바가 못 된다. 이러한 단절은 이제 끝나야 하며, 오랫동안 이 학문들을 애써 무시해 온 경제학은 앞으로 상당 기간 동안 체면을 구길 각오를 해야 한다. 이들 학문의 연구자 중 일부는 표준 경제학의 교과 과정을 적어도 이들 학문의 현대적 사상을 구성하는 요소로 대폭 교체하라고 요구했으며, 경제학자들이 현실 세계에서 호된 꼴을 당했음을 생각할 때 이들의 요구는 꽤 타당하다.

이를테면 경제 물리학 조류를 비판한 논문이 발표되자 물리학자 조 매콜리는 〈일부 반론이 유효하기는 하지만 경제학 자체의 문제가 훨씬 심각하다〉고 대꾸했다. 매콜리는 이렇게 제안한다.

경제학자들이 교과 과정을 개정하고 다음과 같은 과목을 배정할 것을 요구한다. 고급 미적분, 상미분 방정식(고급 포함), 편미분 방정식(그린 함수 포함), 현대 비선형 동역학을 통한 고전 역학, 통계물리학, 확률 과정(스몰루초프스키-포커- 플랑크 방정식 풀이 포함), 컴퓨터 프로그래밍, 그리고 복잡성을 이해하기 위한 세포 생물학. 이들 과목에 수업 시간을 배정하려면 미시 경제학과 거시 경제학을 교과 과정에서 빼야 한다. 그러면 학생들은 수업이 훨씬 힘들어질 테고 살아남는

학생들은 훨씬 앞서 나갈 것이다. 사회 전체도 그럴 것이다.

신고전파 경제학을 거부하고 동태적 방법론을 기본적으로 받아들였을 때 비로소 모습을 드러낼 경제 이론은 〈경제학자의 메카는 경제 역학이라기보다는 경제 생물학이다〉라는 마셜의 금언에 훨씬 가까울 것이다. 100년도 더 전에 소스타인 베블런이 정확하게 예견했듯, 경제학이 진화적 과학이 되지 못하는 것은 바탕 패러다임의 최적화 토대가 진화적 변화 과정에 본질적으로 대립하기 때문이다. 이러한 이유만 보더라도 우리는 경제가 〈효용 극대화를 추구하는 개인의 선택 결과〉라는 신고전파의 핵심 교의를 거부해야 한다.

경제학은 근본적으로 재무 훈련monetary discipline이 되어야 하며, 거시 경제학에 대한 이해를 통해 개인이 시장에서 내리는 의사 결정을 고려한 것이어야 한다. 채무가 없는 세상에서나 성립할 수 있는 〈화폐 착각money illusion〉의 신화는 당장 폐기되어야 하며 우리의 거시 경제학은 명목 크기를 중시하는 화폐 경제를 다루는 경제학이 되어야 한다(명목 크기야말로 현재 산출의 가치와 누적 채무의 융자를 연결하는 고리이기 때문이다). 과도한 빚과 디플레이션에 내포된 위험은 신고전학파의 관점에서는 도무지 납득이 안 되는 현상이다. 균형의 테두리를 벗어나 사고하는 것이 불가능하다는 점과 더불어, 이러한 신고전파의 관점은 프리드먼이 자신의 논문 「최적 통화량Optimum Quantity of Money」에서 밝힌 선호 인플레이션율이 〈물가가 매년 적어도 5퍼센트, 그리고 아마도 확실히 그 이상 하락〉하는 것이었다는 사실을 아는 이는 거의 없다는 피셔의

날카로운 경고를 이 학파 사람들이 완전히 이해하지 못하는 이유를 설명해 준다.

또한 경제학은 계량 경제학의 거짓 경험주의와 달리 근본적으로 경험적이어야 한다. 이 말은 무엇보다 경제·금융 데이터를 토대로 삼고 ─ 이 데이터를 수집하고 해석한 것은 경제 물리학의 주요 공로였다 ─ 전 세계 경제학과에서 쫓겨난 과목인 경제사를 중시한다는 것이다. 경제 사상사에 대한 비(非)휘그 사관(〈휘그 사관〉은 역사를 필연적 발전 단계로 보는 진보 사관이다 ─ 옮긴이)과 더불어 경제사를 경제학 교과 과정에 복원해야 한다. 마르크스, 베블런, 케인스, 키셔, 칼레츠키, 슘페터, 민스키, 스라파, 굿윈을 비롯하여 현대 경제학 수업에서 사라진 이름들을 불러내야 한다.

과거 경제 모형을 배제하고 경험적 데이터를 중시하는 풍토에 누구보다 일조한 사람은, 공교롭게도 신고전파의 적극 옹호자로 2004년 노벨상을 수상한 핀 쉬들란과 에드워드 프레스콧이다. 둘은 이렇게 말했다. 〈데이터가 확률 모형에서 생성된다는 가정을 배제한 사실 보고는 중요한 과학 활동이다. 경제학이 예외가 되어야 할 이유가 없다.〉 두 사람이 자신의 주장을 실천하지 못한 전철을 탈신고전파 경제학이 되풀이해서는 안 된다.

07

허먼 데일리

허먼 데일리는 세계은행 경제 자문과 메릴랜드 대학 공공정책대학원 교수를 지냈다. 비정통파 학술지 『생태 경제학』을 공동 창간했다. 1996년에 대안 노벨상인 〈올바른 삶 개척 상〉을 수상했다.

지구는 전체적으로 볼 때 대체로 정상 상태를 유지한다. 표면적과 질량이 늘지도 줄지도 않고, 복사 에너지 흡수량이 방출량과 같으며(온실 효과 때문에 방출 속도가 느려졌지만, 온실 효과로 인해 기온이 상승하면 방출 속도가 다시 빨라질 것이다), 우주로부터의 물질 유입량이 유출량과 대략 비슷하다(둘 다 미미한 수준이다). 그렇다고 해서 지구가 정체되어 있다는 말은 아니다. 정상 상태 내부에서도 큰 질적 변화가 일어날 수 있으며, 지구도 예외가 아니었다.

아직까지도 우리의 문제에 대한 해결책으로 양적 성장을 떠벌이는 것은 맹목적 오만이다

근래에 일어난 가장 중요한 변화는 지구의 하위
체계인 경제가 전체 체계인 생태계에 비해
급성장한 것이다. 역사가 J. R. 맥닐이 쓴 책의
제목처럼 〈텅 빈〉 세계에서 〈꽉 찬〉 세계로의
대전환은 그야말로 〈해 아래 새것Something New Under
The Sun〉이었다(국내에서는 〈20세기 환경의 역사〉라는
제목으로 출간되었다 — 옮긴이). 지구 전체의 규모에
접근할수록 경제는 지구의 물리적 행동 양식에
더더욱 순응해야 할 것이다. 그 행동 양식이 바로
정상 상태, 즉 질적 발전을 허용하되 양적 성장을
거부하는 체계다. 성장은 질이 같되 양이 많아지는
것이고, 발전은 양이 같되 질이 좋아지는 — 적어도
달라지는 — 것이다. 경제가 더 성장하는 것은 말할
것도 없고 지금의 비만 경제를 지탱하는 데 필요한
대사 처리량을 유지하려고만 해도 엄청난 자원을
공급하고 막대한 폐기물을 처리해야 하지만, 자연
세계는 그럴 여력이 없다. 경제학자들은 경제의
순환 계통만 보고 소화 계통은 보지 못했다. 처리량
증가는 더 많은 음식을 더 큰 소화관에 밀어넣는
것을 뜻하지만, 발전은 더 나은 음식을 섭취하여
더 효과적으로 소화하는 것을 뜻한다. 경제가 정상
상태의 법칙을 따라야 하는 것은 분명하다. 양적
성장을 중단하고 질적 발전을 추구해야 한다. GDP
증가는 이 두 가지 이질적 변화가 뒤섞인 것이다.

인류는 200년 동안 성장 경제에서 살아온 탓에
정상 상태 경제가 어떤 모습인지 좀처럼 상상하지
못한다. 하지만 인류의 역사를 통틀어 대부분의
기간 동안은 연간 경제 성장률이라는 것이
무의미했다. 어떤 사람들은 정상 상태 경제 하면
공산주의 독재 치하의 암흑기를 떠올린다. 어떤
사람들은, 에너지 효율이나 재활용 같은 기술을
얼마든지 발전시킬 수 있기 때문에 정상 상태
경제로 조정하는 과정에서 이익과 즐거움을 동시에
누릴 수 있으리라고 말한다.

정상 상태 경제로 전환하는 일이 쉽든 어렵든,
성장을 지속하는 것은 불가능하기에 우리는 정상
상태 경제를 시도해야만 한다. 이른바 〈경제〉
성장은 이미 경제성을 잃었다. 성장 경제가
무너지고 있다. 다시 말해서 경제적 하위 체계가
양적으로 팽창하면 환경 비용과 사회적 비용이
생산의 편익보다 더 빨리 증가하기 때문에, 적어도
과소비 나라에서는 사람들이 부유해지는 게 아니라
가난해질 것이다. 한계 효용 체감의 법칙과 한계
비용 체증의 법칙에 따르면 이는 예견된 결과다.
심지어 신기술이 오히려 역효과를 내기도 한다.
이를테면 테트라에틸납은 엔진의 노킹 현상을 줄여
주지만 유독성 중금속을 배출하며 프레온 가스는
무독성 스프레이 원료와 냉매로 쓰이지만 오존층에
구멍을 내어 자외선 복사량을 늘린다. 성장의
편익보다 비용이 빨리 증가하는지 확실히 알기는
힘들다. 국가의 대차 대조표는 비용과 편익을 굳이
구분하려 들지 않기 때문이다. GDP 계산에서는
비용과 편익을 〈경제 활동〉이라는 이름으로
뭉뚱그린다.

생태 경제학자들은 과소비 나라들에서 성장이
이미 경제성을 잃었다는 경험적 증거를 내놓았다.
신고전파 경제학자들은 처리량 또는 GDP로
나타낸 성장이 우리에게 빈곤이 아니라 번영을
가져다준다는 주장을 입증하지 못했다. 따라서
그들이 아직까지도 우리의 문제에 대한 해결책으로
양적 성장을 떠벌이는 것은 맹목적 오만이다.
물론 우리가 부유해지면 가난, 실업, 환경 파괴
등 대부분의 문제를 해결하기가 쉬워질 테지만
이것은 맥락을 잘못 짚은 것이다. 논점은 이것이다.
〈GDP가 성장하면 우리는 부유해지는가, 아니면 더
가난해지는가?〉

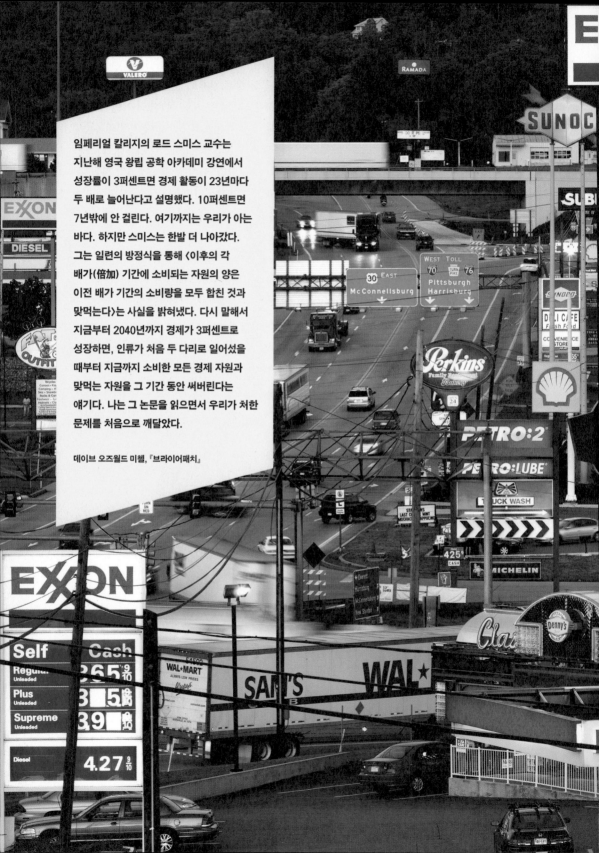

임페리얼 칼리지의 로드 스미스 교수는
지난해 영국 왕립 공학 아카데미 강연에서
성장률이 3퍼센트면 경제 활동이 23년마다
두 배로 늘어난다고 설명했다. 10퍼센트면
7년밖에 안 걸린다. 여기까지는 우리가 아는
바다. 하지만 스미스는 한발 더 나아갔다.
그는 일련의 방정식을 통해 〈이후의 각
배가(倍加) 기간에 소비되는 자원의 양은
이전 배가 기간의 소비량을 모두 합친 것과
맞먹는다〉는 사실을 밝혀냈다. 다시 말해서
지금부터 2040년까지 경제가 3퍼센트로
성장하면, 인류가 처음 두 다리로 일어섰을
때부터 지금까지 소비한 모든 경제 자원과
맞먹는 자원을 그 기간 동안 써버린다는
얘기다. 나는 그 논문을 읽으면서 우리가 처한
문제를 처음으로 깨달았다.

데이브 오즈월드 미첼, 『브라이어패치』

교 수 님 , 질 문 있 습 니 다 !

허먼 데일리의
정상 상태 경제 개념에 대해
어떻게 생각하십니까?

제로
성장에는
심오한
급진적 의미가
있다

08.

테드 트레이너

테드 트레이너는 뉴사우스웨일스
대학에서 사회학을 가르친다.

성장 문제는 경제가 너무 비대해져서 자원을 고갈시키고 생태계에 피해를 주고 결국 파괴한다는 것만이 아니다. 더 중요한 문제는 성장이 체제에 필수적이라는 것이다. 체제의 기본 구조와 메커니즘은 대부분 성장에서 동력을 얻으며 성장이 없으면 돌아가지 않는다. 성장을 빼고서 나머지 경제가 무사할 수 없다. 안타깝게도 지금의 〈탈성장〉 운동에 참여하는 사람들은 성장을 고장 난 에어컨쯤으로 여기는 경향이 있다. 갖다 버려도 집안이 예전처럼 굴러가리라는 것이다.

— 성장이 없으면 이자를 갚을 방법이 없다. 빌려 주거나 투자한 금액보다 더 많은 돈이 상환되려면 투자 자본의 총량이 반드시 증가해야 한다. 지금의 경제는 어떤 형태로든 이자 상환이라는 토대 위에서 굴러간다. 이자 제도가 없는 경제는 여러 면에서 지금과 전혀 다를 것이다. 금융계가 거의 전부 풍비박산 날 것이고, 대여자의 부를 증가시키지 않고서 자금을 융통하고 대여하고 투자하는 체제가 현행 금융 체제를 대체할 것이다. 지금의 경제학자, 정치인, 일반 국민은 이 체제가 어떤 모습일지 상상하지 못한다.

— 지금의 경제를 끌고 가는 원동력은 부자가 되려는 욕망이다. 이런 욕망이 있기에 정력적으로 방도를 찾고 위험을 감수하고 건설과 개발에 뛰어든다. 가장 확실한 대안은 사회에 필요한 것을 생산하고 발전시키기 위해 힘을 합쳐 노력하는 것을 이러한 활동의 원동력으로 삼는 것이다. 그러려면 세계관과 동기 부여 과정이 전혀 달라져야 한다. 그런 사회에서는 혁신과 기업가적 창안, 위험 감수를 이끌어 낼 다른 방법을 찾아야 할 것이다.

— 시장의 본질은 극대화다. 즉, 거래에서 최대한 많은 이익을 거두기 위해 생산하고 판매하고 투자한 뒤에는 또다시 최대한 많은 이익을 거두기 위해 더 많이 투자하고 생산하고 판매할 방법을 모색한다. 다시 말해서 성장과 시장 체제, 그리고 자본주의를 정의하는 축적 원리는 떼려야 뗄 수 없는 관계다. 성장을 멈추려면 시장 체제를 무너뜨릴 각오를 해야 한다.

— 문화가 근본적으로 바뀌지 않으면, 즉 소유 욕망을 포기하지 않으면 앞에서 말한 변화를 이룰 수 없다. 서구 사회는 200년이 넘도록 더 부자가 되고 부와 재산을 쌓는 일에 몰두했다. 이것이야말로 기업의 혁신과 개발 행위, 개인과 기업의 시장 행위 같은 모든 경제 활동의 원동력이며 국가 경제의 핵심이다. 사람들이 일하는 이유는 될 수 있는 한 많은 돈을 벌기 위해서다. 기업들은 최대한 많은 이윤을 거두고 최대한 덩치를 키우려 애쓴다. 물건을 사고파는 이유는 지금보다 더 부자가 되기 위해서다. 국가는 언제나 더 부유해지려고 애쓴다.

제로 성장 경제로의 문화적 전환을 이루려면 수백 년간 서구 문화를 지배한 현재의 사고방식에 엄청난 변화가 일어나야 한다.

09.

베르나르 스티글러

베르나르 스티글러는 무장 강도
혐의로 1978년부터 1983년까지
수감되었는데 그때 독학으로 철학을
공부하여 프랑스에서 손꼽히는 기술
철학자가 되었다.
이 글은 스티글러의 최근 저서『정치
경제에 대한 새로운 비판*For a New
Critique of Political Economy*』을
수정·발췌한 것이다.

소비주의 모델은 한계에 도달했다

경제 회복을 위해 소비를 진작해야 한다고 말하는 사람들은 소비주의의 종말에 대해 들으려고도 말하려고도 하지 않는다. 하지만 투자를 진작해야 한다고 말하는 사람들은 더는 소비주의 산업 모델에 이의를 제기하려 들지 않는다. 프랑스판 〈경기 부양 투자〉에서는 소비를 구출하는 최선의 방법이 투자라고 주장한다. 〈수익성〉이 회복되면, 소비주의와 그 단짝인 시장 주도 생산주의를 기반으로 삼은 기업가적 역동성이 회복되리라는 얘기다.

다시 말해 이 〈투자〉는 자동차, 석유, 고속도로 건설, 문화 산업의 방송망에 기반한 산업 모델이 무너진 것에서 교훈을 얻을 장기적 관점을 전혀 만들어 내지 못한다. 이 앙상블은 최근까지 소비주의의 토대를 형성했으나, 2008년 가을에 분명히 드러났듯 이제는 퇴물이 되었다. 솔직히 말하자면 이 〈투자〉는 투자가 아니라 반(反)투자다. 아무 일도 하지 않으면서 눈 가리고 아웅하는 것이나 마찬가지다.

소비주의 모델을 재건하는 것 말고는 아무 목표도 없는 이 〈투자 정책〉은 낡은 이념을 번역한 것에 불과하다. 한계에 도달한 소비주의 모델이 대부분 유독하게 바뀌었다는 — 이는 〈악성 자산〉 문제에 국한되지 않는다 — 사실을 최대한 오랫동안 부인하고 숨김으로써, 이미 자멸적으로 변한 모델의 수명을 연장하려고 안간힘을 쓰는 것에 지나지 않는다. 이러한 부인 행위는 자본주의의 독성을 이용할 수 있는 자들이 자기가 축적한 막대한 이익을 최대한 오래 지키려는 수작이다.

소비주의 모델은 한계에 도달했다. 모델 자체가 단기에 맞추어져 있기도 하고, 이 모델에는 구조적으로 장기적 전망에 맞춰 재구성하는 것을 막는 결정적인 결함이 내포되어 있기 때문이다. 이 〈투자〉는 순수한 회계 측면에서 볼 때만 투자이지 그 밖의 관점에서는 결코 투자가 아니다. 말하자면 그것은 사물의 상태를 그저 단순하게 새로 확립하는 행위이며, 산업의 구조를 — 원리는 말할 것도 없고 — 전혀 변화시키지 않은 채 산업의 지형을 재구축하려는 시도다. 희망은 지금껏 가능했던 소득 수준을 유지하는 것이다.

그것이 희망일지도 모르겠다. 하지만 눈 가리고 아웅하는 자들의 거짓 희망일 뿐이다. 이번 위기로 촉발된 논쟁의 진짜 목표는 모든 순수한 투자, 즉 미래에 대한 투자를 본질적으로 파괴하는 소비주의가 우리를 조직적으로, 또한 고의적으로 투자를 투기로 변질시키는 근시안적 사고방식으로 이끄는 현상을 이겨 내는 방법을 알아내는 것이어야 한다.

대규모의 경제적 재앙을 피하고 위기로 인한 사회 불의를 완화하기 위해 소비를 진작하고 지금의 경제 체제를 계속 가동해야 하는지 고민하는 것은 정당하고도 시급한 물음이다. 단, 이런 정책이 수백만, 아니 수십억 유로나 달러를 들여 상황을 악화시키고 진짜 물음을 덮어 버려서는 안 된다. 우리가 진정 물어야 할 것은 소비의 경제·정치 복합체에서 점차 벗어나 새로운 형태의 투자 복합체에 들어설 수 있는 상상력과 정치적 의지다. 이 새로운 형태의 투자는 사회적이고 정치적인 투자, 달리 말해 〈공공의 욕망〉에 대한 투자가 되어야 한다. 아리스토텔레스가 〈필리아philia〉라 이름 붙인 공공의 욕망은 새로운 형태의 경제 투자를 떠받칠 토대가 될 것이다.

현 상황을 구조하고 세계 경제 위기가 세계 정치 위기로 불거져 국제적 군사 충돌을 불러오는 결과를 막아야 할 〈절대적 시급성〉과, 현 상황과 단절할 수 있는 정치적·사회적 의지의 형태로 잠재적 미래를 현실로 바꾸어 낼 〈절대적 필요〉 사이에는 분명 모순이 있다. 이런 모순은 동적인 시스템(이 경우는 산업 시스템과 세계 자본주의 시스템)이 돌연변이를 일으키기 시작했을 때 으레 나타나는 현상이다.

경제 성장을 행복의 동의어로 여기는 것은
착각이다. 나무를 더 빨리 베어 내고 물고기를
씨가 마르도록 잡아도 GDP는 증가한다. 심지어
범죄, 전쟁, 질병, 자연재해가 일어나도 GDP가
증가한다. 이런 비극이 벌어지면 돈을 써야 하기
때문이다. ……자연과 조화롭게 공존하며 제한된
자원을 효과적으로 이용하여 번성하려면 성장에
기반한 경제 전체를 재고해야 한다. 기후 재앙과
금융 붕괴가 임박한 세상을 불가피한 것으로
받아들일 필요는 없다.

지그메 틴레이 부탄 총리

거기 뉘우칠 줄 모르는 자여,

예전에는 성장에 이의를 제기하면 이단으로
몰렸지만, 이제는 아니다. 〈유한한 지구가 끝없는
성장을 지탱할 수 있다〉라고 가슴에 손을 얹고
주장할 수 있는 경제학자가 있을까? 그 반대의
진실을, 성장의 신이 죽었음을 선포할 때가 왔다.
루터가 기독교를 변화시키고 베이컨이 과학을
변화시키고 니체가 철학을 변화시켰듯, 경제학을
변화시킬 거대한 사고 전환이 시작되었다. 우리의
담대한 정신은 〈가이아〉를 파괴하지 않고서
지구 살림을 꾸릴 방법을, 70억에 도달했으며 곧
100억에 이를 인구와 우리의 후손이 살아남아
행복을 맛볼 방법을 찾아내려는 새로운 탐험에
착수하고 있다.

10.

브라이언 데이비

브라이언 데이비는 영국 노팅엄에 사는
재야 생태 경제학자다.

어쩌면 좋은 삶이 가능한 사회를 만들어 낼 수 있을지도 모른다

지난해 베를린에서 〈성장을 넘어서〉 회의가 열렸는데, 두 주 전에 예약을 했음에도 자리가 남아돌았다. 예상 참석자는 1,000명에 불과했다. 그런데 폐회식이 열릴 때는 놀랍게도 2,500명 가까운 사람들이 참석했다. 급진적 주장으로 간주되는 이야기를 들으러 이렇게 많은 사람이 모인 것은 드문 일이었다.

참석자 수로 볼 때 탈성장 사고가 독일에 발을 디딘 것은 분명하다. 탈성장 진영은 조만간 강력한 정치 세력으로 발전할 것이다. 저명 싱크탱크와 재단 여러 곳을 비롯하여 50여 개 단체가 이번 회의를 지원하고 후원하고 홍보했다. 대규모 회의였다.

회의를 주최한 〈국제금융관세연대ATTAC〉는 유럽 전역에서 세를 확장하고 있다. 사회 정의를 연구하고 세계화를 생태적 관점에서 비판하는 학자들이 몇 해 전부터 ATTAC에 합류했다. 이곳에서는 극좌파로부터 탈성장 녹색당에 이르기까지 온갖 정치적 입장이 공존한다. ATTAC는 유럽 노동조합들의 참여를 이끌어 냈으며 상당수 노동조합은 적극적으로 논의에 참여하고 있다. 몇 년 전만 해도 녹색당의 생태·환경 정치와 좌파 및 노동조합의 사회적 관심사를 접목하기 힘들었다. 하지만 ATTAC는 다양성을 포용했기에 각 분파가 싸움을 벌이지 않도록 조정할 수 있었다. 지금도 견해차가 있기는 하지만 격렬한 대립 없이 이견을 해소하고 있으며, 한 대형 노동조합 말마따나 사회 문제와 생태 문제를 함께 해결해야 한다는 뚜렷한 공감대가 형성되었다.

탈성장의 부

첫 강연자 반다나 시바는 인도의 성장이 숱한 파괴적 행위에 뿌리를 두고 있음을 역설했다. 논점은 성장이 금융 활동의 척도일 뿐 행복의 잣대는 아니라는 것이었다. 인도의 성장을 들여다보면 개발의 고통이 가장 힘 없는 민중에게 피해를 주고 부를 양극화하고 있음을 알 수 있다. 시바는 〈성장은 해답이 아니다〉라고 말했다. 인도에 필요한 것은 다른 발전 모델, 사회적으로 공정하고 생태적으로 건전한 발전 모델이다. 남반구에서 어떤 대안적 발전 모델을 추진할 수 있는가, 추진해야 하는가는 이번 회의에서 중요한 주제였다. 특히 에콰도르와 볼리비아에서는 주목할 만한 주장과 견해를 찾아볼 수 있었다. 탈성장 경제를 이루는 데 중요한 전망과 목표를 찾는 독일 운동가들은 남아메리카 토착 공동체에서, 특히 〈부엔 비비르(Buen Vivir, 좋은 삶)〉 개념에서 실마리를 찾았다. 〈좋은 삶〉 개념의 뿌리는 안데스 지역의 여러 토착 마을과 부족에 전해 내려온 우주론, 철학, 문화, 정치경제적 사상이다. 수백 년 동안 식민주의와 가톨릭의 지배를 받고 경제가 자원 채굴에 종속되었던 이곳에서 공동체의 문화와 사상이 다시 모습을 드러내고 있다.

부엔 비비르: 미래를 향한 비전

안데스 산맥의 토착 공동체에는 이미 성장의 대안이 있다. 그것은 〈수막 카우사이Sumak Kawsay〉라는 전통적 개념으로, 이것을 스페인어로 번역한 것이 〈부엔 비비르〉다. 수막 카우사이는 인간과 공동체가 자연과 맺는 관계를 중심에 놓는다. 이 개념은 식민주의가 침투하여 채굴

산업과 대규모 단작 농업을 시행하기 전부터 있었다. 이러한 대안이 지금 다시 등장하여 에콰도르와 볼리비아의 정치와 사회 구조에 영향을 미치고 있음은 매우 중요한 현상이다. 두 나라는 성장과 〈발전〉을 목표로 삼지 않겠다고 분명히 선언했을 뿐 아니라 새로운 해방 과정에 착수했다. 안데스 산맥 원주민들은 수백 년 동안 억압받고 소외되었으나 이제는 자신들의 사상을 정치에 접목할 수 있게 되었다(볼리비아는 36개 부족으로 이루어진 원주민이 인구의 55퍼센트를 차지하며 유럽계는 15퍼센트에 불과하다. 에콰도르는 전체 인구의 35퍼센트가 원주민이다). 산업국 국민이 성장과 발전을 바라보는 통념은 가난한 나라 사람들이 자기네와 비슷한 길을 따라, 즉 〈진보〉와 이성을 추구하며 발전하고 싶어 하리라는 것이다. 〈개발 도상국〉이라는 이름이 붙은 것은 이 때문이다. 하지만 원주민들은 발전과 성장 하면 식민지 수탈, 고통, 인종 차별, 여성 억압의 오랜 역사를 떠올렸다. 어머니 지구의 파괴는 말할 것도 없다. 이 사람들이 모두 발전을 바람직한 미래상으로 여기는 것은 있을 수 없는 일이다. 오히려 많은 원주민들은 현 상황에 반대하고 자신의 전통적 생활 방식이 지구의 경제적 자살 행위를 막을 중요한 방안이라고 생각할 법하다.

소비주의가 과연 인간 본성의 일부일까?

일전에 「파이낸셜 타임스」 기자와 이메일을 주고받은 적이 있다. 그는 모든 나라의 가난한 사람들이 전자 제품, 자동차, 온갖 문명의 이기를 갖고 싶어 하리라 확신했다. 소비주의가 인간 본성의 자연적이고 필연적인 속성의 일부라는 전제는 부엔 비비르와 양립할 수 없다. 이를테면

볼리비아 식민지청산부에서 탈가부장제 부서를 이끌고 있는 엘리사 베가는 이번 회의에서 전통적 생활 방식이 삶의 질과 연관되어 있다고 말했다. 베가의 조부는 110세까지 정정하게 살았다고 한다. 조부는 돈을 저축하지 않았지만, 상하지 않는 식품을 풍족하게 비축했다. 베가는 원주민들이 소비를 추구하지 않는다고 말했다. 필요 이상으로 가지는 것은 무의미하다는 것이다. 베가는 우리가 그녀를 다음에 만나더라도 오늘과 똑같은 전통 의상과 똑같은 수백 년 된 장신구를 착용하고 있을 거라며, 물건은 잘 간수하고 튼튼하게 만들어야 한다고 말했다. 원주민들은 가족 관계와 공동체의 관계를, 또한 어머니 자연 〈파차마마Pachamama〉와의 관계를 중시했다. 이 점에서 부엔 비비르는 좋은 삶에 대한 개인주의적 관점과 전혀 다르다. 부엔 비비르는 사람들이 살아가는 사회적 맥락에서만 생각할 수 있으며 지배가 아니라 조화와 균형을 추구한다. 이것이 중요한 이유는 부엔 비비르 개념이 다원성에 뿌리를 두고, 인간 공동체와 자연을 존중하며 공존하는 삶에서 비롯했기 때문이다. 따라서 안데스 지역의 탈식민화는 또 하나의 획일적 관점을 탄생시키는 것이 아니라 문화 다양성에 기반하여 추진되어야 하는 것으로 인식된다. 그렇다고 해서 단순히 선조의 전통적 사고방식으로 돌아가자는 것도 아니다. 부엔 비비르는 다름을 인정할 뿐 아니라 적극적으로 추구한다. 안데스의 사상가들은 다른 문화를 비롯하여 견해가 다른 서구 사상과들과 교류하며 블로흐, 벤야민, 아리스토텔레스, 심층 생태주의 철학자들을 두루 인용한다. 그렇다면 부엔 비비르를 이루는 요소는 무엇일까? 부엔 비비르의 일반 원리는 만물과의 조화와 균형, 상보성, 연대, 평등, 공동의 행복, 어머니 지구와

조화를 이루며 만인의 기본적 욕구를 충족하는 것, 어머니 지구의 권리와 인권을 존중하는 것, 재산이 아니라 인격으로 사람을 판단하는 것, 모든 형태의 식민주의, 제국주의, 개입주의를 없애는 것, 인간과 어머니 지구가 평화롭게 공존하는 것 등으로 요약할 수 있다.

이것은 물질적 소유에 치중하여 지위 체계 안에서 타인에게 군림하려 드는 소비주의적 행복 개념과 정반대다. 행복과 건강이 사회의 평등 수준과 직접 연관되어 있음을 똑똑히 밝힌 윌킨슨과 피킷의 저서 『평등이 답이다 *The Spirit Level*』를 떠올리는 사람도 있을 것이다. 사회의 조화는 좋은 삶을 이루는 데 중요한 요인이며 자연과 밀접한 관계를 맺을수록 강화된다.

지구의 권리

이제 어머니 지구 파차마마의 권리를 살펴보자. 볼리비아 정부는 코펜하겐 협약을 거부하고 2010년에 코차밤바에서 자체적으로 회의를 개최하여 〈어머니 지구의 권리〉 헌장을 발의하고 합의하면서 어머니 지구의 권리를 근거로 삼았다. 파차마마를 제대로 이해하려면 먼저 안데스 문화의 핵심 개념인 〈파차Pacha〉를 이해해야 한다. 〈파차〉는 존재의 총체성을 일컫는 모호한 개념이다. 시간과 공간뿐 아니라 시공을 초월하는 모든 생명 형태가 여기에 포함된다. 토머스 파토이어는 이렇게 말한다. 〈파차는 시공간뿐 아니라 우주에 적극적으로 참여하고 잠기고 그 속에 존재하는 능력을 일컫는다. 만카파차Manqhapacha는 지구와 연관된 파차의 차원으로, 생명의 기원인 지구 중심을 가리킨다.〉 원주민은 지구를 자기 소유의 자원 저장고로

여기는 수준에 머물지 않고 자신을 지구의 일부로, 지구의 살아 있고 걸어다니는 한 조각으로 여긴다. 이들의 세계관은 인간을 피조물의 으뜸이자 소유주로 보는 인간 중심적 세계관이 아니라 인간을 이 세상의 참여자이자 일부로 보는 자연 중심적 세계관이다. 2010년 4월 22일에 열린 코차밤바 회의에서는 어머니 지구의 권리를 아래와 같이 선포했다.

살아가고 존재할 권리. 존중받을 권리. 인간에게 위해를 입지 않고 순환과 생명 과정을 지속할 권리. 다양하고 주체적이고 상호 연관된 존재로서의 정체성과 통일성을 보호받을 권리. 삶의 원천인 물에 대한 권리. 깨끗한 공기를 누릴 권리. 모든 면에서 건강할 권리. 유독 폐기물과 방사성 폐기물에 직간접적으로 오염되지 않을 권리. 유전자 조작이나 구조 변형으로 목숨이나 건강을 위협받지 않을 권리. 이 선언의 원칙을 위반하는 인간 활동을 신속하고도 완전하게 철폐할 권리.

이것은 지속 가능한 발전이 아니며, 녹색 경제를 계획하고 주창하는 것으로 볼 수도 없다. 탈탄소를 주목표로 추구하는 것과도 다르다. 어머니 지구의 권리는 자연을 인간과 별개의 자원 저장고이자 폐기물 처리장으로 여기는 유럽의 모든 현대적 관념에 이의를 제기한다. 이것은 서구 전통 바깥의 다른 문화적 관점에서 비롯한 다른 목소리다. 서구 문명의 패러다임과 우월성이 도전받고 있다.

난개발의 압박에 저항하라

하지만 어떻게 실천할 것인가? 에콰도르와 볼리비아는 남아메리카에서 독자적인 길을

걸었지만, 자본주의 발전 과정에서 완전히 벗어날 수는 없었다. 알베르토 아코스타와 엘리사 베가는 전 세계적 경제 우선주의와 압박에 저항하는 것이 현실적으로 얼마나 힘든 일인지 설명했다. 전 세계적 경제 압박은 두 나라에서 광물과 에너지원을 난개발하려는 충동으로 표출되고 있다. 토머스 파토이어 말마따나 볼리비아가 휴대폰 배터리와 전기 자동차 배터리의 필수 원료로서 미래의 전략 자원인 리튬의 최대 매장지임은 역사의 아이러니다. 리튬을 채굴하려는 유혹은 거부하기 힘들다. 볼리비아 정부와 일본의 전략적 경제 협력 협상은 〈성장을 넘어서Beyond Growth〉 회의에서 거듭 언급한 〈채굴주의 경제학〉의 또 다른 형태를 재생산하고 있다. 이것이 어떤 결과를 낳을지는 두고 보아야 할 것이다. 〈부엔 비비르〉가 〈부엔 비비르 라이트〉로 변질될 조짐이 보인다. 개발 도상국이 자원 채굴로 손쉽게 돈을 벌려는 유혹에 빠지지 않도록 막아 주는 경제 모델이 있기는 하지만, 그러려면 부자 나라들이 경제적 손실을 감수해야 한다. 부엔 비비르 원칙을 확인할 수 있는 한 가지 사례는 열대 우림에 속해 있으며 생물 다양성이 높은 에콰도르 야수니 지역의 석유 채굴을 허가할 것인지 여부다. 알베르토 아코스타는 에콰도르가 석유를 땅속에 내버려두고 부자 나라들이 기회 비용을 국제 유가보다 훨씬 저렴한 가격에 보상하는 방안을 제시했다. 아코스타의 제안을 받아들인 선진국은 아직 한 곳도 없다. 이번 회의에서 내가 느낀 것은 발전이 필수적이라거나 가난한 지역의 주민을 비롯한 모든 사람이 으레 발전을 원한다는 통념에서 벗어나야 한다는 것이다. 오히려 가난한 지역들이 발전에 거세게 저항한 사례도 많다. 아일랜드에서는 코니브 가스전 인근 서해안에 사는 주민들이

두둑한 보상금 제안에도 불구하고 근해 가스전 개발에 반대했다. 반다나 시바도 말한 바 있듯, 진실은 대부분의 발전이 가난한 사람들에 대한 착취, 생활 환경 오염, 막대한 고통, 고용 불안으로 이어지며 소수 집단과 기업 엘리트만이 이익을 거둔다는 것이다.

생태주의와 사회주의가 손잡다

〈성장을 넘어서〉 회의에 참석한 많은 좌파들은 경제 소유주의 화폐 가치를 끊임없이 늘려 주는 경쟁과 이윤 극대화가 자본의 원동력인 한 성장 문제는 곧 자본주의의 문제라고 생각한다. 쉽게 말하자면, 좌파가 성장에 반대하는 것은 성장이 자본주의를 심화하며 자본주의의 온갖 해악을 가중하기 때문이다. 하지만 〈그렇다면 유효한 대안은 무엇인가〉라는 문제가 제기된다. 수십 년 전에 회자되던 구상, 즉 당이 주도하거나 노동자가 통제하는 중앙 계획 경제를 주장하는 사람은 아무도 없었다. 부엔 비비르가 성장을 넘어선 사회의 대안적 미래상 — 물론 산업국들이 처한 상황에 맞게 수정해야 할 것이다 — 에 대한 논의의 일부라면 탈성장과 좌파 입장에서 탈자본주의 경제를 이룰 대안적 수단으로는 무엇이 있을까? 이곳에 모인 많은 사람들의 입에 오르내린 것은 〈연대 경제〉였다.

최종적 낙관

하지만 국가는 어떻게 해야 할까? 정부 주도의 유의미한 변화를 이룰 기회로는 어떤 것이 있을까? 정치 참여와 정치 활동에서 무엇을 얻을 수 있을까? 탈성장 경제를 촉진하고 지원하기

위한 민주화의 필요성에 대해 많은 이야기가 있었다. 하지만 지금 시점에서 많은 성과를 거둘 수 있겠느냐는 회의론도 만만치 않았다. 대기업 로비 세력은 국가 차원에서, 또한 유럽 차원에서 정치를 쥐락펴락하고 있다. 녹색 성장을 평가할 때는 이 점을 중요하게 고려해야 한다. 물론 녹색 성장은 기업의 의제다. 녹색 성장은 청정 기술을 장려하고 천연자원의 이용 효율을 개선하는 국가 정책을 통해 천연자원과 에너지 소비를 줄이면서도 성장을 지속한다는 극적 분리를 달성할 수 있다고 가정한다. 하지만 국가가 기업의 이해관계에 맞설 만큼 강력하지 못하다는 반론이 제기되었다. 영국의 팀 잭슨이 말했듯, 작업장 한 곳에서는 〈단위 생산에 대한 자원 이용의 감소〉를 뜻하는 상대적 분리가 당연히 가능하지만 〈자원 이용의 실질적 감소〉를 뜻하는 절대적 분리를 달성하려면 생산량을 줄여야 하며 그러려면 구조적 변화를 단행해야 한다. 발표자들은 대부분 우리가 맞닥뜨린 문제가 구조적 문제라는 데 의견을 같이했다. 이 구조가 마르크스주의에서 말하는 〈구조〉일 때도 있었고 아닐 때도 있었다. 어느 쪽이든 상관없다. 국가 또한 구조의 일부로서, 거대 기업 집단의 이해관계에 매여 있으며 현재의 조건에서 절대적 분리가 일어나지 않을 것임은 의심할 여지가 없다. 국가는 이러한 변화를 이루기에는 허약한 기구다. 더 민주적인 사회라면 조금 나을지도 모르겠다. 하지만 그래도 허약하기는 마찬가지다. 이런 상황에서는 어디에서 진정한 변화의 가능성을 찾을 수 있을까? 상향식 변화를 뒷받침할 하향식 변화를 어떻게 이루어 낼 수 있을까? 〈분리〉 세미나에서 내가 제시한 의견은 한 구조에서 다른 구조로의 구조적 변화가 단순히 정책을 채택하는 것보다 훨씬 포괄적인 과정이라는

것이었다. 이를테면 컴퓨터의 설정을 바꾸었을 때 바뀐 설정을 적용하려면 전원을 껐다 켜야 한다. 여기에 가장 근접한 상황은 석유 정점으로 인한 혼란일 것이다. 나는 몇 달 전에 독일군의 한 부서에서 석유 정점으로 인한 혼란, 특히 금융 시스템 붕괴 가능성을 언급한 보고서를 발표했음을 언급했다. 그리고 전원을 껐다 켜는 과정에서 살아남으려면 어떤 프로그램이 필요한지 생각해 보자고 제안했다. 지금과 전혀 다른 방향에서 연대 경제를 추구하려면 어떤 정치적·경제적·생태적 프로그램이 필요할까?

폐막식에서 ATTAC 대변인은 암울하거나 충격적으로 붕괴를 예언한 과거의 회의에 비해 〈성장을 넘어서〉 회의의 논의는 훨씬 긍정적이었다고 평가했다. 붕괴에 대한 예언은 사람들의 의욕을 꺾을 수 있다(회의 들머리에서 니코 페이히가 사람들이 다가올 미래를 준비하도록 해야 한다고 주장하기는 했지만). 어쩌면 우리는 두 관점을 결합할 수 있고 결합해야만 하는지도 모른다. 좋든 싫든 긴축의 시대가 다가오고 있다. 하지만 미리 대비하면, 무력한 희생자가 되기보다는 미래의 모습을 우리가 바라는 대로 바꿀 수 있다.

어쩌면 좋은 삶이 가능한 사회를 만들어 낼 수 있을지도 모른다.

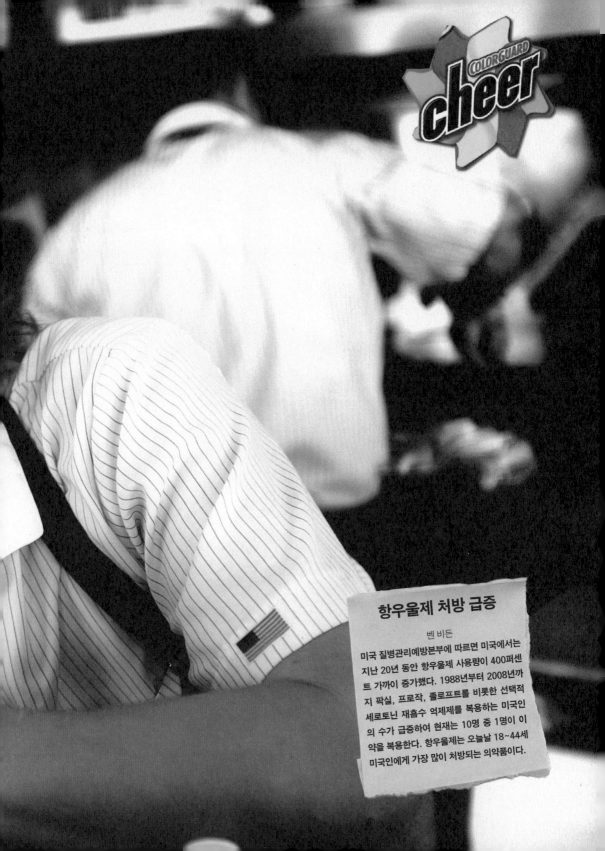

항우울제 처방 급증

벤 비든

미국 질병관리예방본부에 따르면 미국에서는
지난 20년 동안 항우울제 사용량이 400퍼센
트 가까이 증가했다. 1988년부터 2008년까
지 팍실, 프로작, 졸로프트를 비롯한 선택적
세로토닌 재흡수 억제제를 복용하는 미국인
의 수가 급증하여 현재는 10명 중 1명이 이
약을 복용한다. 항우울제는 오늘날 18~44세
미국인에게 가장 많이 처방되는 의약품이다.

2011년에 튀니지의 한 시위자가 경찰을 조롱하고 있다.

지하드의
최고 형태는
불의한 군주 앞에서
진실을
말하는 것이다.
—선지자 마호메트

이슬람
경제학으로
개종
하다

11.

타레크 엘 디와니

타레크 엘 디와니는 런던의 금융
분석가로, 제스트 투자 자문을
설립했다. 이 글은 『경제 민주화를
말하다』에서 발췌했다.

1980년대 말 처음으로 나는 파생 상품 딜러로 런던 금융 중심가에 입사 지원을 했다. 평소 동료들과의 대화를 통해 나는 런던 금융가가 지성과 유창한 화술, 영리함을 모두 갖춘 녹록지 않은 자격을 요구한다는 점을 잘 알고 있었다. 이런 능력을 두루 갖춘 인재들은 늘 후한 보상을 얻곤 했다. 또한 런던 금융가는 나이에 상관없이 능력을 인정받을 수 있는 곳이었다. 그런 말을 듣고 나니, 이 환경 속에서 성공한다면 내 능력을 의심하는 많은 이들에게 내 가치를 입증해 보일 수 있으리라는 생각이 들었다. 신형 포르셰 911 한 대가 몇 마디 말보다 훨씬 더 많은 것을 말해 주니 말이다.

그렇게 나는 벌어들이는 돈의 액수로 성공이 가늠된다는 생각을 순순히 받아들였다. 그리고 이 생각에 충실히 전념해 엄청나게 성공한 사람들을 많이 만났다. 그들에게 돈은 성공의 유일한 척도였다. 수익을 올리면 승진했고, 돈 버는 데 실패하면 자리에서 쫓겨나거나 인력개발부로 옮겨 가곤 했다. 그곳에서 금융 상품들이 개발되고 시판되는 이유는 고객의 니즈에 부합해서가 아니라 은행이나 금융 회사에게 엄청난 수익을 안겨 주기 때문이었다. 금융 회사 내부자들은 거들떠보지도 않을 법한 금융 증권들을 판매하기 위해 리서치가 이루어지고 조작되어 사람들의 입에 오르내렸다. 이런 식으로 고객이 맡긴 수십억 달러로 거액의 도박판이 벌어졌고, 그사이 대중들에게는 〈신중한 금융 거래〉라는 말이 대거 유포되었다. 충격적일 정도로 전문 지식이 부족한 사람들이 빈번히 위험한 투자 결정을 내렸고, 때로는 엉성하기 짝이 없는 이유로도 투자가 결정되었다. 내 상사들 중 한 명은 〈점심을 든든히 먹고 나면 주가가 10포인트 올라 있을 거야〉라며 농담을 던졌고, 이곳에서의 점심이란 바로 그런 것이었다!

대학에서 배운 금융 이론이 업무에 거의 적용되지 않는다는 생각이 들었지만, 나는 내가 돈을 벌어들이는 데 꽤 재주가 있다는 사실을 깨달았다. 예를 들어 수요와 공급이라는 가장 단순한 법칙이 런던 금융가의 월급에서는 작동하지 않았다. 런던 금융가의 일자리 한 개당 100명의 지원자가 있는데도 월급은 왜 그토록 완강히 높게 유지되는 걸까? 아프리카 국가들에게는 훌륭한 경제 운영이란 곧 예산의 균형을 맞추는 것이라고 이야기하면서, 왜 지구상 가장 번영을 누리는 미국과 영국은 예산의 균형을 맞춰 본 적이 거의 없는 걸까? 금리 인상으로 인플레이션을 잡을 수 있을 거라는 통화주의학파의 기본 법칙조차 나에게는 말이 안 되는 소리로 들렸다. 쉽게 구해 볼 수 있는 자료들만 살펴봐도 금리 인상은 모기지 상환 비용만 늘리면서 사실상 정반대 효과를 내고 있었다.

금융 시스템에 관한 의심이 계속되긴 했지만, 런던 금융가에 대한 내 관점을 최종적으로 바꿔 놓은 것은 일을 하면서 맞닥뜨린 그곳의 태도와 가치관이었다. 이것들은 분명 나에게 영향을 미치고 있었다. 살다 보면 두 가지 생활 방식 사이에서 선택을 강요받는 시점에 도래한다. 나는 고객들을 인간으로 대하고 싶었지만, 금융가에서 고객은 먹잇감으로 간주되고 있었다. 돈이 신처럼 떠받들어지고 있었지만, 나는 〈신은 어떤 사람이며, 나에게 무엇을 기대하는가?〉에 대한 답을 찾고 싶었다. 이런 말을 하는 것은 거래소에서의 죽음을 의미했다. 그것은 내 동료들을 침묵하게 만들었다. 설상가상으로 고객들로부터 걸려 오는 전화도 중단되고 말았다.

업계의 정상에 서 있는 와중에 자리에서 물러나는 일은 런던 금융가에서 거의 들어본적 없는 일이었다. 더군다나 이슬람 금융권의 일자리를 위해 그렇게 한다는 것은 내 동료들이 보기에 헛웃음밖에 안 나올 만큼 어리석은 것이었다. 하지만 그 결단은 내가 갈망해 온 윤리 의식과 수익의 접점을 찾아 주었다. 다른 이들에게 그것은 금융학이라는 종교에 대한 침해이자 절대 용납할 수 없는 일이었다. 정통 경제학자들은 특히 이 점을 애써 강조하고자 했다. 종교는 가치 판단의 여지가 많은 반면, 경제학자들은 현실 속의 현상을 편견 없이 다룬다는 것이었다.

하지만 그런 주장들은 현대 금융 자체가 일종의 종교로 군림하고 있다는 가능성을 간과하고 있었다. 현대 금융에서 영리 활동의 목적은 주주들의 가치를 극대화하는 것이고, 그 측정 단위는 거의 전적으로 화폐 가치였다. 스트레스와 환경 오염, 이혼, 범죄 등과 같이 인간의 삶에 큰 영향을 미치는 것들은 GDP 계산에서 통상적으로 무시되었다. 이런 식의 계산에서는 금전적으로 부유하지만 불행한 사회가 금전적으로 빈곤하나 행복한 사회보다 더 나은 것으로 간주되었다. 어쩌면 이것이 오히려 현대 금융이 해야 할 마땅한 가치 판단이 아니었을까?

무슬림을 새로이 연구하는 동안 나는 인생의 목적이 창조주를 숭배하는 것이며, 인생은 그저 우리가 그런 목적을 달성할 수 있는지의 여부를 판가름하는 시험에 불과하다는 점을 깨달았다. 부는 창조주를 숭배하기 위한 수단이지, 그 자체가 목적은 아니다. 부의 축적을 인생의 목표로 삼는 것은 창조주가 아니라 부를 숭배하는 것이며, 이는 인간이 저지를 수 있는 가장 근본적인 실수들 중 하나다. 하지만 모든 시험에서 그러하듯, 우리는 그런 실수를 저지를 자유가 있다. 우리는 창조주의 명을 따를 수도 있고, 그것을 무시하고 나름의 길을

갈 수도 있다.

창조주가 우리에게 요구하는 책임감들에는 종교적인 동시에 세속적인 사고방식으로 이해할 수 있는 많은 것들이 포함된다. 사람들이 제멋대로 살인을 저지르고 도둑질을 한다면, 많은 부를 소유한 사람이 부유세를 내지 않는다면, 그리고 권력을 지닌 자가 정의롭게 권력을 행사하지 않는다면 사회 전체가 고통을 겪는다. 개인이 권리를 누리기 위해서는 그에 따른 책임을 져야 한다. 인간의 권리를 파괴하는 가장 확실한 방법은 개개인이 인간으로서의 책임을 회피하는 일이다.

인간에게 요구되는 책임들 중 무엇보다 중요한 것 하나가 현대에 들어 격하되었다. 이것이 바로 대부업의 금지로, 이는 아브라함을 믿는 세 개의 종교인 유대교, 그리스도교, 이슬람교에도 공통적으로 등장하는 요소다. 그러나 살인과 도둑질과 달리 대부업의 해로운 영향이 항상 분명하지는 않으며, 이는 동서양에서 수세기에 걸쳐 논쟁이 끊이지 않는 주제다. 이슬람 법률 체계에서 대부업은 대부업자가 부과하는 이자 이외에도 여러 다양한 상업 활동을 포함한다. 구약성서 중 하나인 신명기는 유대인들 사이에 대부업을 금지하며, 루가의 복음서는 기독교인들에게 아무런 대가를 바라지 말고 돈을 빌려 주라고 말한다. 실제로 예수의 선교 활동 중에서 유일하게 폭력적인 행위는 대부업자들을 성전에서 추방하는 것이었고, 그리 오래지 않은 500년 전만 해도 영국의 법률하에서는 돈을 빌려 주고 이익을 취하는 행위는 불법이었다.

그러나 오늘날 모든 것이 바뀌었다. 과거 몇 세기 동안 경멸의 대상이었던 대부업을 행하는 사람들은 이제 도시의 최고급 중역실을 차지하는 금융의 지배자로 군림하고 있다. 이런 놀랄 만한

변화는 법적인 강력한 조치가 없었다면 불가능했을 것이다. 13세기 초 로마의 철학자 히스파누스는 대부업이 당연히 금지되어야 함은 물론, 돈을 빌려 간 사람이 제 날짜에 돈을 갚지 못할 경우 돈을 빌려 준 사람이 벌금을 물어야 한다고 주장했다. 히스파누스는 돈을 빌려 간 사람이 갚아야 할 날짜와 실제로 빚을 상환한 날짜 사이의 기간을 〈이해관계가 얽힌 상황inter esse〉이라고 칭했다. 그러나 16세기 중반에 이르러 헨리 8세는 최대 10퍼센트까지 이자를 부과할 수 있도록 허용했다. 이로써 기독교의 대부업 금지 조항이 무너져 내리기 시작했다. 그 이후로는 오로지 〈과도한〉 이자를 부과하는 행위만 금지의 대상이 되었다.

옛날에는 대부업의 운영 능력이 그 업체가 이용할 수 있는 금화나 은화의 양에 의해 제한되었다. 그러다 17세기에 영국이 크게 발전하면서 이런 제한적 요인들이 대체로 사라졌다. 초창기 은행가들은 금화로 예금을 받고 그 대가로 요구 즉시 예금을 내주겠다고 약속하는 종이 영수증을 발행했다. 어느 정도 시간이 흐르자 상인들은 제품과 서비스 대금을 지불하는 데 은행가들의 영수증을 사용하기 시작했다. 제품을 사고자 먼저 금화를 인출하기 위해 은행에 들르는 것보다는 판매자에게 종이 영수증을 건네는 편이 한결 수월한 방식이었기 때문이다. 이런 식의 대금 지불 행위는 은행가들로 하여금 대부 사업을 크게 확대할 수 있도록 해주었다. 그런 관행 덕분에 대중이 돈을 빌리러 오면 은행가는 새로 찍어 낸 종이 영수증을 빌려 줄 수 있게 되었기 때문이다. 이러한 사업 방식에는 큰 이점이 하나 있었다. 금화와 달리 종이 영수증은 비용을 거의 들이지 않고 만들어 낼 수 있었다. 잉글랜드 은행의 초대 총재 윌리엄 패터슨은 1694년에 이에 대해 이렇게 표현했다. 〈은행들은 무에서 창출한 모든 돈에 이자를 붙여 이득을 챙기고 있다.〉 은행가들은 종이 영수증을 더 많이 찍어 낼수록 더 많은 대출을 내줄 수 있었고 그만큼 더 많은 이자를 챙기게 되었다. 따라서 가능한 한 많은 돈을 창출하는 것이 〈그들의 이해관계〉와 맞아떨어지는 일이었다. 하지만 이 사업 방식은 사회의 다른 모든 이들에게 끔찍한 결과를 안기고 있었다. 은행이 찍어 낸 돈이 더 많이 유통될수록, 물가가 더 크게 상승하기 시작했기 때문이다. 그리고 모든 종이 돈이 대출 계약하에 발행되었기 때문에, 시간이 지날수록 사회의 부채가 심각할 정도로 증가하고 있었다. 한 은행가가 종이로 이루어진 대출을 회수할 경우 분명 극심한 경기 침체가 발생할 터였다. 앤드루 잭슨 대통령도 이런 정황이 은행들에게 안겨 준 정치적 힘을 모르지 않았다. 1837년 그는 퇴임사에서 미합중국은행이 바로 이런 식으로 은행 개혁에 관한 자신의 정책을 무산시키려 했다고 비난했다.

미합중국은행이 자신의 요구에 굴복시키기 위해 국민을 상대로 전쟁을 벌이는 과정에서 국가 전체에 확산시킨 고통과 불안감은 결코 잊히지 않을 것이다. 모든 도시와 공동체들을 억눌렀던 무자비하고 가차 없는 횡포, 생활이 빈곤해지고 엉망이 되어 버린 개인들, 활기찬 번영의 기운이 느닷없이 침울한 분위기로 급변한 장면은 분명 미국인들의 뇌리에 지우기 힘든 인상을 남겨 놓을 것이다. 평화로운 시기에도 그렇게 엄청난 힘을 발휘했을 정도인데, 문전에 적군이 와 있는 전시에는 그 힘이 얼마나 대단하겠는가? 미국의 〈자유로운 남성〉 이외에는 누구도 그 전투에서 승리를 거둘 수 없을 것이다. 어쨌든 여러분이 승리를 쟁취하지 못한다면, 정부는 다수의 손에서 소수의 손으로 넘어갈 것이고, 이렇게 비밀회의를 통해 조직화된 돈의 권력은 최고위급 공무원들의 선택을 좌우하게 될 것이며, 그들만의 희망 사항에 가장 잘 부합되는 평화 혹은 전쟁을 여러분에게 강요하게 될 것이다.

금융계 인사들이, 자신들이 내준 대출금의 성격과 유사한 성향을 가진 사람들에게 큰 호의를 베푼다면 어떻게 될까? 아마도 소수의 개인으로 구성된 집단이 그 국가의 상업 및 정치 활동에 대한 영향력을 급속도로 확대할 수 있을 것이다. 오늘날 이런 현상은 언론 매체와 학계로까지 확대되어 정보 및 지식의 공유에 있어서도 파괴적 영향력을 미치고 있다. 금융계 소식을 전하는 전문 매체들은 가장 큰 광고 수입원에게 적대적인 기사들을 내보내기 주저하며, 금융 부문의 연구원들이 마구 쏟아 내는 대량의 리서치와 논평들도 마찬가지로 금융계의 압박에서 자유롭지 못하다. 그래서 돈의 창출과 대부업에 관한 사안들은 일반인들이 이해할 수 없는 전문 용어에 가려져 처음부터 끝까지 배경으로만 머물러 있는 경향이 있다. 경제학자 존 케네스 갤브레이스가 『돈, 그 역사와 전개Money: Whence it Came』에 적었듯이, 〈경제학의 다른 모든 분야보다 특히 돈에 관한 연구는 진실을 밝혀내기 위해서가 아니라 그것을 은폐하거나 회피하기 위해 복잡한 이론을 활용하는 분야〉다.

그리하여 전 세계 국가들은 빚에 이자가 붙는 상황을 경제 활동의 당연한 현실로 받아들이게 되었다. 모순적인 명칭이라 할 수 있는 〈부유한 국가들〉의 대다수 국민들에게, 끊임없는 채무는 위험하거나 수치스러울 게 전혀 없는 일이 되었다. 원하는 인생을 살기 위해 저축하라는 부모 세대의 조언은 이제 구시대적 발상으로 조롱당하고 있다. 소비 욕망이 지금 당장 충족될 수 있는데, 왜 저축을 한단 말인가? 물질주의 이데올로기들은 그런 태도들을 크게 강화시킨다. 사후 세계가 없다면, 빚을 내서라도 이번 생에서 가능한 한 많은 것을 누려야 한다는 생각이 당연시되고 있는 것이다.

그러나 거침없이 계속되는 부채의 증가는 대부분의 인간에게 삶의 즐거움을 요원한 꿈으로 만들어 버린다. 가난한 국가들의 경우 삶의 목표는 단지 생존이 되어 버렸고, 필요할 경우 대외 채무 협약의 힘이라도 빌릴 수밖에 없게 되었다. 1997년 유엔개발계획이 추정한 바에 따르면, 아프리카에서는 채무 원리금 상환이 국가 예산에 가하는 압박으로 인해 매년 500만 명에 이르는 어린이가 사망한다. 탄자니아와 우간다는 채무 원리금 상환액이 의료 보건을 위한 국가 총예산을 넘어서는 국가에 속해 있다. 개발 도상국들의 대외 채무가 낳는 결과들은 자연환경에도 영향을 미친다. 예를 들어 세계에서 가장 빨리 삼림 황폐화가 진행되는 국가들은 대외 부채도 가장 빨리 늘고 있는 나라들이다. 부유한 국가에 사는 채권자들에게 채무를 변제할 외화를 벌어들이기 위해, 열대 우림이 희생되고 있기 때문이다.

투자를 하고 수익을 올리기 위해 이자를 주고 자금을 빌리는 모델은 이런 문제를 다루는 데 있어 오랜 기간 실패해 왔다. 개발 도상국의 부채에 관한 국제통화기금의 자료들을 잠깐 살펴보면, 지난 50년간 부채 수준이 꾸준히 증가하고 있음을 알 수 있다.

원조 자금을 살펴보면, 선진국이 개발 도상국에 제공한 전체 지원금은 개발 도상국에서 선진국으로 유입된 채무 원리금 상환액의 4분의 1에도 미치지 못한다. 1996년 국제통화기금과 세계은행이 대대적으로 추진한 과대 채무 빈곤국의 외채 경감 전략은 서구 국가들에서는 거의 시행된 적 없는 전면적인 초긴축 재정 정책을 조건으로 내걸었다. 하지만 그것을 10년 넘게 시행한 결과 그 대상이었던 42개 국가 중 오직 한 국가만이 과대 채무 빈곤국의 처지에서 벗어났다.

이 모든 문제의 기저에 놓여 있는 요인이 대부 관행이다. 이슬람에서는 금융가가 대출을 받아 간 고객의 사업이 망해 가는 와중에 그 고객에게서 수익을 취하는 행위는 근본적으로 잘못된 것으로 간주한다. 이슬람에서 금융가들은 대출된 자금의 수익과 손실을 함께 분담해야 한다. 현대의 주식 투자자들이 그런 것처럼 말이다. 이런 단순한 요건은 이자에 기초한 대출 활동이 절대 따라할 수 없는 방식으로, 금융가와 고객의 이해관계를 한데 묶어 놓는다. 대출 고객이 수익을 올릴 경우에만 금융가도 수익을 챙길 수 있게 된다면 그 금융가는 자금을 대출해 줄 대상 선정에 훨씬 신중해질 것이다. 이자를 기반으로 하는 금융의 경우, 대출 자금을 확보할 가능성이 가장 높은 사람은 가장 훌륭한 사업 계획을 지닌 사람이 아니라 제공할 담보물이 가장 많은 사람이 되곤 한다. 그래서 이자에 기반한 시스템하에서는 좋은 사업 계획을 갖고 있는 가난한 사람들이 단지 담보물이 부족하다는 이유로 사업 자금을 끌어모으지 못하는 경우가 많고, 그런 이유로 계속 가난을 면치 못하게 되는 경우가 발생한다.

이자에 기초한 금융이나 특권층에 의한 통화 창출 없이 살아가는 것이 가능한지에 관해서는 이슬람 제국의 역사를 통해 충분히 증명해 보일 수 있다. 이곳에서는 수익의 공유와 무이자 신용 거래, 자선 기부금과 자카트(zakat, 자선용 세금)가 협력해 사회가 필요로 하는 모든 것들을 충족시켰다.

오늘날의 화폐는 그 가치가 단 10년도 유지되지 못하는 반면, 이 모든 요소는 수세기에 걸쳐 구매력이 유지되는 실물 화폐 시스템의 토대 위에 구축되었다. 이슬람 국가들의 여러 훌륭한 대학과 병원 들은 기부금을 통해 재원을 마련했고, 교통 인프라의 대부분은 자카트 기금들로 충당했다. 현대의 민간 금융이 주도하는 방식은 이런 식의 자금 조달과 경쟁이 불가능하다. 이자 부과액이 일반적으로 프로젝트 사업비의 최소 3분의 1을 집어삼키고 있으며, 그 결과 오늘날의 인프라는 과거에 달성했던 것들에 한참 못 미치는 실정이다. 현대에 새롭게 확장된 런던의 세인트팽크라스 기차역과 존 베처먼이 남겨 놓은 애초의 아름다운 역만 비교해 보아도 그렇다.

무슬림 세계에서 한때 대안적 경제 패러다임이 확립되었다는 사실은 우리 시대에 중대한 교훈을 준다. 그런데 현대의 이슬람 금융가들이 그런 패러다임을 다시 구축하기는커녕 이자에 기초한 다양한 금융 상품들과 제도적 구조를 마구 도입해 왔다는 점이 많이 애석하다. 고객과 리스크를 공유하고 더불어 보상을 얻는 금융 시스템을 주장했던 1960년대의 이슬람 경제학자들의 꿈은 이제 영원히 사라져 버렸다. 그들이 있던 자리를 대신 차지한 것은 이자에 기반을 둔 대출을 이슬람의 전문 용어로 위장하고, 은행업과 금융이 대단히 중요해진 오늘날의 현실을 거론하면서 더 나은 미래를 제시하지 못하는 상황에 대해 변명만 해대는 산업이다.

이 애석한 이야기 속에서 이슬람 세계나 다른 지역의 은행 고객들은 일방적으로 당하기만 하는 수동적 존재만은 아니다. 그들 대부분이 사업 활동의 기초 자금으로 이자에 기반한 레버리지를 활용해 왔기 때문이다. 투자된 자금에 대해

점령하라 운동 참가자들이 2012년 봄에 예일 대학에서 열린 JP모건체이스 채용 행사를 방해하고 있다.

20퍼센트의 수익을 내는 사업가가 5퍼센트의 이자가 붙는 대출을 활용해 스스로 자금을 조달할 수 있다면, 투자자들과 그 수익을 나누고 싶어 할 리 있겠는가? 그리고 만일 어떤 기업이 5퍼센트 이자로 100달러를 빌려 20달러의 수익을 낼 수 있다면, 1억 달러를 빌려 2,000만 달러의 수익을 올리려 들지 않을 이유도 없을 것이다.

이런 사고방식의 필연적인 결과는 기업들이 최대한 많은 자금을 빌리는 것이다. 그렇게 함으로써 기업들은 경쟁 업체 대부분을 집어삼키고 해당 시장 점유율을 장악할 수 있다. 이자에 기초한 레버리지는 오늘날 서구 세계의 대부분에서 나타나는 사업의 대규모화 경향을 대체적으로 설명해 준다. 현재 영국 식료·잡화 업계의 75퍼센트 이상은 5개 대형 슈퍼마켓이 장악하고 있다. 50년 전만 해도 그 시장에서는 수천 개의 독립 소매 업체들이 경쟁을 벌이고 있었다. 영국 의류 부문의 경우, 많은 시내 중심가에서 도로시 퍼킨스, 버튼스, BHS, 미스 셀프리지, 탑맨, 탑숍 및 왈리스가 고객 경쟁을 벌이고 있긴 하지만, 이러한 자유 시장 자본주의의 낭만적 풍경은 좀처럼 눈에 띄지 않는다. 이 모든 상점을 전부 거느리는 인물은 소매 업계의 한 거물인 필립 그린으로, 그는 모나코에서 세금 한 푼 내지 않고 생활하고 있다. 건축 부문의 경우 이자에 기초한 레버리지의 결과들이 훨씬 더 극명하게 드러난다. 지난날의 아름다운 도시와 마을들은 거대 기업들과 은행의 모기지 담당 부서들의 건축 계획에서 양산된 특색 없는 주택 개발 단지로 변해 가고 있다. 주택은 공동체를 형성하기 위한 것이 아니라 수익을 뽑아내기 위한 수단이 되었다. 그리하여 한때는 건물 미화 쪽으로 활용되던 금융 자원이 지금은 소수 대기업들의 이자와 배당금 지불에 쓰이고 있다.

독립적인 개인 사업체들의 중요성이 하락하는 반면, 최저 임금 정도만 받으며 일하는 수많은 근로자들은 급격히 증가하고 있다. 이런 특징만으로도 고객 서비스와 일자리 만족도 측면에서 대단히 암울한 결과를 예측할 수 있다. 자기 사업체를 소유한 사람들은, 저임금을 받으며 일하고 성공의 열매를 공유하지 못하는 근로자들보다 고객 서비스와 일자리 만족도에 대해 훨씬 더 많은 신경을 쓰는 경향이 있기 때문이다. 통상적으로 현대 금융 자본주의의 승리를 선언하는 사람들 때문에, 영국의 수백만 노동자들 사이에서 나타난 도덕성의 하락은 경제 성과를 나타내는 주요 통계 수치 어디에도 드러나지 않는다.

위에서 거론한 일들은 이자에 기초한 금융 시스템하에서 나타나는 생활의 특징들 중 일부에 지나지 않는다. 우리는 굳이 이런 식으로 살아갈 필요가 없다. 하지만 내가 직장에서 경험한 사소한 사례 하나를 보면 우리가 왜 그렇게 살아가는지 어느 정도 이해할 수 있을 것이다. 몇 년 전 우리 회사는 영국에서 급진적이고 새로운 주택 마련 계획을 구상해 출시하는 일을 도왔다. 그 계획은 주택 마련 희망자와 금융 회사가 파트너가 되어 부동산을 함께 구매하는 파트너십 방식에 기초한 것이다. 그렇게 하면 주택 구매자는 임차인의 자격으로 직접 그곳에 들어가 살아도 되고, 아니면 제3자에게 부동산을 임대할 수도 있다. 양측 파트너들은 계약상의 비중에 맞게 임대 수익과 자본 이득(부동산 매각에 따른 수익) 혹은 부동산 가격 하락에 따른 손실을 나눠 갖고, 주택 구매자는 파트너인 금융 회사로부터 시장 가치에 맞춰 해당 부동산의 지분을 사들여도 된다. 이 방식대로라면, 주택 구매자는 자금을 빌린 적이 없으므로 채무 상태에 놓일 일이 없으며, 금융 회사의 부동산

지분을 굳이 매입할 필요도 없다. 이런 식의 주택 자금 마련 방식하에서는 〈역자산〉과 압류, 잠 못 이루는 불안한 밤들은 그저 과거의 일에 지나지 않게 될 것이다. 2005년 한 해 동안 런던에서 이 상품을 출시하면서, 우리는 그것이 가계 부채 축소를 위한 보다 광범위한 해결책의 일부가 될 수 있으리라는 희망을 품었다. 그런데 놀랍게도 영국 금융 관련 기관들의 침묵의 장벽에 맞닥뜨리고 말았다. 은행가, 법률가, 컨설턴트, 브로커, 부동산 중개인 모두 쉽게 확보할 수 있는 신용에만 관심을 보였고, 주택 자금 마련에 관한 대안적 모델을 도입하려는 낌새는 조금도 보이지 않았다. 부동산 업계에서 수익은 부채 축소가 아니라 대출 확대에서 비롯되고 있었기 때문이다. 신용 위기 발생에 가담한 사람들이 해결책을 모색하는 일을 맡아서는 안 되는 까닭은 바로 여기에 있다.

2009년 3월 말에 새롭게 창출된 수조 달러의 자금이 단 몇 개월 사이에 금융 산업으로 쏟아져 들어갔다. 이렇게 확대된 유동성에서 자금을 회수하는 일은 결코 쉽지 않을 것이고, 결국 역사적인 초인플레이션이 뒤따를 공산이 크다. 이러한 상황은 다시 서구 세계를 어딘가로 끌고 갈 것이고, 그곳은 독재와 전쟁에서 그리 멀지 않은 지점일 것이다. 이자에 기초한 화폐 시스템이 지속된다면 훨씬 더 심각한 위기가 초래되고, 다음 세대들이 엄청난 고통에 휩싸이는 결과를 낳게 될 것이다. 따라서 그 시스템을 새로운 것으로 대체하는 일은 우리 세대가 감당해야 할 중대한 투쟁이다.

현 시스템은 우리가 개혁할 수 있는 대상이 아니다. 그것은 타도해야 할 대상이다. 그러지 않으면 그것에게 우리가 타도당하게 될 것이기 때문이다.

자산
운용

You never stop growing.™

골드만삭스는······ 인류의 얼굴에 들러붙은 거대한
흡혈 오징어로, 돈 냄새가 나는 모든 곳에 그 흡혈 깔때기를
사정없이 쑤셔 넣는다. ─ 맷 타이비

교수님, 질문 있습니다!

로빈 후드 세를 부과하여
지금 흐름을
늦추어야 할까요?

Retiring well means different things
Which is why millions of mutual fund
help their dreams come true. **Talk to your financial advisor**

인도 뭄바이에 있는 공장에서 노동자들이 점심시간에 낮잠을 자고 있다.

교 수 님 , 질 문 있 습 니 다 !

교과 과정에
이슬람 경제학이 없는
이유는 뭐죠?

5.

현재의 인류

BI

새로운 과학의 탄생

생명
경제학

거기,
국외자이자
세상을
변화시킬 자에게
고함

NOMICS

500년 전, 프톨레마이오스의 천동설을 따르던 천문학자들은 밤하늘을 지나는 해와 달, 별들의 위치를 계산하느라 머리에 쥐가 날 지경이었다. 우리가 우주의 중심이 아님을, 태양이 지구 주위를 도는 것이 아니라 지구가 태양 주위를 도는 것임을 코페르니쿠스가 밝혀낸 뒤에야 천체의 복잡한 운행이 마법처럼 아귀가 맞아떨어졌다.

오늘날 경제학이라는 과학 분야에서도 오싹할 만큼 비슷한 현상이 벌어지고 있다. 경제학자와 일반인 할 것 없이, 인간의 화폐 경제가 지구 생물 경제의 일부이지 그 반대가 아님을 깨닫고 있다.

이러한 관점 전환은 모든 것을 바꾸고…… 새로운 눈으로 세상을 보고 사물의 가치를 달리 매기고…… 성장을 다시 생각하고…… 진보의 측정 방법을 재정의하게 한다. 무엇보다 국가, 기업, 개인이 전혀 새롭고 흥미진진한 경제 정책 대안을 추진할 수 있도록 기회를 준다.

경제적 사유의

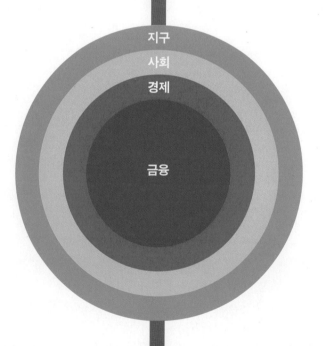

신고전파 패러다임　지구가 인간 경제의 하위 체계

지구
사회
경제
금융

코페르니쿠스적 전환

생태주의 패러다임   인간 경제가 지구 생물 경제의 부분 집합

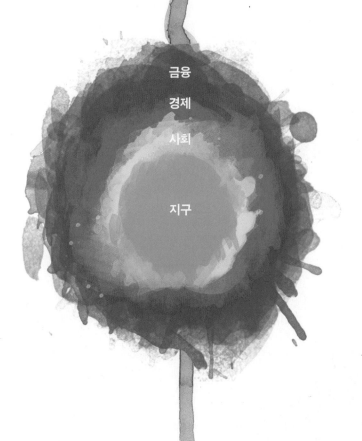

금융

경제

사회

지구

자연

네팔에서 사과꽃을 손으로
수분시키는 여인. 중국과 네팔의
국경 지대에 있는 마오신 주에서는
벌이 멸종하여 사과꽃을 사람들이
직접 손으로 수분시켜야 한다.
사과나무 100그루를 수분시키려면
20~25명이 필요한데, 벌은 벌집
두 통이면 충분하다.

자본

숱한 세월 동안 전염병, 기근, 홍수 등 온갖 가혹한 자연 현상을 이겨 낸 인류는 이처럼 큰 능력과 무한한 자원이 있으면 자연 세계에 종속되지 않고 인류 역사를 써내려 갈 수 있다는 확신을 굳혔다.

경제학은 이 급진적 세계관을 덥석 받아들였다. 인구와 기술력이 한계에 도달하자 자원이 고갈되지 않을까 하는 우려가 제기되었지만 경제학자들은 자유 시장 덕에 생산과 소비의 효율이 더욱 높아질 것이라고 자신 있게 예언했다. 자연은 인류의 발전 도상에서 걸림돌이 되지 못하리라는 얘기였다. 1970년대에 노벨 경제학상 수상자 로버트 솔로는 〈세상은 천연자원 없이도 굴러갈 수 있다〉고 주장했다(훗날 철회하기는 했지만 말이다). 심지어 지금도 대부분의 경제학 교과서에서 자연을 고려하지 않는다.

이제 경제학은 경제가 자연과 독립적으로 굴러간다고 우길 수 없다. 인류의 생태 발자국은 지구의 지탱 능력을 넘어섰다. 이러한 현상은 부자 나라에서 특히 두드러진다. 산업 경제는 숲, 지하수, 대기를 비롯한 천연자원을 깡그리 써버리며 겨우 연명하고 있다. 이런 식으로 계속할 수는 없다.

산업 혁명 때는 공장과 기계, 기타 인공 자본이 토지를 대신하여 부를 생산하는 주 원동력으로 올라섰지만, 이제는 〈자연 자본〉이 경제 발전의 필수 요소가 되었다. 이를테면 어획량이 감소하는 이유는 어선(인공 자본)이 모자라서가 아니라 물고기(자연 자본) 개체 수가 줄기 때문이다. 물고기가 번식하는 속도보다 현대의 어업 기술로 물고기를 잡아들이는 속도가 더 빠르니까. 지난 20년 동안 꿀벌 개체 수가 30퍼센트 감소했다. 개체 수가 이처럼 급감한 데는 아직 밝혀지지 않은 요인도 있지만 한 가지만은 분명하다. 농민들이 유독성 농약 사용을 늘리면서 이들의 작물을 수분(受粉)시켜 줄 바로 그 곤충의 생존이 위협받고 있는 것이다. 벌은 미국에서만 90여 종이 넘는 작물을 수분시키며 이를 화폐로 환산하면 연간 190억 달러에 달한다. 과학자들은 어떤 인공 자본(기술)도 벌을 대신하지 못할 것이라고 경고한다. 벌 개체 수가 감소하면 인류의 식량 공급 능력도 감소할 것이다. 지구가 지금 모습대로 살아남고 인류의 이야기가 계속되려면 자연 자본을 고려 대상에 넣어야 한다. 인류가 환경 위기를 맞은 이 순간, 우리는 자연 세계의 어마어마한 복잡성과 중요성 앞에서 겸손해져야 한다.

『2008 지구 환경 보고서』에서 수정 발췌

교 수 님 , 질 문 있 습 니 다 !

석유, 물고기, 숲, 광물 등 지구의 자연 자본을 팔아치우면서 이것을 소득이라 부르는 이유가 뭐죠? 이것은 지구의 살림을 맡은 자가 저지를 수 있는 가장 어리석은 잘못 아닙니까?

생태계 서비스

벌이 지구상에서 사라지면
인간은 그 뒤로 4년밖에 생존할 수 없다.
벌이 사라지면, 수분이 이루어지지 않고, 식물이 사라지고,
동물이 사라지고, 인간이 사라진다.

알베르트 아인슈타인

생태계의 생명 유지 장치가
작동하지 않으면
지구 경제가 멈춰 설 것이다

빗물을 실험실에서 한 방울 한 방울 만들어 낸다면 얼마짜리 가격표를 붙여야 할까? 자연이 공짜로 제공하는 폐기물 처리장이 없다면 사람들이 배출하는 쓰레기는 어디로 가야 할까? 벌이 순식간에 자취를 감추면 수많은 작물을 수분시키는 비용을 누가 부담해야 할까? 1990년대까지만 해도 이런 물음은 문화 연구, 환경주의자들의 선전, 자연을 노래한 시에서나 찾아볼 수 있었지 경제학의 관심사는 아니었다. 하지만 환경 경제학자 로버트 코스탄자의 연구가 모든 것을 바꾸었다.

1997년에 코스탄자와 버몬트 대학 건드 연구소 연구진은 「세계 생태계 서비스와 자연 자본의 가치The Value of the World's Ecosystem Services and Natural Capital」라는 기념비적 논문을 과학 학술지 『네이처』에 발표했다. 이들은 지구가 17가지 핵심 생태계 서비스(자연이 인류에게 선사하는 유익)를 공짜로 제공한다고 주장했다. 토양 생성, 기후 조절, 수질 개선, 식량 생산, 폐기물 처리, 영양소 순환, 원료, 유전 자원, 침식 억제, 여가 활동, 주거지 제공 등의 비용을 우리 호주머니에서 직접 내려면 수조 달러가 들 것이다.

코스탄자는 이렇게 말한다. 〈생태계 서비스가 세계 경제에 이바지하는 가치에 맞게 실제로 비용을 지불한다면 전 세계 가격 체계가 지금과 전혀 달라졌을 것이다.〉

코스탄자는 동료들과 함께 세계 곳곳의 환경 자료를 수집한 뒤에 지구 생태계 서비스의 가치를 33조 달러로 추산했다. 이는 당시 전 세계 GDP의 두 배에 해당했다. 더 중요한 사실은 생태계 서비스 항목이 세계 경제의 장부에 기

로버트 코스탄자

로버트 코스탄자는 포틀랜드 주립대학 〈지속 가능한 해법 연구소〉 교수다. 포틀랜드 대학에 부임하기 전에는 버몬트 대학 생태경제학과 건드 석좌 교수와 건드 생태경제학연구소 소장을 지냈다.

입되어 있지 않다는 사실이 부각되었다는 것이다. 코스탄자는 지구가 회사라면 〈우리는 틀림없이 최고 경영자를 해고했을 것〉이라고 재치 있게 말했다. 경제적 관점에서 볼 때, 이들 서비스가 중단되면 현대사에서 유례가 없는 금융 붕괴가 일어날 것이다.

코스탄자는 잘라 말한다. 〈생태계 서비스는 경제적 서비스와 인공 자본에 상응하는 정도로 상업적 시장에서 온전한 가치를 평가받거나 제대로 계량화되지 않기에, 정책을 결정할 때 별로 중요시되지 않는다. 이렇게 생태계 서비스를 무시하다가는 결국 생물권에서 인류의 생존 가능성이 낮아질지도 모른다.〉 환경주의자 중에는 자연을 계량화하면 천연자원의 상품화가 가속화될까 봐 우려하는 사람도 있다. 신고전파 진영의 반대론자들은 형이상학적 가치라면 몰라도 인간의 기술이 접목되기 전 상태에서 지구 체계는 무가치하며 환경 서비스를 경제적 서비스와 동일시하면 경제가 제대로 굴러가지 않을 것이라고 주장한다. 하지만 생태계 서비스 개념은 전 세계 학계와 재계에서 꾸준히 호응을 얻고 있다. 이제는 유엔환경계획 보고서에서도 생태계 서비스를 중요하게 언급하며, 개발 도상국이 열대 우림이나 강 유역처럼 지구에 꼭 필요한 생태 자본을 난개발하지 않도록 보조금을 지급하자는 정부 간 논의에서도 생태계 서비스를 근거로 내세운다. 지구의 가치를 평가하는 이 새로운 기준은 신생 학문인 생명 경제학의 핵심 개념이다.

대런 폴리트

한계초과

오스트레일리아 같은 부자 나라들에서는 소비와 자원 이용, 생태계 영향이 지속 가능한 수준을 훌쩍 넘었다. 이런 생활 방식을 모든 인류가 누리려다가는 지구가 한 세대도 버티지 못할 것이다. 하지만 거의 모든 나라가 선진국을 본떠 물질적 생활 수준, GDP, 생산, 소비, 투자, 교역을 최대한 늘리는 것을 지상 목표로 삼는다. 우리의 자살적 행위 중에서 자신을 파괴하는 주원인을 무턱대고 추구하는 것보다 더 위험한 것은 없다.

아래 통계를 보면 한계 초과가 얼마나 심각한지 실감할 수 있을 것이다.

● 50년 안에 세계 인구가 90억이 될 텐데 전 인류의 1인당 자원 사용량이 부자 나라들과 같아진다면 연간 자원 생산량은 지금의 약 8배가 되어야 할 것이다.

● 90억 인구가 미국식 식사를 한다면 약 4,500만 제곱킬로미터의 농지가 필요하지만 지구상의 전체 농지 면적은 1,400만 제곱킬로미터밖에 안 된다.

● 수자원이 희소해졌으며 그마저도 고갈되고 있다. 온실 효과 때문에 물이 줄어드는 상황에서 90억 인구가 부자 나라들처럼 물을 쓰려 들면 어떻게 될까?

● 전 세계 어업이 심각한 어려움에 처했으며 대부분 남획 때문에 물고기 개체 수가 줄었다. 90억 인구가 오스트레일리아 사람들만큼 물고기를 먹으려 들면 무슨 일이 일어날까?

● 갈륨, 인듐, 헬륨을 비롯한 광물과 기타 자원이 조만간 매우 희소해질 것이며 구리, 아연, 은, 인 등도 우려스러운 상태다.

● 석유와 가스는 머지않아 감소할 것이며 21세기 후반에는 대부분 고갈될 것이다. 90억 인구가 오스트레일리아 사람들만큼 석유를 소비한다면 수요가 지금의 약 5배로 증가할 것이다. 우리 사회가 액체 연료에 절대적으로 의존하는 상황에서 이는 매우 심각한 상황이다.

● 세계야생물기금의 최근 생태 발자국 분석에 따르면 오스트레일리아에서 한 사람에게 필요한 물과 에너지, 주거, 식량을 공급하기 위해서는 경작 가능 면적이 8만 제곱미터 필요하다. 따라서 90억 인구가 우리처럼 산다면 경작 가능 면적이 약 7억 2,000만 제곱킬로미터 필요할 것이다. 하지만 이는 지구상에서 경작 가능한 면적의 10배에 이르는 면적이다.

● 가장 골치 아픈 문제는 온실 효과다. 대기 중 탄소 농도가 위험 수준까지 올라가는 것을 막으려면 2050년까지, 어쩌면 2030년까지 이산화탄소 배출을 완전 중단해야 할 것이다. 탄소를 땅속에 격리하는 방법이 있지만, 발전소 같은 고정 오염원에서 배출하는 양의 50퍼센트 중에서도 약 85퍼센트밖에 포획하지 못한다.

이 같은 수치로 볼 때 부자 나라의 물질적 〈생활 수준〉이 총체적으로 지속 불가능하다는 사실은 명백하다. 우리가 살아가는 방식을 모든 사람이 공유하는 것은 불가능하다. 우리는 지속 가능한 자원 소비 수준을 약간 웃돈 것이 아니라 5~10배나 초과했다. 사람들은 한계 초과의 실상을 알지 못하기에 자원 소비를 얼마나 많이 감축해야 하는지도, 우리의 삶을 얼마나 긴축해야 하는지도 알지 못한다.

테드 트레이너

IS ECONOMIC PROGRESS KILLING THE PLANET

1968년 3월 18일. 대통령 선거 운동을 갓 시작한 로버트 케네디 상원의원이 캔자스 대학에서 연단에 올랐다. 케네디의 연설은 오늘날의 상황과도 꼭 들어맞으므로 길게 인용할 만한 가치가 있다.

진보를 다시 정의하다

데이비드 뱃커는 환경 단체 〈지구경제학〉의 수석 경제 자문 겸 집행이사다. 저명 경제학자 허먼 데일리 밑에서 대학원 과정을 마쳤으며 세계은행 훈련 부서에서 교육 업무를 맡았고 그린피스 인터내셔널에서 일했다.

존 드그래프는 독립 다큐멘터리 제작자다. 세 번의 에미상을 비롯하여 국내외에서 100여 차례 영화상을 받았다. 『소비 중독 바이러스 어플루엔자』를 공저했으며 미국의 과로와 시간 빈곤 현상을 해결하려는 〈자기 시간 돌려받기〉 운동을 펼치고 있다.

이 글은 최근에 출간된 책 『경제는 무슨 쓸모가 있을까?: 지금은 성장을 그만 좇고 행복을 추구할 때What's the Economy For, Anyway?: Why It's Time to Stop Chasing Growth and Start Pursuing Happiness』에서 발췌했다.

❝ 우리는 그저 물질적 부를 쌓느라 개인의 탁월함과 공동체의 가치를 저버린 지 오래입니다. 미국의 GNP는 연간 8,000억 달러를 넘지만, 여기에는 여러 가지가 포함됩니다. 대기 오염, 담배 광고, 고속도로에서 시신을 수습하는 구급차. 현관문에 다는 특수 자물쇠와 이 자물쇠를 부수는 사람을 가두는 감옥. 미국삼나무 벌목, 도시의 문어발 확장으로 인한 경이로운 자연의 유실. 네이팜탄, 핵탄두, 도시의 폭동을 진압하기 위한 경찰 장갑차. 텍사스 저격수 휘트먼의 소총, 연쇄 살인마 스펙의 나이프, 아이들에게 장난감을 팔려고 폭력을 조장하는 텔레비전 프로그램. 이것들은 모두 GNP에 합산됩니다. 하지만 다음은 포함되지 않습니다. 아이들의 건강, 교육의 질, 놀이의 즐거움. 시(詩)의 아름다움, 결혼의 힘, 대중 토론이 빚어 내는 집단 지성, 공직자의 청렴. 재치와 용기, 지혜와 배움, 공감과 애국심. 이것들은 하나도 GNP에 합산되지 않습니다. 한마디로 GNP에는 삶을 살아갈 만하게 만드는 것들을 제외한 모든 것이 포함됩니다. 이로부터, 우리가 미국인임을 자랑스럽게 여기는 이유를 제외하고 미국에 대해 모든 것을 알 수 있습니다. **❞**

고작 10주 뒤, 캘리포니아 민주당 대선 예비 경선에서 승리한 로버트 케네디 상원의원은 암살자의 총탄에 목숨을 잃었다. 그로부터 40년이 흐르는 동안 케네디가 두려움 없이 내디딘 길을 걸은 정치 지도자는 단 한 사람도 없었다. 그는 시대를 훌쩍 앞섰지만 무엇보다 GNP와 GDP에 주목했다. 두 기준에서는 삶을 비참하게 만드는 많은 것이 합산되고, 삶을 가치 있게 만드는 많은 것이 제외된다.

GDP에는 무엇이 포함되나?

GDP를 증가시키는 것을 몇 가지만 살펴보자.

오염. 지하수가 오염되어 수돗물보다 1,000배나 비싼 값을 치르고 생수를 사 먹어야 할 지경에 이르면 GDP가 증가한다. BP 딥워터 호라이즌 사의 멕시코 만 원유 유출 사고로 인한 막대한 정화 비용과 법률 비용은 이 원유를 휘발유와 디젤 등으로 정유하여 판매했을 때보다 GDP 증가에 훨씬 크게 기여할 것이다(20년 전에 일어난 엑손 발데즈 원유 유출 사고도 비슷한 효과가 있었다). 해변과 야생 동물에게서 원유 100달러어치를 제거하는 데 수만 달러가 들 수도 있다.

범죄. 도난 보험금이 지급되고 사람들이 도둑맞은 물건 대신 새 제품을 사면 GDP가 증가한다. 경보기와 방범창을 설치하고 경비원을 고용해도 GDP가 증가한다. 교도소를 신축·운영하는 등 범죄와 관련된 비용도 모두 GDP 증가에 기여한다. 하지만 진짜 살기 좋은 마을은 GDP가 높은 곳이 아니라 이런 방어적 지출이 필요 없는 곳이다. 따라서 범죄에 대비한 방어적 지출을 GDP에서 제외해야 한다. 아이오와 주립대학의 최근 연구에 따르면 살인의 사회적 비용이 1,725만 달러에 달한다고 한다.

건강 악화. 또 다른 〈방어적〉 지출로 갖가지 의료 비용이 있다. 이를테면 2006년에 미국에서는 담배가 3,500억 달러어치 이상 팔렸는데 이는 GDP를 증가시켰다. 같은 해에 미국에서 폐암을 치료하는 데 든 100

교 수 님 , 질 문 있 습 니 다 !

**진보를 어떻게 측정하나요? 우리가
앞으로 나아가는지 뒷걸음질 치는지
어떻게 알 수 있죠?**

억 달러 이상도 GDP 증가에 기여했다. GDP는 흡연 관련 암 치료 비용을 제외하기는커녕 밀 재배와 똑같은 긍정적 편익으로 취급한다.

가족 해체. 이혼은 가족에게는 불운일지 몰라도 GDP에는 행운이다. 이혼하는 데는 적어도 7,000달러에서 많게는 10만 달러의 비용이 든다. 여기에는 일반적으로 변호사 비용, 각자 주거를 마련하는 비용, (종종) 정신과 치료 비용 등이 포함된다.

부채, 압류, 파산. 국민과 정부가 빚을 너무 많이 내거나 개인 부채와 국가 부채가 지속 불가능한 수준까지 상승하면 GDP가 증가한다. 심지어 파산과 압류도 GDP에 계상된다. 법률 비용, 이사 비용, 주택과 재산 재구매 비용이 발생하기 때문이다. 2010년에 파산에 드는 평균 비용은 700~4,000달러였으며 그해 150만 명이 파산을 신청한 것으로 추산된다.

금융 상품과 거품 붕괴. 파생 상품이나 신용 부도 스와프 같은 신종 〈금융 상품〉은 전 세계 경기를 후퇴시킨 2008년 금융 위기의 근본 원인이었다. 이들 〈상품〉은 보험 회사와 투자 은행의 수입을 늘려 주기 때문에 GDP 증가에 매우 큰 효과가 있다. 하지만 서브프라임 모기지 패키지를 구매하려는 사람이 일시에 사라진 2008년 사례에서 보듯 상품의 가치가 순식간에 추락할 우려가 있다. 모기지 묶음 상품과 파생 상품 판매로 인한 수익이 거품을 형성하면서 금융 서비스는 GDP에서 가장 빠르게 성장하는 부문이 되었다. 하지만 이런 거품은 재앙의 전조로 여겨지기는커녕 대단한 경제적 성과로 칭송된다. AIG의 신용 부도 스와프 판매 수익은 2006년에 수억 달러로 급증했는데 이 덕분에 GDP가 증가했다. 2009년이 되자 AIG는 바로 그 신용 부도 스와프 때문에 610억 달러의 손실을 입었다. 미국 상무부 경제분석국조차 금융 상품을 이대로 내버려 두면 안 되겠다고 생각한다.

자원 고갈. 천연자원이 고갈되면 미래 세대가 대가를 치러야 한다. 하지만 자원 고갈은 GDP에 곧잘 긍정적으로 반영된다. 이를테면 전 세계 석유 매장량이 바닥나면 가스 가격이 상승하여 GDP가 증가한다. 소비자의 지갑은 홀쭉해지겠지만. GDP는 최종 시장 판매가의 상승이 자원 고갈 때문인지, 생산성 향상 때문인지, 시장 조작 때문인지 묻지 않는다. 휘발유 가격이 리터당 2,000원이면 리터당 1,000원일 때보다 GDP 증가에 두 배 기여한다. GDP가 증가했으니 박수를 쳐야 할까?

위험. GDP는 재난 비용이 발생할 위험을 감안하지 않는다. 원자력 발전소에서 전기를 판매하면 GDP가 증가한다. 후쿠시마 원전 사고의 피해를 최소화하거나 오염 물질을 제거하는 비용도 GDP에 계상된다. 플루토늄 같은 치명적인 방사성 동위 원소는 반감기가 매우 길기 때문에 미국 환경보호국에서는 방사성 폐기물을 100만 년 동안 안전하게 보관하도록 규정하고 있다.

이제 GDP에 포함되지 않는 것들을 살펴보자.

자연. 천연자원은 생산성이 가장 높은 여러 경제적 자산의 토대다. 이를테면 시애틀 주민의 식수는 시더 강 상류에 자리 잡은 숲에서 정화된다. 이 물의 수질은 음용수 기준을 훌쩍 뛰어넘는다. 이 덕에 정수장 건설 비용 2억 달러를 절약할 수 있었다. 이처럼 귀중한 천연 정수 서비스는 GDP에 계상되지 않는다. 하지만 정수장을 짓고 수돗물 요금을 올리면 GDP가 증가한다. 허리케인 피해를 입은 뉴올리언스에 제방을 쌓으면 GDP가 증가하지만, 자연 습지는 더 뛰어난 허리케인 대비책인데도 GDP와 무관하다. 물고기를 잡으려고 어선을 사면 GDP가 증가한다. 하지만 그 물고기가 살아가고 번식하는 서식지는 GDP에 포함되지 않는다. 자연이 인간에게 선사하는 명백한 경제적 재화와 용역은 GDP에 계상되지 않는다.

지속 가능성. GDP는 지속 가능성을 고려하지 않으며 GDP 증가에 기여하는 활동이 지속 가능한지 지속 불가능한지 구분하지 않는다. 대서양대구는 500년 넘도록 세계에서 가장 많이 잡히는 식용 어종이었지만, 수십 년 동안 남획한 탓에 씨가 말랐다. 지속 가능한 양만 잡는 것보다 한 해에 남획하는 것이 GDP에는 더 효과적이었다. GDP는 지속 불가능한 자멸적 어업과 이를테면 알래스카 연어잡이와 같은 지속 가능한 어업을 구분하지 못한다.

운동. 운동이 건강에 좋다는 건 상식이지만, 헬스장에 가든 뭘 하든 돈을 쓰지 않는 한 GDP를 증가시키지 않는다. 매일 산책하는 것은 건강에 좋은 일이지만, GDP의 관점에서는 시간 낭비에 지나지 않다.

인간관계. 인간관계는 우리가 건강하고 행복한 삶을 누리는 데 있어 가장 중요한 요소다. 하지만 돈을 쓰지 않는 한 친구와 가족도 시간 낭비다. 데이브와 존이 아들과 시간을 보내는 것은 GDP에 계상되지 않는다. 아이들에게 뭐라도 사주면 모를까. 그러면 GDP는 증가한다.

자원봉사. 자원봉사는 공동체를 하나로 묶어 주는 끈이며, 복지 예산이 줄어듦에 따라 중요성이 더 커질 것이다. 하지만 보수를 받지 않으므로 GDP와는 무관하다. GDP 관점에서는 이 또한 시간 낭비일 뿐이다.

집안 살림. 적어도 GDP의 관점에서 집안 살림은 중요하지 않다. 육아 도우미를 쓰면 GDP가 증가한다. 가정부를 써도 GDP가 증가한다. 정원사나 목수를 고용하면 GDP에 기여할 수 있다. 집안일을 직접 하는 것은 나라의 중요한 평가 척도에 이바지할 책무를 게을리하는 짓이다.

가격 효과와 수량 효과. GDP는 가격 효과와 수량 효과를 구분하지 않는다. 이를테면 기업이 두 배 비싼 가격에 자동차 한 대를 팔았을 때 GDP에 미치는 효과는 정상 가격으로 두 대를 판 것과 같다. 따라서 GDP는 원래 목적인 생산의 척도로서도 심각한 결함이 있다.

품질. GDP에 대한 해묵은 비판 중 하나는 품질을 반영하지 않는다는 것이다. GDP는 품질 개선을 반영하지 않기에, 품질이 낮고 값비싼 제품을 과대평가하고 품질과 성능이 뛰어난 제품을 과소평가한다. 성능이 뛰어나고 빠르고 값싼 컴퓨터보다는 성능이 낮고 느리고 값비싼 컴퓨터가 GDP 증가에 더 크게 기여한다. 그래서 미국 상무부 경제분석국은 최근에 컴퓨터와 소프트웨어를 비롯한 일부 제품의 품질 개선을 반영하도록 규정을 바꾸었다. 2011년에는 여기에 통신 기기를 더했다. 이를 위해 연방준비제도 이사회에서 계산한 품질 반영 가격 지수를 사용한다. 하지만 대다수 상품과 서비스의 경우 품질 개선은 생산자와 소비자에게 이로운데도 오히려 GDP를 감소시킨다.

꽉 막힌 도로에서 휘발유를 허비하고 배기가스에 콜록거리다 결국 주유소에 들러 기름을 넣어야 했다고 가정해 보자. 교통 체증은 GDP에 기여한 셈이 된다. 교통사고가 나서 차가 박살 나고 보험료가 인상되고 거기다 사고 때문에 심각한 교통 체증이 일어난다면 GDP는 훨씬 증가할 것이다. 부상을 입어서 몇 주 동안 입원해야 한다면 GDP는 더더욱 증가할 것이다. 그날 아침에 값비싼 이혼 수속을 밟고 저녁에 집이 화재로 내려앉아 법률 비용이 발생하고 보험금을 받고 가재도구를 새로 샀다면 GDP 관점에서는 최고의 하루일 것이다. 만세!

교 수 님 , 질 문 또 있 습 니 다 !

**경제학자들은 진보를 측정하는 법도
모르면서 대체 무슨 근거로 정부에
정책 조언을 하는 거죠?**

그대 몽유병자에게 고함

위장의 3분의 1은 음식으로 채우고 3분의 1은 물로 채우고
나머지 3분의 1은 비워 두라. — 이슬람 격언

장난감을 실은 컨테이너 하나를 홍콩에서 로스앤젤레스까지 운반하는 진짜 비용은 얼마일까? 뉴질랜드에서 재배한 사과 한 상자를 미국에 보내는 비용은? 부엌에서 하루 종일 돌아가는 냉장고, 석쇠에서 지글거리는 스테이크, 차고에 처박혀 있는 자동차의 진짜 비용은 얼마일까?

우리가 세계 시장에서 구입하는 사실상 모든 상품은 가격이 매우 저평가되어 있다. 환경 비용과 이에 따른 사회적 비용을 고려하지 않았기 때문이다. 대량 생산을 하면 단위 생산 비용을 부쩍 낮출 수 있지만, 건전하고 지속 가능한 미래를 위한 비용이 증가한다. 우리가 세계 시장에서 매일같이 상품을 구입할 때마다 비용은 늘어만 간다.

하지만 〈진짜 비용〉이라는 단순한 개념을 적용하면 어떻게 될까?

경제학자들이 〈외부 효과〉라며 대수롭지 않게 취급하는 생산물의 숨겨진 가격을 계산하여 합산해 보자. 그러면 세계 시장에서 팔리는 모든 상품의 가격이 생태적 진실을 말하도록 할 수 있다.

우선 비닐봉지, 종이컵, 냅킨 같은 사소한 물건부터 시작해 보자. 생태적 비용을 계산하는 것은 경제학자들에게 맡기고 — 이를테면 비닐봉지는 5센트, 종이컵은 10센트, 냅킨은 1센트라고 하자 — 이걸 원래 가격에 더하기만 하면 된다. 타이어나 페인트 통 같은 제품의 가격에 포함된 환경세도 같은 역할을 한다. 하지만 지금은 수수료나 세금 같은 부가적 개념이 아니라 참비용을 가격에 반영한다.

10년을 두고 단계적으로 참비용을 합산한다. 멕시코산 아보카도와 중국산 새우는 원거리 수송에 드는 진짜 비용을 반영하여 가격을 인상한다. 미국의 산업 농법과 식품 가공 시스템의 숨겨진 비용을 모두 추산하여 합산한다. 그러면 맥도날드 햄버거를 비롯한 육류, 유제품, 가공식품의 가격이 올라갈 것이다. 먹고 싶은 것은 무엇이든 먹어도 괜찮지만 진짜 비용을 지불해야 한다. 결국 미각이 지갑에 굴복할 것이다. 가공식품, 대규모 재배 식품, 수입 식품 가격이 올라가고 유기농 식품과 로컬 푸드 가격은 내려갈 것이다. 이제 장을 볼 때마다 조금씩 세계 식품 체계가 지속 가능성을 향해 움직인다.

이제 자동차를 운전하는 진짜 비용을 계산해 보자. 자동차가 내뿜는 탄소의 환경 비용, 도로를 건설하고 보수하는 비용, 교통사고로 인한 의료 비용, 도시 확장으로 인한 소음과 불쾌감, 심지어 주요 유전과 송유관을 보호하는 군사 비용까지 전부 합산한다. 자가용을 사려면 최소 1억 원, 휘발유 한 번 주유하려면 30만 원은 족히 들 것이다. 운전하고 싶으면 얼마든지 운전해도 괜찮지만, 미래 세대나 지구 반대편의 무고한 사람들에게 비용을 전가하지 않고 자신이 직접 부담해야 한다. 그러면 부자들만이 마음껏 사치를 누리는 세상이 아니라 그 반대의 세상이 될 것이다. 자동차와 비행기처럼 효율이 낮고 오염을 일으키는 운송 수단이 없어지면 이동 수단을 새로 마련해야 한다. 모노레일, 고속철, 지하철, 전차 등이 급증할 것이다. 자전거 도로와 인도, 차 없는 거리의 수요가 늘 것이다. 조금씩 도시 계획의 패러다임 전환이 일어나 도시의 삶이 달라질 것이다. 어느덧 도시는 자동차를 위한 공간이 아니라 사람을 위한 공간이 된다. 주차장이 사라진다. 공동 텃밭이 널리 보급된다.

참비용을 반영하여 가격을 매기는 일에는 만만치 않은, 겉보기에 난공불락인 문제가 가득하다. 성장 속도를 늦추고 교역량을 줄이고 소비를 삼가자는 주장은 기존 경제학자들이 보기에는 무시무시한 이단 개념이다. 명백한 진실이어서 거짓이어야만 하는. 우리는 산업 시대의 여명이 밝은 이후로 당연하게 여겨 왔던 경제적 공리를 모조리 새로 따져 봐야 한다. 이것은 인류가 지금껏 시행한 경제적, 사회적, 문화적 사업 중에서 가장 고통스러울 것이다. 하지만…… 〈모든 상품의 가격이 생태적 진실을 말하는 세계 시장〉이라는 개념은 단순하면서도 흡사 마법 같은 효력을 발휘한다. 이 개념은 상식적이고 정당하고 정치와 무관하다. 우리를 생태적 추락에서 건져 내어, 실패를 목전에 둔 지구별 실험을 제 궤도에 올려놓을 원대한 개념이다. 단, 우리가 동의하고 실천하고 집단적 자기 절제를 발휘하여 이를 유지한다면 말이다.

30분 교통 정체의
진짜 비용은 얼마일까?

꽉 막힌 도로에서 30분 동안 오도가도 못하는 경우의 생태적 비용은 얼마나 될까?
발이 묶인 채 하릴없이 태워 없앤 휘발유나 경유, 전기의 요금은 누가 내야 하나?
제 연료 탱크는 제가 채워야 한다고 생각하는 사람도 있겠지만, 그건 착각이다.
주차장이 된 도로에서 사람들이 허비한 시간은 전체 비용에서 빙산의 일각에
불과하다. 경제학 교과서에 실리지 않은 외부 효과의 예를 몇 가지만 들자면 탄소
배출, 환경 피해, 호흡기 질환, 도로 파손, 구급차 출동, 노동 생산성 저하, 산업 마비
등이 있다. 사회적 비용도 있다. 스웨덴에서 최근에 조사한 바에 따르면 출퇴근
시간이 45분 이상 걸리면 이혼할 가능성이 40퍼센트 높아진다고 한다. 출퇴근이
결혼 생활을 희생할 만한 가치가 있을까? 이혼을 감수할 만한 가치가 있을까?

DEPARTMENT OF MOTOR VEHICLES

ES 00367930 4

VIOLATION NOTICE

DATE OF INFRACTION	TIME OF INFRACTION	LOCATION OF INFRACTION
VEHICLE MAKE	VEHICLE LICENSE NO.	METER NO.
STREET ADDRESS	CITY	PROV/STATE

VEHICLE INFRACTION

This form of transport incurs economic costs on the city which have not been included in the retail price. Your operation of this vehicle makes you personally liable for the following:

Climate change	Conflict over oil
Depletion of non-renewable resources	Environmental clean up costs
Time wasted in gridlock	Hindering bicycle and pedestrian activities
Noise pollution	Smog-related health problems

THE FOLLOWING WAS USED TO CALCULATE YOUR FINE:

Average cost of an automobile if the social and environmental costs were added to the sticker price	$70,413 *
Average cost of a new automobile to consumer —	$28,050
YOUR FINE =	**$42,363**

THIS CAN BE PAID IN THE FOLLOWING FORM:
A) By switching to another mode of transport such as public transit or bicycle, you stop draining the municipality of much needed public funds; in this case, your fine will be waived.
B) By financially supporting organizations which attempt to redress the economic damages your form of transport incurs; in this case, your fine will be waived.

IF YOU DISPUTE THIS FINE, THE TRIAL WILL BE HELD IN YOUR OWN CONSCIENCE

NOTE: FAILURE TO CHANGE OUR TRANSPORTATION HABITS MAY SUBJECT US ALL TO A GRIM FUTURE

* Source: Victoria Transport Policy Institute, Comerica Bank.

Place under windshield wiper

ES 00376230 4

IMPORTANT: PLEASE READ CAREFULLY

Consider the man on horseback, and I have been a man on horseback for most of my life. Well, mostly he is a good man, but there is a change in him as soon as he mounts. Every man on horseback is an arrogant man, however gentle he may be on foot. The man in the automobile is one thousand times as dangerous. I tell you, it will engender absolute selfishness in mankind if the driving of automobiles becomes common. It will breed violence on a scale never seen before. It will mark the end of the family as we know it, the three or four generations living happily in one home. It will destroy the sense of neighborhood and the true sense of Nation. It will create giantized cankers of cities, false opulence of suburbs, ruinized countryside, and unhealthy conglomerations of specialized farming and manufacturing. It will make every man a tyrant.

– R.A. Lafferty

Mr.Lafferty's testimonial was written in the late nineteenth century. His views were considered alarmist and foolish in his day.

Place on an offending vehicle

DO NOT WRITE BELOW THIS LINE

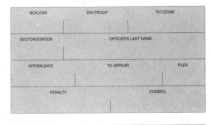

IF YOU DISPUTE THIS FINE, THE TRIAL WILL BE HELD IN YOUR OWN CONSCIENCE

오늘 꽉 막힌 도로에서 매연을 들이마시느라 내일을 희생하는 것이 옳을까?
이런 비용을 굳이 계산한 경제학자는 지금껏 손에 꼽을 정도다. 경제학의 가르침이
곧 신의 말씀으로 통하는 이 시대에, 내로라하는 경제학자들이 우리 사회 최악의
비효율에 대해 침묵하는 이유는 무엇인가? 한번 따져 보자. ……우리 생활 방식의
결과가 우리와 미래 세대에게 어떤 피해를 입히는지 생각해 보자. ……경제학자들이
기자 회견에 참석하거나 텔레비전 뉴스에 출연하여 금리와 다우존스 지수를
거들먹거리며 해설하기보다 총체적인 연구를 하도록 압력을 넣자.
이 모든 사회적, 경제적, 환경적 비용을 산출하면 우리는 무엇을 해야 하는지,
어떻게 살아야 하는지를 다른 각도에서 생각할 수 있으리라.

1컨테이너마일의
진짜 비용은 얼마일까?

포르투갈에서 화물선을 타고 바다를 건넌 뒤에 트럭으로
우리 동네까지 운반된 가로세로 8센티미터에 길이 25센티미터짜리
크래커 한 상자가 어떻게 1.5달러밖에 안 할 수 있을까?
가게 종업원에게 물어봤지만 그도 모른다고 했다.

만프레드 막스네프

IT'S PRETTY AMAZING THAT
OUR SOCIETY HAS REACHED A POINT
WHERE THE EFFORT NECESSARY TO

EXTRACT OIL FROM THE GROUND
SHIP IT TO A REFINERY
TURN IT INTO PLASTIC
SHAPE IT APPROPRIATELY
TRUCK IT TO A STORE
BUY IT AND BRING IT HOME

IS CONSIDERED TO BE LESS EFFORT THAN WHAT IT TAKES
TO JUST WASH THE SPOON WHEN YOU'RE DONE WITH IT

우리 사회는 밥 먹고 나서 숟가락을 씻는 것보다
땅속에서 석유를 뽑아내어 정유 공장에 운반하여 플라스틱으로 변환하고 적절히 성형하여 가게에
운송한 플라스틱 숟가락을 사서 쓰는 것이 더 효율적이라고 생각하는 놀라운 경지에 올랐다.

다음 세대
경제학자들의
과제

경제 활동에 들어가는 비용을 모두 계산하고 반영하여 모든 상품의 가격이 생태적 진실을 말하는 세계 시장을 만들어 내는 것.

RT

RCIAL

RE

6.

새로운 과학의 탄생

심리
경제학

약물에 의존하고 불안에 시달리는
자들에게 고함

정신 질환이 전염병처럼 세상을 휩쓸고 있다. 소비 자본주의가 근본 원인일까?
광고는 경제를 활성화하는 선의의 수단에 지나지 않는 것일까, 아니면 전 세계 광고
업계에서 해마다 지출하는 수조 달러가 우리의 경제적·정신적 안녕에 피해를 입히는
것일까? 끊임없이 쏟아지는 소음과 정서적 고문은 — 좋든 싫든 날마다 3,000개의
광고 메시지가 우리 뇌에 주입되고 있다 — 많은 사람들이 앓고 있는 불안, 기분 장애,
우울증의 원인일까? 당신네 교수는 뭐라고 하나?

바로 지금 경제학의 한복판에 서 있는 자는 완벽하게 돌아가는 시장에서
완벽하게 예측 가능한 선택을 하는, 즉〈합리적 효용 극대화를 추구하는 존재〉라
불리는 한 인간의 서글픈 패러디다. 이 피조물은 의기소침하지도, 오염 때문에
병에 걸리지도, 감정에 휘둘리지도, 꿈결을 헤매지도, 사랑에 빠지지도 않는다.
……하지만 진짜 인간은 그렇지 않다. ……우리는 변덕을 부리고 이타적 충동에
휩싸이고 정신 나간 짓을 한다. 우리는 도를 넘었을 때 죄책감을 느끼고, 일자리를
잃었을 때 의기소침하고, 해코지를 당했을 때 복수를 다짐한다. ……자신의 가치관이
기업과 맞지 않다며 제품을 사지 않는다. 곧잘〈합리적 자기 이익〉에 반하여 연민과
협력이라는 위업을 이루기도 한다. 하지만 이런 충동은 오늘날의 표준 모형에서
배제된다. ……신고전파 경제학이 과학으로서 일관성을 얻는 과정은 인간 본성을
닥치는 대로 잘라 내는 과정이었다.

하지만 요즘 들어 경제학과 타 학문 간의 교류가 활발히 이루어지고 있다.
그 목표는 경제학의 운전석에 피와 살을 가진 인간을 다시 앉히는 것이다. 이 분야
학자들은 완전한 합리성이라는 상아탑에서 내려와 심리학, 사회학, 인류학, 신화학,
신경 과학에서 영감을 얻고 정서, 인간관계, 공감, 종교, 도덕, 미덕 등의 신세계를
향해 아장아장 걸음을 떼기 시작했다. 이들〈심리 경제학자들〉은 길거리에서,
주코티 공원에서, 전 세계 빈민가에서 연구를 수행했다. ……이들은 배를 곯는 것이,
길거리에 나앉는 것이, 약 살 돈이 없어서 사랑하는 사람의 죽음을 지켜봐야 하는
것이 어떤 심정인지 안다. 위기에 처했을 때는 이기적 행동이 아닌 협력이야말로
생존의 열쇠라는 이들의 결론은 무릎을 탁 치게 한다. 이렇듯 중요한 탐구는 심리
경제학이라는 새로운 경제학으로 결실을 맺었다.

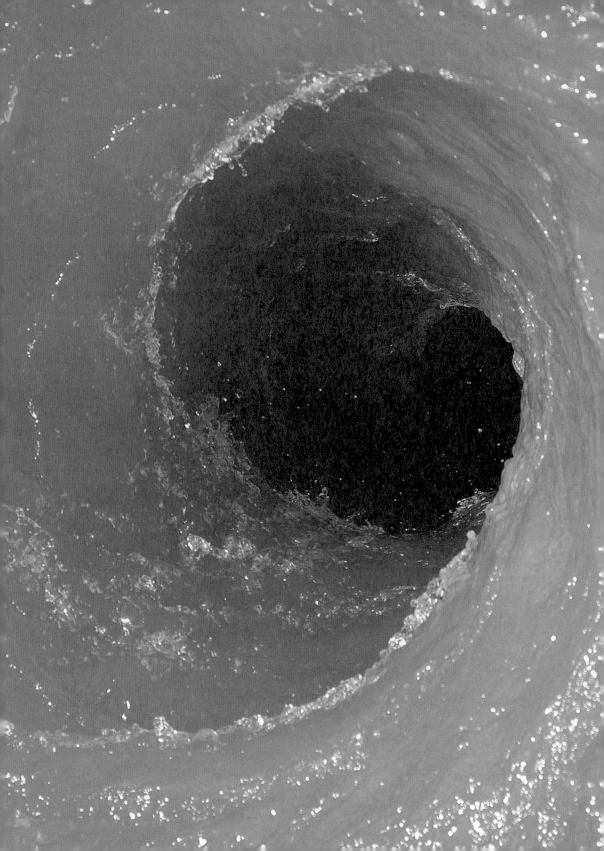

기후 변화는 끝없는 진보, 안정된 미래, 과학 기술로 자연
세계를 통치하는 능력 등 우리가 믿어 의심치 않던 모든
것을 공격하여 현대 인류의 정신을 떠받치는 기둥에
흠집을 낼 것이다. 그로 인하여 인류는 농업으로의 전환과
산업 사회의 등장 말고는 유례를 찾을 수 없는 심리적
충격에 휩싸일 것이다. 정신과 의사와 심리학자는 기후
변화에 대한 염려 때문에 생긴 정서적·심리적 스트레스에
대처하는 법을 알려 주고 있다. 하지만 〈미래를 낙관하라〉
따위의 처방이 성행하고 있음을 볼 때 정신 건강
전문가들은 지구 온난화의 위협이 얼마나 심각한지 아직
실감하지 못하는 듯하다. 사람들이 미래에 대한 확신과
삶에 대한 통제권을 잃어버림에 따라 머지않아 우울증,
위축, 공포 등의 정신 장애가 만연할 것이다.

기분 장애

클라이브 해밀턴, 『어떤 종을 위한 만가 Requiem for a Species』

장기와 연결된 동맥을 끊으면 장기가 죽는다. 사람의 삶과 연결된 자연의
흐름을 끊으면 정신이 죽는다. 간단한 이치.

스펙터클이 우리를
눈멀게 하고 매혹하고
결국 노예로 만든다.

침묵의 공간

날마다 접하는 광고의
평균 개수: **3,000개**

교수님, 질문 있습니다!

연간 1조 달러에 이르는
광고 산업을 경제학에서는
어떻게 반영하죠?

'가짜 이미지'를 생산하는 것은 자본주의의 필요조건이다!

1983년 캘빈클라인 광고에서 포즈를 취한 올림픽 장대높이뛰기 선수 토머스 인트나우스. 사진: 브루스 웨버.

1986	주요 미디어의 1인당 광고비 지출		2011
$276		미 국	$498
9¢		중 국	$22
$30		전 세 계	$67

당신은 하찮으니까요

이른바 〈선진국〉에 사는 모든 사람은
지극히 개인적인, 가히 파우스트적이라
할 만한 딜레마에 빠져 있다. 지구상에서
가장 발전했고 역동적이고 풍요로운
삶을 산들 항상 스트레스와 불안에
시달린다면 무슨 의미가 있겠는가?
풍요와 권력과 부를 얻는 대가로 영혼을
내준 것 아닐까? 수천 년 동안 생존을
위해 안간힘을 쓴 끝에, 위장에 난
구멍은 겨우 메웠지만 머리에서 새로운
구멍을 발견한 꼴 아닌가?

교수님, 질문 있습니다!

온 세상을 휩쓸고 있는
전염병인 정신 질환의
경제적 비용은 얼마인가요?

전화기에
〈손을 뻗어 만져〉*라고,
〈함께 있어〉**라고 말하는,

(어디에? 혼자서 망할 놈의 텔레비전 앞에?)

쥐새끼 같은 자본주의의 쓰레기 ―

이 사탕발림의 미사여구들이
그대를 인간 영혼의 안락사 장치에 끼워진 톱니바퀴,
뒤틀리고 진 빠지고 애처롭고 덜덜거리는
작은 톱니바퀴로 전락시킨다.

(〈영혼〉이라는 표현을 가지고 신학적으로 트집 잡지는 마시라!)

이들과 싸워야 한다 ―

방법은 친구를 만나되
소비하거나 생산하지 않고
우정을 즐기는 것이다 ―

그러면
오늘날 서구 사회에 스며든
가장 악랄한 음모 ―

그대를 살아 있는 시체로 만들어
인공 팔다리와 희소성 공포로 조종하려는 음모 ― 에

(당분간이나마)

승리를 거둘 수 있으리라.

하킴 베이

* 통신 회사 AT&T의 광고 캠페인. ** 노드키 화사 스테로노프의 광고 캠페인.

두려움

두려움은 자본주의 사회의 훈육 수단이다.
형편이 나빠질까 봐, 일자리가 있는 사람은 일자리를 잃을까 봐,
일자리가 없는 사람은 일자리를 영영 얻지 못할까 봐,
자녀의 처지가 자기보다 더 나빠질까 봐 많은 사람들이 두려워한다.
어떤 나라에서는 사람들이 건강 보험 혜택이나 퇴직 연금, 실업 수당을 못 받을까 봐 두려워한다.
많은 사람들이 — 특히 미국에서 — 어느 때든 길거리에 나앉을지 모른다는 두려움 속에서
하루하루 근근이 살아간다. 이와 동시에, 또한 비슷한 이유로 죄인에게 상을 주고 무고한 자에게
벌을 주는 부도덕한 규칙을 깨달은 사람들은 분노를 느낀다.
은행은 수조 달러를 수혈받았고 은행 최고 경영진은 공적 자금을 가지고
연봉과 보너스 잔치를 벌였다. 위기와 무관한 사람들은 두 가지를 빼앗겼다.
첫째, 카지노 자본주의가 붕괴하면서 상대적으로나마 누리던 경제적 안정을 빼앗겼다.
둘째, 자신과 후손들이 내는 세금은 공익이나 더 나은 삶을 위해서가 아니라
속속들이 썩어 빠진 체제를 부활시키는 데 쓰일 것이다.

수전 조지, 『누구의 위기인가, 누구의 미래인가?*Whose Crisis, Whose Future*』

남은 것은

친밀감

티머시 모턴

티머시 모턴은 객체 지향 존재론이라는
최근 철학 분야의 주요 사상가다.
『생태적 사유 The Ecological
Thought』, 『자연 없는 생태학 Ecology
without Nature』 등 9권을 저술했다.
블로그 주소는 ecologywithoutnature.
blogspot.com이다.

자연은 생산 과정의 처음이나 끝에 남는 무정형의 잔류물이다. 이용할 수 있는 것이거나 가치가 덧붙은 것이다. 어느 쪽이든 기본적으로 무정형이고 추상적이고 잿빛이다. 자연은 선충, 오랑우탄, 운석이나 암석층의 유기 화합물 등과 무관하다. 산꼭대기부터 마리아나 해구까지 샅샅이 누비고 다녀도 〈자연〉을 찾을 수 없다. 내가 〈자연〉을 꺾은 괄호로 묶은 것은 이 때문이다. 〈자연〉은 누군가 메워야 하는 텅 빈 범주라는 것을 독자가 알아주었으면 한다. 잿빛 덩어리.

자본주의는 봉건제를 무너뜨리면서, 신이 부여한 계급 질서 같은 전(前)봉건적 신화도 몰아냈다. 하지만 그러고는 스스로의 거대한 신화를 그 자리에 채워 넣었다. 자연 말이다. 자연은 자본주의적 노동 과정 이전에 존재하는 바로 그것이다. 마르틴 하이데거는 여기에 〈베스탄트Bestand〉, 즉 〈대기 중인 재고품〉이라는 꼭 알맞은 이름을 붙였다.

베스탄트는 〈물건stuff〉이라는 뜻이다. 〈펩시 마시면 물건(선물)을 드려요!〉라는 1990년대 광고의 그 〈물건〉 말이다. 자본주의적 생산에는 존재론적 함의가 있으니, 그것은 아리스토텔레스가 정의한 대로 엄밀한 의미에서의 물질주의다. 하지만 우습게도 이 물질주의는 온갖 특수성을 지닌 물질적 사물에 매혹되는 것이 아니다. 사물은 물건에 지나지 않는다. 아리스토텔레스의 물질주의 문제는 이러한 관점을 토대로 삼았다. 물질을 보거나 만져 본 사람이 있는가? 〈물건〉을 잡아 본 사람이 있는가? 물론 백화점의 산타클로스, 눈송이, 원자 사진 등을 비롯하여 사물을 본 적은 많을 것이다. 하지만 물질이나 물건 자체를 본 적이 있는가? 아리스토텔레스는 이를 동물원에서 원숭이나 쇠찌르레기 같은 특정한 동물이 아니라

〈동물〉을 찾으려는 것에 비유했다. 마르크스도 자본에 대해 똑같이 말했다. 〈어떤 상품이 상품들의 집합에서 배제 혹은 제외될 때, 그래서 그 상품이 모든 상품들의 일반적 등가물로 나타날 때, 그래서 마치 모든 실제 동물들과 나란히 전체 동물계의 개체적 육화로서의 대문자 동물Animal이 존재하는 것처럼 그것이 상품 자체의 직접적 구현으로 나타날 때 《확장된》 형태는 《일반적》 형태로 이행한다. 상업 자본주의에서 예를 들자면, 실제의 모든 향신료와 대비되는 《향신료》가 존재하는 것과 같다.〉 자연이 그러하듯 물건도 그러하다. 우리 시대의 가장 진보적인 물리 이론인 생태학과 양자역학은 물건에 대해 아무것도 밝혀 주지 못한다.

베스탄트는 무엇인가? 베스탄트는 쌓아두는 행위를 뜻한다. 엄청나게 매장되어 뽑아내 주기를 기다리는 석유. 줄지어 늘어서서 들어와 살아 주기를 기다리는 거대한 연립 주택. 채워지기를 기다리는 메모리. 쌓아 두기는 일종의 액어법이다. 차량이 빠져나간 휑한 주차장, 맞은편 상대방의 손을 잡을 수 없을 만큼 넓은 식탁, 황량한 풀밭. 자연은 쌓는다. 저 멀리 어렴풋이 첩첩 쌓인 산. 핵폭탄 뇌관 제조 공장인 로키플래츠가 들어선 부지는 바로 이렇게 쌓인 산을 활용하기 위한 곳이었다. 이렇듯 섬뜩하도록 낯선 풍경은 〈저 너머〉에 〈자연〉이 존재한다는, 그러니까 기술이나 역사와 동떨어져 존재한다는 통념에 의문을 제기한다. 이 통념은 진실과 거리가 멀다. 자연은 쌓인 것을 쌓은 것이다.

그리하여 다시 묻노니 〈지속 가능성〉의 〈지속〉은 정확히 무엇을 지속한다는 말인가? 한쪽 끝에서 잿빛 덩어리를 흡입하고 다른 쪽 끝에서 잿빛 가치를 배출하는 이 체계는 본질적으로 통제 불가능하다. 잿빛 덩어리는 〈자연〉의 덩어리요,

잿빛 가치는 〈자연〉의 가치다. 그래서 어떻게
되었나? 관성의 산맥이 해마다 쌓이고 사람들은
불확실의 고통에 속이 타들어간다. 다큐멘터리
영화 「버틴스키와 산업 사회의 초상Manufactured
Landscapes」에서는 중국 어느 곳에 쌓인 전화
다이얼의 바다를 보여 준다. 바로 이 순간 그곳에
놓인 진짜 바다.

사회는 철학을 구체화한 것이다. 사실 근대성의
속성은 단순한 도구성보다 훨씬 더 나쁘다.
여기에서 우리는 하이데거와 결별한다. 〈더 나쁜〉
것은 본질이 어떤 구체적인 존재와도 동떨어진 채
저 너머에 있다는 것이다. 이 점에서 자본주의는
그 자체로 하이데거적이다! 이것을 과학주의라
부르든, 해체라 부르든, 관계론이라 부르든,
고색창연한 플라톤식 형상이라 부르든, 존재하는
것에는 본질이 없다. 〈저 너머〉는 그 자체가
존재하지 않거나(해체, 허무주의) 〈여기〉와 동떨어진
일종의 실재다. 그렇다면 문제는 본질주의가
아니라 〈너머〉라는 개념 자체다. 석유 회사 BP의 전
최고 경영자 토니 헤이워드가 한 말을 생각해 보자.
헤이워드는 드넓은 멕시코 만에 비하면 유출된
석유는 새 발의 피라고 말했다. 환경 오염 사고가
일어나도 자연이 거뜬히 오염을 흡수하리라는
뜻이다. 원유 유출 면적이 훨씬 넓었다면
헤이워드도 문제를 시인할 수밖에 없었으리라는
식으로 트집 잡고 싶지는 않다. 다만 헤이워드의
말에 담긴 형이상학을 지적하고 싶다. 이것을
우리는 〈자본주의적 본질주의〉라 부를 수 있을
것이다. 실재의 본질은 자본과 〈자연〉이다. 둘 다
천상 저 너머에 존재한다. 그리고 우리가 살아가는
이곳에는 유출된 원유가 있다. 하지만 걱정하지
말라. 〈저 너머〉가 알아서 해결할 테니까.

그나저나 〈자연〉에도 불구하고, 잿빛

덩어리에도 불구하고 실제의 사물들은 몸부림치며
서로 부딪친다. 어떤 것은 뛰쳐나간다. 산업이
제대로 돌아가지 않아서, 또는 너무 잘 돌아가서.
고대의 저장고에서 쏟아져 나온 석유가 멕시코
만을 덮친다. 플루토늄은 감마선을 2만 4,000년
동안 내뿜는다. 거대한 폭풍우로부터 형성된
허리케인은 화석 연료를 태워 발생한 열을
흡수하여 덩치를 키운다. 전화 다이얼의 바다는
더더욱 넓어진다. 역설적으로, 자본주의는 수많은
사물을 쏟아 내며 온갖 전율과 빛나는 장관을
연출했다. 관념론의 200년, 인간을 존재의 중심으로
본 200년을 거쳐 이제는 사물이 반격에 나섰다.
무시무시하리만치 거대하고 고색창연하고 오래
묵었고 오싹하리만치 미세하고 우리 몸의 모든
세포에 침투하는 사물이.

현대를 살아가는 우리는 아래 둘 중 하나를
선택해야 한다. 1) 사물의 본질은 다른 곳(자본,
무의식, 존재의 심층 구조)에 있다. 2) 본질 따위는
없다(행성 지구가 지금 큰 곤경에 처한 한 가지 이유는 답이
명쾌하지 않아서다. 이건 마치 회갈색과 갈회색 중 하나를
선택하는 꼴이니까). 그래서 여기 제3의 답안이 있다.
3) 본질은 존재한다. 바로 여기, 아직 회수되지 않은
감각적 성질로 찬란히 빛나는 사물 속에 있다.

그래서 나는 우리가 학문의 새로운 시대에
들어서고 있다고 믿는다. 이제는 연필의 존재의
빛의 제거의 열림의 주어짐의 흔적에 매달려
서로 앞지르려 들지 않을 것이다. 지난날의
〈메타 형식〉을 돌아보면 적어도 우리가 사물의
기묘함을 가지고 속력을 높였음을 알 수 있다.
진화론과 생태학, 상대성 이론, 양자 역학 모두가
이 기묘함을 이야기한다. 이 기묘함은 사물 자체에
있지 우리의 해석에 있지 않다.

변기 물을 내리면서 우리는 배수관이 똥오줌을

어떤 존재론적 외계로 가져간다고 상상한다. 그런데 생태학은 엉뚱하게도 존재론적 배수관이 없는 평평한 세계를 이야기한다. 이 세계에는 〈사라짐〉이 없다. 그렇다면 〈자본주의에서는 단단한 모든 것이 녹아 증발한다〉는 『공산당 선언』의 주장은 틀렸다. 마르크스는 내가 〈초객체〉라 부르는 초단단함이 어떻게 자본주의의 텅 빈 공간으로 스며드는지 간파하지 못했다. 이 스며드는 실재는 복귀하여 더는 무시할 수 없다. 유출된 원유가 〈사라져 잊힌〉 것으로 간주될 때조차…… 보라! 저기 있지 않은가! 저기 해수면 바로 밑에는 길고 긴 기름띠가, 해저 위로는 넓고 넓은 기름막이 떠다니지 않는가. 우주적 배수관은 더는 존재하지 않는다. 사라져 잊히는 것은 불가능하다. 이제는 ABC 뉴스도 그 사실을 안다.

〈지속 가능성〉이라는 소리가 들리면 나는 자외선 차단제를 찾는다.

세상의 종말

영화 「매트릭스」에서 네오가 거울을 만지자 거울이 손에 달라붙더니, 빛을 반사하던 표면이 순식간에 찐득찐득한 물질로 변한다. 사물의 모습을 반사하는 데 쓰던 바로 그 물체가 방 안의 희미한 불빛 아래에서 독자적인 물질로, 기름처럼 시커먼 액체로 바뀐다. 그리고 네오는 빨간 알약을 삼킨다. 이 장면에 대한 일반적 해석은 네오의 실재가 녹는다는 것이다. 하지만 끈적끈적하고 기름 같은 거울의 차원에서 보면 이에 못지않게 설득력 있는 해석이 가능하다. 녹는 것은 실재가 아니라 주체다. 사물을 반사하는 바로 그 능력, 거울에 비친 제 모습을 보는 누군가처럼 세계와 분리된 주체. 그는 존재론적 반사 유리판을

통해 거울과 떨어진 주체다. 끈적끈적한 거울은 현상학에서 〈솔직함〉 또는 〈성실함〉이라고 부르는 것의 진실을 드러낸다(여기서 나는 오르테가 이 가세트, 레비나스, 그레이엄 하먼의 작업을 염두에 두고 있다). 객체는 그것에 대해 무엇을 알든, 어떻게 알든 그곳에 존재하며 없애 버릴 수 없다는 의미에서의 존재 자체다. 아이러니의 한가운데에 아이러니한 그대가 존재한다. 거울조차 무엇을 반사하든 거울 자체다. 실재는 솔직하고 성실하게 기름막처럼 우리를 감싼다. 거울은 물질이, 객체가 된다. 네오는 거울이 더는 자신의 이미지를 근사하고 미학적으로 관리 가능한 방식으로 떨어뜨려 놓지 않고 자신에게 들러붙는다는 사실을 깨달았다. 이와 마찬가지로 초객체는 리셋 버튼을 눌러 성실함을 켠다.

기름처럼 녹아내리는 거울의 아름다운 가역성은 지구 온난화 시대에 일어나는 현상을 상기시킨다. 이는 바로 초객체 때문이다. 실재가 녹고 초객체가 ─ 우리에게 달라붙은, 우리 자신인 초객체가 ─ 불가항력적으로 존재하는 현상이 동시에 일어난다. 그리스 사람들은 이를 미아스마miasma, 즉 〈손에 피를 묻힌 죄가 자신에게 달라붙는 것〉이라 일컬었다.

그런데 왜 객체인가, 왜 지금인가? 철학자 그레이엄 하먼은 객체가 철수하여 복귀하지 못하기에 객체에 더 가까이 다가갈 수조차 없다고 말한다. 이는 인류가 생태적 위기에 접어들면서 더 뚜렷해진다. 〈우리는 얼마나 깊이 들어섰는가?〉 이 불안은 초객체의 출현을 알리는 징후다. 객체에 접근하면 더 많은 객체가 출현한다. 키티움의 제논처럼 꿈속에 있는 듯한 기분이다. 이 기묘한 역설은 우리가 생태 위기의 시대에 진입함에 따라 더욱 뚜렷해진다. 〈위기는 시작되었는가? 우리는 얼마나 깊이 들어섰는가?〉 우리가 이 물음을

입에 올리는 것은 바로 우리가 그 속에 들어 있기 때문이다. 바로 위기가 시작되었기 때문이다.

2010년 11월. 정류장에서 버스를 기다리는데 누군가 걸어온다. 그녀가 말한다. 「날씨 좋지 않아요?」

나는 잠시 머뭇거리며 이 인사가 최근의 지구 온난화 소식에서 나의 관심을 돌리려는 수작이 아닌지 의심한다. 그렇지 않다고 판단하고는 〈좋네요〉라고 대답한다. 하지만 이 대답에는 감춘 것이 있다. 나는 이 더위와 습기가 지구 온난화 때문이 아닌지 우려하기에 내가 보기에 오늘 날씨가 그다지 좋지 않다는 인식을 숨기려 한다. 이것은 어조에 드러날 수도 있고 드러나지 않을 수도 있다.

그녀가 말한다. 「근데 말이에요.」 내가 생각한다. 〈이런, 올 것이 왔군.〉 「지난주는 날씨 이상하지 않았어요? 지구 온난화 때문인 것 같아요.」

요즘은 누구나 이런 대화를 나눈다. 9·11 테러가 일어난 직후, 커터칼이나 흰 가루처럼 우리가 평소에 관심을 두지 않던 객체가 무지막지하게 중요한 의미를 얻었다. 마찬가지로 지구 온난화 시대에 날씨는 낯선 사람과 말문을 트는 무난한 대화 주제였으나 ─ 로만 야콥슨은 이를 언어의 〈친교적phatic〉 기능이라 일컬었다 ─ 이제는 으스스한 분위기를 자아낸다.

일단 날씨 얘기를 꺼냈으면 언젠가는 누군가가 지구 온난화를 언급하고야 만다. 설사 아무도 언급하지 않더라도, 온난화는 일식의 가장자리에 드리운 먹구름처럼 대화의 분위기를 짓누를 것이다.

일상적인 수사법의 실패, 깨진 망치처럼 산산히 부서진 채 널린 대화의 잔해는 ─ 날씨 얘기를 하지 않을 수는 없는 노릇이니 ─ 인간의 지각에서 훨씬

넓고 깊은 존재론적 전환이 일어났음을 보여 주는 징후다. 이것은 다시 우리의 존재론적 도구가 부적 업그레이드되었음을 보여 주는 징후다. 매킨토시 컴퓨터에서 무지개색의 작은 원이 돌고 또 도는 것을 멍하니 지켜본 사람은 누구나 알겠지만, 업그레이드가 항상 즐거운 것은 아니다. 우리 자신을 업그레이드 과정에 적응시키고 이 과정을 설명해 주는 것은 바로 우리 같은 인문학자들이 할 일이다.

업그레이드 과정이란 무엇인가? 한마디로, 우리가 세계(이를테면 〈자연〉이라 부를 수 있는 것) 〈안〉에서 살아간다는 생각은, 향수로서 또는 일시적으로 유용한 탄원의 방언으로서의 의미를 제외하면 더는 의미를 가질 수 없다. 우리는 어떤 종이 남획되어 멸종하기를 바라지 않기에 입법 당국을 설득하려고 〈자연〉의 언어를 사용한다. 우리는 권태감과 불쾌감을 예사로 느끼며, 호빗의 세계 같은 곳에서 살아가는 꿈을 꾼다. 이 증후군은 산업 혁명이 영향력을 발휘하기 시작한 뒤로 지금까지 사라지지 않았다.

하지만 산업 혁명의 결과로 훨씬 크고 더 위협적인 것이 우리의 지평선에 어른거리고 있다. 그것은 우리의 지평선을, 실은 모든 지평선을 없애 버릴 것이다. 우리 모두 귀가 닳도록 들어 알고 있듯이, 화석 연료를 무턱대고 태운 결과인 지구 온난화는 기상의 지위를 돌변시켰다. 왜 그랬을까? 세계 자체가, 세계에 대한 어떤 개념이 아니라 온 세계가 증발했기 때문이다. 우리는 그런 세계가 애초에 없었음을 깨닫는 중인지도 모른다.

세계를 〈실체〉와 〈우연적인 것〉(또는 부수적인 것)으로 나누는 아리스토텔레스의 고색창연한 관점에서 설명할 수도 있다. 다들 알겠지만, 실재론자 아리스토텔레스는 실체가 자신의

실체성에 본질적이지 않은 여러 속성을 우연히 가진다고 생각했다. 『형이상학』 6권 2장에서는 실체와 우연적인 것의 차이를 설명한다. 기후 변화가 한 일은 날씨를 우연적인 것에서 실체적인 것으로 바꾼 것이다. 아리스토텔레스는 이렇게 말한다.

예컨대 삼복 때 겨울 날씨와 추위가 닥치면 이것은 우연적인 일이라고 말하지만, 그때 폭염과 더위가 닥치면 그렇게 말하지 않는데, 그 가운데 하나는 항상 또는 대다수의 경우에 그런 반면, 다른 하나는 둘 중 어느 것도 아니기 때문이다.

하지만 이런 급격한 변화야말로 지구 온난화가 예견하는 바로 그 현상이다. 따라서 모든 기상 현상(우연적인 것)은 지구 온난화라는 실체의 잠재적 징후가 된다. 그러므로 내 머리에 떨어지는 이 축축한 물질은 맨눈으로 볼 수 없는 훨씬 불길한 현상의 속성에 불과하다. 이것을 실시간으로 모델링하려면 테라바이트급 메모리와 엄청난 처리 속도가 필요하다(기후 모델링은 2008년 봄에야 성공했다).
그런데 아리스토텔레스의 추운 여름에는 더 난감한 문제가 있다. 추운 여름이 어떻게든 계속되어 이것을 지구 온난화의 징후로 모델링할 수 있다면 순수하고 유의미한(우리 인간에게는) 찌는 여름이라는 것은 존재하지 않았던 셈이 된다. 장기간의 혹서는 2~3천 년 동안 반복되었기에 실재처럼 보였을 뿐이다. 달리 말하자면 지구 온난화는 매우 교묘한 수를 쓴다. 지구 온난화는 우리가 〈믿을 수 있는 세상〉이라고 여긴 것이 실은 반복적 패턴에 지나지 않았음을, 햇빛과 습기 같은 자연력의 충돌에 불과함을 폭로한다. 그런데 우리 인간은 이런 현상이 주기적으로

일어날 것이라 기대하여 〈복중〉 따위의 이름을 붙인다. 날씨를 실재로 여긴 것이다. 하지만 지구 온난화 시대에 우리는 날씨를 우연적인 것으로, 더 암울하고 더 동떨어진 〈기후〉의 모사로 여긴다. 하먼은 〈세계〉가 언제나 〈눈앞에 있다〉고, 실제 사물을 모방한 것에 불과하다고 주장한다. 벤저민 프랭클린을 비롯한 낭만주의 시대 사람들이 발견한 것은 실은 날씨가 아니라 이 실제 사물의 장난감 버전이었다. 아이러니하게도 이 장난감이 실재로 통하는 문을 열기 시작했다.
이상한 기상 패턴과 탄소 배출을 목격한 과학자들은 처음에는 국지적 의미밖에 없는 것 같았던 현상을 면밀히 관찰하기 시작했다. 이 현상은 기후의 고전적 정의다. 페루에도 기후가 있고 롱아일랜드에도 기후가 있다. 하지만 기후 일반, 즉 기상 현상에서 파생된 것들의 총체로서의 기후는 — 관성이 속력에서 파생된 것과 마찬가지로 — 날씨, 과학자, 위성, 정부 기관 등의 공동 노력으로 새로이 인식된 짐승이다. 태양도 이 짐승에 포함된다. 태양의 적외선 열이 이산화탄소 같은 기체에 포획되어 생기는 것이 온실 효과이기 때문이다. 따라서 지구 온난화는 지구 대기 밖의 존재들을 포함하는 거대한 존재이면서도 우리에게 지금 당장 직접적으로 영향을 미친다. 지구 온난화는 내가 〈초객체〉라 부르는 것의 좋은 예다. 초객체는 시공간에 대규모로 분포하며 객체가 무엇인지에 대한 우리의 통념을 급진적으로 바꿔 놓는 객체를 일컫는다. 그 범위는 지구의 전체 표면을 포괄하며, 대부분의 영향은 앞으로 500년까지도 지속된다. 1510년의 삶이 어땠는지 기억하는가?
우리는 생물체를 디디며 걷고 있다. 우리의 자동차는 생물체 위를 굴러간다. 지구의 지각에

새의
노랫소리를
들으면

우울한
마음이 가시고
기쁨이
찾아온다.

함유된 철은 박테리아의 배설물이 온 땅에 퍼진 것이다. 우리 허파의 산소는 박테리아가 내뿜은 가스다. 석유는 수백만 년 전에 암석과 조류(藻類)와 플랑크톤이 비밀리에 공모하여 만들어 낸 물질이다. 석유를 보는 것은 곧 과거를 보는 것이다. 초객체는 시간상으로 드넓게 퍼져 있기에 마음속에 담아 두기가 거의 불가능하다. 초객체는 생명체와 복잡하게 얽혀 있다.

오싹하게도, 우리가 지구 온난화를 발견하는 것은 지구 온난화가 이미 여기에 닥쳤을 때다. 이것은 마치 슬로 모션 비디오에서 핵폭탄의 버섯구름이 점차 팽창하는 와중에 자신이 일상 업무를 수행하고 있었다는 사실을 깨닫는 것과 같다. 우리가 놀라움에 입을 벌리는 몇 초 동안, 그동안 깔끔하고 매끈한 작은 세상에 살고 있었다는 환상이 녹아 사라진다. 이런 관점에서 보면 〈세상의 종말〉에 대한 이 모든 종말론적 서사는 해법의 일부가 아니라 문제의 일부다. 운명의 시간을 가상의 미래로 연기함으로써 이 서사는 생태적, 사회적, 심리적 공간에 침투한 실제 사물에 대항하는 백신을 우리에게 접종한다.

여기에 배경이 없다면 — 중립적이고 지엽적인 날씨 무대가 아니라 매우 뚜렷하고 주목받고 공론에 회부되는 기후라면 — 전경도 없다. 배경은 전경이 있어야 존재할 수 있다. 따라서 기상 현상을 지구 온난화에 대한 자각의 일환으로 전경에 끌어내면 전경이라는 것이 아예 존재하지 않음을 점차 깨닫게 되는 기묘한 결과가 도출된다. 이를테면 안전한 굴에 틀어박힌 작은 호빗처럼 우리가 현상학적 생활 세계에 자리 잡고 있다는 통념은 허구로 드러났다. 우주적 의미를 해명하는 사람(이를테면 하이데거의 〈현존재〉)이라며 자신에게 부여한 특별함은 산산조각 났다. 전경과 배경을

구분할 수 없는 세계에서는 의미 있음이 도무지 불가능하기 때문이다. 세계는 지평이 필요하고, 지평은 배경이 필요하고, 배경은 전경이 필요하다. 우리가 모든 곳을 볼 수 있을 때, 구글 어스로 런던에 있는 어머니네 연못의 물고기를 찾을 수 있을 때, 의미와 테두리와 지평을 가진 존재로서의 세계는 사라진다. 우리에게 세계가 없는 것은 배경으로서 보이지 않는 풍경 역할을 하던 사물이 소멸했기 때문이다.

세계는 일종의 흐릿함과 미적 거리에 기반한 미적 효과인 것으로 판명된다. 이 흐릿함은 사물에 대한 존재의 무지에서 비롯한다. 사물이 의미가 투사되는 스크린 노릇을 할 수 있는 것은 무지 상태일 때뿐이다.

〈저녁 하늘이 붉으면 양치기가 기뻐한다〉라는 속담은 양치기들이 세계에서 살아가던, 붉은 노을 같은 사건이 일어나는 지평으로 테두리 쳐진 세계에서 살아가던 때를 상기시킨다. 해는 지고 다시 떠오른다. 물론 지금은 그렇지 않다는 것을 안다. 갈릴레오와 코페르니쿠스가 그 우주관에 커다란 구멍을 냈으니 말이다. 마찬가지로 사람들이 기후에 대해 알게 되면 날씨는 훨씬 거대한 현상을 단순히 국지적으로 표상하는 얇고 피상적인 겉모습이 된다. 기후는 볼 수도 냄새 맡을 수도 없다. 뇌의 처리 용량을 감안하면 기후에 대해 구체적으로 생각할 수조차 없다. 그렇더라도 우리가 아직 세계에, 오로지 메이저 업그레이드 된 세계에 살고 있다고 말할 수 있으리라. 그렇긴 하지만, 이제 세계의 의미가 예전보다 훨씬 덜 중요해졌다. 〈인간에게 중요한〉 것도, 심지어 〈의식 있는 존재에게 중요한〉 것도 의미하지 않게 된 것이다.

세계가 미적 현상임은 간단한 실험으로

명쾌하게 입증할 수 있다. 일명 〈반지의 제왕
대 볼파퍼〉 실험이다. 이 실험을 하려면 피터
잭슨 감독의 영화 「반지의 제왕」 3부작 중 2부가
필요하다. 해즈브로에서 만든 장난감 플레이스쿨
비지볼파퍼도 준비해야 한다.

이제 내가 공포의 절대 극한으로 손꼽는 장면을
틀 차례다. 파라미르에게 사로잡힌 프로도가
폐허가 된 도시 오스길리아스를 비틀거리며
걷다가 용을 닮은 무시무시한 괴물 위에 올라탄
나즈굴(반지의 정령)의 공격을 받는 장면이다.

볼파퍼 스위치를 올린다. 그 순간, 당신은
볼파퍼에서 들리는 바보 같은 노래 때문에 피터
잭슨의 서사 세계가 지닌 일관성이 와르르
무너지는 것을 목격할 것이다.

세계라는 관념은 온갖 종류의 무드 조명과
무드 음악에 좌우된다. 이러한 미적 효과는
본질상 그 속에 철저하고 우스꽝스러운 무의미의
씨앗을 담고 있다. 이 무의미의 흔적을 지우는
것이야말로 바그너적인 진지한 세계 구축의
임무다. 잭슨의 3부작은 틀림없이 바그너적이다.
이 게잠트쿤스트베르크Gesamtkunstwerk, 즉 총체
예술에서는 엘프와 난쟁이, 인간이 제 나름의
언어와 제 나름의 연장과 제 나름의 건축물을
가지고 있다. 이들은 마치 서로 다른 스포츠 팀인 듯
파시스트적 과잉에 이르도록 차별화된다. 하지만
매끈한 세계에서 무의미의 흔적을 복원하기란 쉬운
일이다. 장난감 실험에서 입증되었듯 어처구니없을
정도로 쉽다.

한심한 애들 장난감 5점 대 바그너적 톨킨 영화
0점. 여기에서 어떤 교훈을 얻을 수 있을까? 그것은
생태 현상학의 핵심 개념인 〈세계〉가 환상이며
객체에는 기묘한 속성이 숨겨져 있다는 교훈이다.
사실상 한심한 애들 장난감인 볼파퍼는 영화

「반지의 제왕」과 충돌하고 나름의 제한적이고
고유한 방식으로 변화시켜 이 영화를 〈번역〉했다.

2008년에 콜로라도 레이크우드 주민들이
공원에 태양광 발전기를 설치하자는 제안에 반대한
이유는 〈자연적〉이지 않아서였다. 풍력 발전기에
반대하는 이유도 비슷하다. 새들에게 위험해서가
아니라 〈경관을 해치〉기 때문에 안 된다. 2008년에
스코틀랜드 외딴 섬 근처에 풍력 발전기를
설치하려는 계획이 무산된 이유는 섬 주민들이
조망권 침해를 문제 삼았기 때문이다. 이것은
그야말로 자연의 미학이 생태학을 방해하는 예이자
생태학이 〈자연〉을 배제해야 하는 훌륭한 논거다.
어째서 풍력 터빈이 송유관보다 덜 아름답다는
말인가? 어째서 그것이 파이프나 도로보다 더
〈경관을 해친다〉는 말인가?

풍력 터빈은 일종의 환경 예술로 볼 수 있다.
풍경(風磬)은 바람이 불 때 소리를 낸다. 어떤 환경
조각은 산들바람에 흔들거린다. 풍력 발전기는
크기가 약간 위압적일 뿐이다. 풍력 발전기가
아름다움이 아니라 숭고함의 미학을 구현하고
있음은 쉽게 읽어 낼 수 있다. 하지만 이것은 〈우리
인간은 탄소를 사용하지 않는 쪽을 선택한다〉라고
말하는 윤리적 숭고함이다. 거대한 터빈은
이러한 선택을 시각적으로 보여 준다. 어쩌면
풍력 발전기가 마뜩잖은 것은 바로 이 선택의
가시성 때문인지도 모른다. 〈풍경〉(여기서는 실제
나무와 물이 아니라 회화의 형식을 위한 단어다)을 해치지
않고 그 아래를 지나는 은밀한 파이프가 아니라
눈에 보이는 선택이기 때문이다(물론 건물 옥상에
설치하는 소형 풍력 발전기wind spire는 풍경화에서 곧잘 쓰는
기법인 미적 거리를 재현한다). 드라마 「엑스 파일」을
보면 멀더 요원의 사무실에 이런 문구가 붙어
있다. 〈진실은 저 너머에 있다.〉 이데올로기는

머릿속에만 있는 게 아니다. 코카콜라 병 모양에도 이데올로기가 들어 있다. 마치 산업 혁명이 결코 일어나지 않은 듯 어떤 사물이 〈자연스럽게〉 — 이를테면 굽이진 언덕과 초목처럼 — 보이는 방식에도 이데올로기가 들어 있다. 이런 가짜 풍경이야말로 세탁(〈돈세탁〉이라고 말할 때의 그 〈세탁〉)의 원조다. 스코틀랜드 사람들이 풍력 발전기를 반대하며 내세우는 주장은 〈환경을 구하라!〉가 아니라 〈우리의 꿈을 짓밟지 말라!〉다. 세계는 지하 송유관과 가스관 같은 사물에 의존하는 미적 구성물이다. 그러므로 매끈함과 거리, 근사함이 필요 없는 또 다른 미적 구성물을 선택하는 것은 지극히 정치적인 행위다.

주류 생태 비평은 저마다 다른 〈세계〉 개념을 토대로 삼는다. 실제로 이 개념은 기후에 대한 철학적 사고(이를테면 훔볼트와 헤르더의 원민족주의적 사고)나 〈나는 북반구에서 태어났기에 백인이다〉라고 말하는 생물학적 인종주의에서 원용한 것이다. 이 개념은 생태 비평에 결코 도움이 안 된다. 사실 우리가 생태학에 대해 더 많이 보고 알수록 — 이는 생태 위기의 시대에 필연적이다 — 우리가 가진 철저한 무의미가 더욱 커진다. 아이러니하게도, 데이터가 많아질수록 데이터가 일관된 세계를 의미하는 능력이 약해진다.

현대 생태주의 철학과 문화 분석에서 쓰는 세계 개념을 만들어 낸 사람을 한 명만 꼽으라면 그것은 하이데거다. 특히 「기술에 대한 논구」와 「예술 작품의 근원」에서 세계는 도구를 사용하여 만들어지거나 틀 지워진다. 이 정의는 〈세계 구축〉의 지배적 교의를 낳았으며, 그에 따라 문화적 인공물이 다양한 방식으로 세계를 구현한다. 망치를 들면 다 못으로 보이듯 말이다.

이제 가장 먼저 언급해야 할 것은 세계가 전체로서 유효한 개념이더라도 여러 이유로 이를 윤리의 바탕으로 삼아서는 안 된다는 것이다. 이것 하나만 생각해 보자. 마녀를 물에 빠뜨려 죽이는 걸상은 망치와 마찬가지로 세계를 구성한다. 중세에는 마녀를 물에 빠뜨려 죽이는 굉장한 세계가 있었다. 이 걸상은 모든 의미에서 사용자에게 하나의 세계를 구성했다. 물론 나치 휘장의 세계도 있다. 나치의 세계가 있었다고 해서 우리가 이것을 보존해야 하는 것은 아니다. 따라서 〈그것이 좋은 이유는 세계를 구성하기 때문이다〉라는 주장은 엄밀히 말해서 허위다. 〈다른 사람 또는 다른 것의 세계에 개입하면 안 되기 때문에 환경에 개입하면 안 된다〉라는 논리는 결코 타당하지 않다. 심지어 치명적인 결과를 가져올 수도 있다. 그리하여 우리는 과학사가 도나 해러웨이와 결별할 수밖에 없을 듯하다. 그녀의 윤리는 인간 아닌 동물이 세계를 구성하고 세계 구축의 임무를 수행하므로 인간의 돌봄과 존중을 받을 가치가 있다고 주장하니 말이다. 내가 여기서 해러웨이와 갈라서는 것은 — 그녀가 나와 결별하는 것과 마찬가지로 — 내가 그녀와 대조적으로 〈절멸주의〉를 주장한다고, 즉 존재를 파멸의 구렁텅이에 밀어 넣는다고 그녀가 생각하기 때문이다. 나는 이렇게 대답한다. 있지도 않은 존재를 어떻게 파멸의 구렁텅이에 밀어 넣는다는 말인가?

두 번째로 우려되는 분야는 역사에 관한 것이다. 지구 온난화와 여섯 번째 대멸종 같은 현재의 생태적 위기가 세계 개념을 극명하게 부각한 방식 말이다. 이것은 마치 인류가 자신의 세계와 세계 관념을 — 한때 세계를 가졌다는 관념을 포함하여 — 동시에 잃고 있는 듯하다. 아무리 좋게 봐줘도 매우 혼란스러운 상황이다. 이 역사적 순간에

인간의 개입을 요구하는 환경이 세계 관념을
극명하게 부각하고 있다. 지금 시점에서는 우리의
세계 개념을 넘어서려고 애쓰는 것이 중요하다.
고전주의 기교를 극한까지 확장한 마니에리스모
회화처럼, 지구 온난화는 우리의 세계를 극한까지
확장했다. 인간이 세계를 결여한 데는 그럴 만한
이유가 있다. 이것은 단지 어떤 존재도 세계를
가지지 않기 때문이다. 그레이엄 하먼 말마따나
《지평》따위는 없다〉.

지구 온난화가 지평 개념을 파괴하는 상황을
생각해 보자. 여기에는 시간 척도들이 결부된다.
그래, 척도〈들〉이다. 시간 척도는 세 가지가 있다.
순서대로 〈두려운〉, 〈무서운〉, 〈오싹한〉으로
부르도록 하자.

1) 두려운 시간 척도: 차가운 바닷물이 ─ 이런
것이 있다는 가정하에 ─ 과잉 이산화탄소의 약
75퍼센트를 흡수하는 데는 수백 년이 걸릴 것이다.

2) 무서운 시간 척도: 나머지 25퍼센트의
대부분을 화성암이 흡수하는 데는 약 3만 년이 걸릴
것이다. 플루토늄의 반감기는 2만 4,100년이다.

3) 오싹한 시간 척도: 마지막 7퍼센트는 앞으로
10만 년 동안 남아 있을 것이다.

우리의 마음은 이렇게 거대한 시간 척도(나는
이런 척도를 〈매우 큰 유한〉이라 부른다)보다 〈영원〉을
더 쉽게 받아들인다. 초객체는 매우 큰 유한, 즉
유한하기에 인간이 머릿속에 그려 내기가 지독히
힘든 시간·공간 척도를 만들어 낸다. 영원이라고
하면 자신이 중요한 존재라는 느낌이 들지만, 10만
년이라고 하면 자신이 10만이라는 수치를 상상할
수 있는지 의문이 든다. 이를테면 어떤 책의 단어
수가 10만 개라고 하면 분량을 가늠하기 힘들다.

우리의 논의 대상인 유의미한 총체로서의
〈세계〉는 도무지 상상할 수 없으며, 그럴 수밖에

없는 까닭은 그것이 애초에 존재하지 않기
때문이다.

우리가 세계가 아니라면 남는 것은 무엇인가?
그것은 친밀감이다. 말하자면 세계를 잃었지만
영혼을 얻은 셈이다. 우리와 공존하는 존재들이
더더욱 급박하게 우리 의식에 와 닿는다. 우리
시대는 되살아난 아리스토텔레스주의, 즉 본질이
저 너머가 아니라 바로 여기에 있다고 생각하는
객체 지향 존재론의 출현을 목도하고 있다.
진짜로 설명해야 하는 것은 ─ 설명하여 배제하는
것이 아니라 ─ 돌(롤링스톤스), 딱정벌레(비틀스),
문(도어스), 레드 핫 칠리 페퍼스, 너바나, 밥 겔도프,
퀘이사, 그리고 닉슨 대통령 머리 모양을 한 만평
등장인물 같은 〈사물의 마법 같은 경이로움〉이다.
그러니 이른바 세상의 종말을 위해 만세 삼창을
부르자. 지금 이 순간은 역사의 시작이므로……
실재가 인간에게만 의미 있다는 휴먼 드림의
종말이므로.

우리가 세계의 고치에서 벗어난 지금, 인간과
인간 아닌 존재 사이에 생겨난 새로운 연대의
전망을 기뻐하며 받아들이자.

그래서…
행복한가?

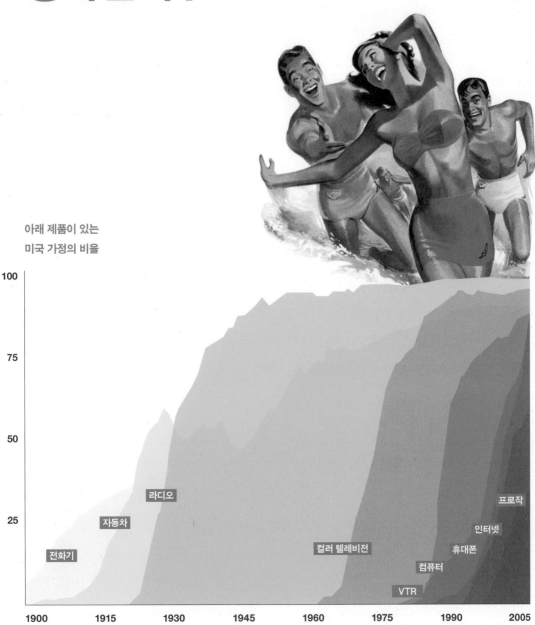

아래 제품이 있는
미국 가정의 비율

100

75

50

25

라디오

자동차

프로작

인터넷

전화기

컬러 텔레비전

휴대폰

컴퓨터

VTR

1900   1915   1930   1945   1960   1975   1990   2005

행복

경제학

4번 버스 안, 맞은편에 앉은 여인은 가죽 항공 재킷을 입고 세련된 아르마니 안경을 썼다. 코듀로이 숄더백의 나무 손잡이 위에 손가락을 깍지 낀 채 올려놓았다. 손가락 마디에는 〈PURL(자수)〉과 〈KNIT(손뜨개)〉라는 글자를 문신했다. 갱스터 랩 가수 투팍 샤커가 팔뚝에 〈OUTLAW(무법자)〉라고 새긴 것과 같은 고딕체 글꼴이다. 그러니까 내가 지금 말을 걸려는 사람은 갱스터 뜨개질 애호가임이 분명하다.

내가 하고 있는 이 실험은 캐나다에서 손꼽히는 주관적 행복 연구자 존 헬리웰 박사가 설계했다. 내 임무는 지금의 행복 점수를 기록한 뒤에 버스를 타서 낯선 사람과 대화를 나누는 것이다. 버스에서 내리면 행복 점수를 다시 기록한다. 헬리웰의 연구는 사회적 상호 작용이 긍정적일수록 행복 수준이 높아진다는 사실을 입증했다. 나는 이 주장을 검증해 보기로 했다. 버스를 타기 전에 판단한 나의 주관적 행복 점수는 10점 만점에 6점이었다. 헬리웰 박사의 말이 옳다면 갱스터 뜨개질 애호가와 대화를 나눈 뒤에는 행복 점수가 7점으로 올라갈 것이다.

통로 건너편으로 〈별일 없죠?〉 하는 표정을 던져 보지만, 두꺼운 갈색 속눈썹 밑의 시선은 창밖 풍경에 고정되어 있다. 그녀의 시선은 내 머리 위에 있는 카페인 음료 풀 스로틀 광고를 지나 바닥으로 내려갔다가 후문의 노란색 안전봉으로 이동한다. 헬리웰이 나에게 해준 말이 생각난다. 「버스에서 당신은 이렇게 생각하죠. 〈딴 사람들의 공간을 침범하지 않는 것이 예의 바른 일이지.〉 하지만 연구 결과에 따르면 공간을 조금 더 공유하면 그들도 행복해지고 당신도 행복해진답니다. 아무도 손해 보지 않아요.」

10분 뒤, 내가 내릴 정류장에 도착했다. 문 앞에서 내가 뒤를 돌아보며 말한다. 「문신 멋져요.」 그녀가 아이팟 이어폰을 빼고 나를 바라본다. (연갈색 눈동자. 내가 좋아하는 색깔이다.) 입꼬리를 올리며 그녀가 말한다. 「고마워요.」 버스가 모퉁이를 돌아 사라질 때 공책에 7점이라고 쓴다.

존 헬리웰 박사는 업무 만족도의 금전적 가치를 발견한 인물이다(업무 만족도가 10퍼센트 떨어졌을 때 이를 만회하려면 임금이 40퍼센트 인상되어야 한다). 각국의 행복 수준을 설명하는 변수 중에서 정치·행정의 영향력이 가장 크다는 사실도 밝혀냈다. 정부를 신뢰할수록 행복해질 가능성이 커진다. 박사가 내게 말한다. 「행복의 사회적 맥락, 이게 제 관심 분야랍니다.」

헬리웰은 1990년대에 사회 자본이라는 혁신적 분야를 연구하기 시작하면서 행복의 금전적 가치에 관심을 가지게 되었다. 재화와 용역의 생산과 분배를 통해 얼마든지 행복을 측정할 수 있다고 가정하는 주류 경제학과 달리 행복 연구자들은 삶에 대한 만족도를 직접 측정하는 방법을 이용하여 경제적 환경뿐 아니라 사회적 환경의 중요성을 부각한다. 헬리웰을 비롯한 행복 연구자들은 이렇게 묻는다. 〈개인과 사회가 얼마나 행복한가? 왜 그런가?〉

주관적 행복에 대한 자료를 수집하는 기관으로는 스톡홀름의 비영리 사회 과학 조사 기관 세계가치조사협회가 있다. 이곳에서는 세계 인구의 90퍼센트를 차지하는 나라들에서 35만 명을 대상으로 여론 조사를 실시한다고 한다. 〈세계 가치 조사〉라는 이름의 이 조사에서는 다음과 같이 응답자에게 삶에 대한 만족도를 묻는다. 〈모든 사항을 고려했을 때 요즘 전반적으로 삶에 대해 얼마나 만족하십니까?〉 인지적 측면과 정서적 측면의 250개 문항, 과학적 데이터 처리, 수학 계산 등을 통해 행복을 4점 척도로 평가한다. 1점은 〈매우 행복하다〉, 2점은 〈다소 행복하다〉, 3점은 〈그다지 행복하지 않다〉, 4점은 〈전혀 행복하지 않다〉다. 헬리웰 연구진은 이 자료를 활용하여 인간 행동과 사회를 바라보는 새로운 시각을 제시했다. 연구 결과는 공공 정책에 반영되기도 했다.

나는 4점 척도 대신 간편한 10점 척도를 쓰기로 하고(10점이 가장 행복하다) 나의 행복 점수를 6점으로 평가했다. 나 자신의 행복에 대해 생각하는 순간 머릿속에서 빨간색 경고등이 윙윙거렸다. 내 점수가 세계 평균인 5점보다는 높기를 바랐다. 내가 6점이라고 쓴 이유는 실제로 그렇게 느껴서가 아니라 6점이 세계 평균보다 그다지 높지 않으면서도 꽤 높기 때문이었다.

2월 23일, 너나이모 역 행 7번 버스

밴쿠버 그랜빌 다리를 건너면서 승객 네 사람과 행선지를 주제로 대화를 나눈다. 〈웨스트펜더에서 우회전인가요, 아니면 웨스트헤이스팅스에서 우회전인가요?〉라고 물었더니 놀랍게도 네 명 모두 매우 친절하게 답해 준다. 2분 뒤에 새까만 흑발의 유쾌한 옆자리 승객이 소프트웨어 인터페이스에 대해 가르쳐 준다. 행복 점수가 다시 7점으로 올라간다.

20달러짜리 실험

브리티시컬럼비아 대학 심리학과의 엘리자베스 던은 이렇게 설명한다. 「행복을 정의하는 것은 노란색을 정의하는 것과 같아요.」 이것은 『행복에 걸려 비틀거리다*Stumbling on Happiness*』의 저자 대니얼 길버트의 말을 인용한 것이다. 던이 계속 말한다. 「노란색이 무엇인지는 다 알아요. 이것이 노란색이냐고 물으면 누구나 대답할 수 있죠. 하지만 설명하라고 하면 말문이 막힌답니다.」 심리학자들은 행복 수준을 평가할 때 세계 가치 조사와 매우 비슷한 접근법을 취한다. 던은 이렇게 설명한다. 「정서적 요소는 긍정적 감정을 얼마나 자주 느끼는가, 부정적 감정을 얼마나 자주 느끼는가예요. 인지적 요소는 삶을 돌아볼 때 얼마나 만족감을 느끼는가이고요.」

2008년 던은 돈으로 행복을 살 수 있는지 알고 싶었다. 그래서 브리티시컬럼비아 대학 학생들에게 5~20달러를 주면서 그 돈을 자신을 위해 쓰라고 말했다. 또 다른 학생들에게는 같은 금액을 주면서 그 돈을 남을 위해 쓰라고 말했다. 던은 이를 〈사회 친화적 지출〉이라고 부른다. 이튿날 아침에 실험 참가자들에게 얼마나 행복한지 물었다. 그랬더니 남을 위해 돈을 쓴 사람들이 훨씬 행복하다고 응답했다(자기 돈을 쓰도록 하고서 상관관계 연구를 수행했을 때에도 결과는 같았다. 우간다에서도 실험을 재연하고 있는데 연구진은 비슷한 결과를 예상하고 있다). 던은 〈사회를 위해 돈을 쓰면 더 행복해질 수 있다〉고 설명한다. 던은 5달러이든 20달러이든 액수는 중요하지 않다는 사실도 발견했다.

그런데 참가자들에게 실험 결과를 맞춰보라고 했을 때 예상 밖의 결과가 나왔다. 사람들은 자신을 위해 돈을 쓰면 더 행복해질 것이라고 대답했다.

3월 14일, B노선 99번 버스

맞은편에 펑크족이 앉아 있다. 징 박은 가죽 재킷을 입고 모호크족 머리에 젤을 발라 세운 채 단테의 『신곡』을 읽고 있다. 관심이 가지만 말을 건네기가 조심스럽다. 머리 모양이 맘에 든다거나 『신곡』 재미있냐고 물어봐도 될까? 그때 야구 모자를 쓰고 티셔츠를 입은 친구가 내게 시선을 던진다. 사람들과 이야기를 나누려고 버스를 타는 부류 같다. 시선을 외면하고 그의 머리 위에 있는 리치먼드 자동차 판매점 광고에 눈길을 준다. 내 왼쪽에 앉은 예의 펑크족이 스냅피(깍지째 먹는 콩 — 옮긴이) 봉지를 꺼내더니 포테이토칩 먹듯 콩을 먹기 시작한다. 야구 모자가 말한다. 「스냅피?」 펑크족이 대답한다. 「응.」 「근사한데. 나도 해봐야지.」 펑크족이 고개를 들고 둘이 시선을 마주친다. 펑크족이 말한다. 「죽여줘. 아주 달콤해. 어떤 때는 과일 먹는 것 같다니까.」

동밴쿠버를 향해 가는 내내 야구 모자가 내게 시선을 던지며 대화에 참여할 것을 권한다. 나보고 어쩌라고? 리치먼드 자동차 판매점 광고를 뚫어져라 쳐다본다. 연구에서는 낯선 사람과 대화하면 더 행복해진다는데 왜 이렇게 힘든 걸까? 〈안녕하세요〉 한마디면 행복 점수를 7점으로 올릴 수 있는데 왜 선뜻 입을 떼지 못할까? 엘리자베스 던에게 말했다. 사람들은 행복을 추구하지만 행동은 그와 반대라고. 사람들은 서로에게가 아니라 자신에게 돈을 쓰고 버스에서는 옆자리 승객과 대화하지 않고 조용히 앉아 있지 않느냐고. 던이 말했다. 「인간 행동에는 두 가지 서로 다른 정신 체계가 있어요. 지적 차원에서는 기름진 음식을 많이 먹지 말고 자선을 많이 베풀어야 한다는 걸 알지만 실생활에서는 텔레비전 앞에서 포테이토칩을 먹고 있죠. 무언가의 가치를 알지만 느끼지 못해요. 내면화하지 못하는 거죠.」

사회 자본 주제가

실험 결과를 논의하려 헬리웰을 다시 찾았다. 행복이 꾸준히 증가했지만 버스에서 낯선 사람과 말문을 트기가 여전히 힘들다고, 기본 점수인 6점에서 7점으로 올라서기가 여간 어렵지 않다고 말했다. 헬리웰은 웃으며 얼마 전에 토론토 매시 대학에서 열린 학술 대회 이야기를 들려주었다. 그는 수백 명의 동료 경제학자들이 보는 앞에서 무대에 올라 그와 그의 친구들이 〈사회 자본 주제가〉라 이름 붙인 노래를 아카펠라로 불렀다. 그는 느닷없이 노래를 부르기 시작했다. 「함께할수록 행복해질 거야. 네 친구가 내 친구이고 내 친구가 네 친구이니까……」 헬리웰은 노래를 중간에 멈추더니 금속 테 안경 뒤에서 나를 빤히 쳐다보았다. 「관객이 선생님처럼 가만히 앉아 있으면 노래를 중단합니다. 그러고는 〈아직도 이해 못하시는군요〉라고 말하죠. 요는 노래가 문제가 아니라는 겁니다. 제가 노래하는 건 관객을 즐겁게 하거나 흥을 돋우기 위해서가 아닙니다. 중요한 것은 함께 노래하는 것입니다. 함께할 때 행복해집니다.」

4번 버스를 떠올리며, 뜨개질이 취미인 갱스터에게 말을 걸었을 때 나만 더 행복해진 것이 아님을 깨달았다. 그녀도 더 행복해졌을 것이다. 행복은 공생한다. 버스 앞쪽에서 인기척이 느껴진다. 앵클부츠를 신고 진빨강 숄더백을 맨 여인이 버스에 오르더니 기사가 없는데도 교통 카드를 갖다 댄다. 기계에서 삑 소리가 난다. 여인이 내게로 걸어온다. 그녀는 아직 모르겠지만 우리는 서로가 바라는 것을 가지고 있다.

이언 불럭은 캐나다 밴쿠버의 고등학교 사회 교사이자 저술가다. 예상치 못한 장소에서 행복을 찾는 작업을 계속하고 있다.

I'm homeless

PSYCHON(

심 리 계 량 경 제 학

광고화된 정보 전달 시스템이
역동적 문화의 근본 조직 원리가
될 수는 없다.

졸트

〈졸트jolt〉란 카메라 앵글의 변화, 총격, 광고
장면, 갑자기 나타나는 팝업 창, 전자 경보음,
클릭 등 소리와 생각, 심상의 흐름을 방해하는
〈기술적 미디어 사건〉을 일컫는다. 졸트가
일어나면 뇌는 주목하여 의미를 찾는다.
심지어 아무 의미가 없더라도. 제리 맨더가
『텔레비전을 버려라』에서 〈기술 조작
technical event〉(컷과 편집, 줌, 애니메이션
등의 효과를 써서 평범한 이미지를 극적 순간인
것처럼 포장하는 것 — 옮긴이)의 정의를
처음 내린 1978년에는 일반적 텔레비전
프로그램에서 기술 조작이 분당 10개, 광고
중에는 20개 발생했다. 30년 뒤에 그 수치는
두 배 이상 증가했으며 이제는 컴퓨터와
스마트폰이 더 직접적이고 은밀하게 우리의
주의를 끌고 있다.

인포톡신

자명종이 울리는 이른 아침부터 텔레비전 심야
프로를 보고 웹 서핑을 하는 한밤중까지 광고
공해의 마이크로 졸트가 일일 3,000마케팅
메시지의 속도로 뇌에 흘러든다. 120억 개의
디스플레이 광고, 300만 개의 라디오 광고, 20만
개 이상의 텔레비전 광고, 그리고 수를 헤아릴 수
없는 온라인 광고와 스팸 메일, 마케팅 메시지가
매일같이 우리의 집단 무의식에 투하된다. 기업
광고는 지금껏 인류를 상대로 한 최대의 단일
심리학 실험이지만, 우리에게 어떤 영향을
미치는지는 아직 충분히 연구되지 않았으며
알려진 바가 거의 없다.

소음

인류 역사상 대부분의 주변 소음은 바람 소리, 빗소리, 벌레
소리, 새소리, 짐승 소리, 이야기 소리였다. 지금은 컴퓨터
팬 돌아가는 소리, 전화벨 소리, 키보드 딸깍거리는 소리,
가전 제품이 돌아가는 소리, 자동차의 무딘 굉음이 우리
삶의 사운드 트랙이다. 화이트 노이즈, 핑크 노이즈, 브라운
노이즈, 블루 노이즈 등 종류도 여러 가지다. 전선으로 뒤덮인
세상의 온갖 소음을 들으며 사는 것은 고속도로 옆에 사는
것과 같다. 익숙해지기야 하겠지만 마음의 평정은 누릴 수
없다.

공장에서 오염 물질을 물과 공기 중에 배출하는 것은 이것이 플라스틱이나 펄프나 철을 제조하는 가장 효율적인 방법이기 때문이다. 텔레비전 방송국, 잡지, 웹사이트에서 섹스와 폭력을 배출하며 문화적 환경을 〈오염〉시키는 것은 이것이 미디어 수용자를 제조하는 가장 효율적인 방법이기 때문이다. 오염은 수지맞는 장사다. 심리적 악영향은 사업을 하다 보면 발생하기 마련인 비용에 불과하다.

공감의 상실

일요일 아침 텔레비전 광고에서 굶어 죽어 가는 아이를 처음 보았을 때 우리는 충격에 휩싸였다. 후원금을 보낸 사람도 있을 것이다. 하지만 이런 이미지에 익숙해지면서 공감 능력이 약해지기 시작했다. 결국 광고를 보면 짜증이 나기 시작했으며 심지어 혐오감이 들기도 한다. 유사 성행위와 폭력을 끊임없이 접하다 보면 관음증과 충동, 공격성이 증가한다. 정신적 환경이 광고로 포화되면 뉴런이 재배열된다. 이제 그 무엇도 더는 충격적이지 않다. 집단 살해도, 고문도, 세기말적 포르노도.

마음의 생태학

심리학자들이 쇼크, 인포톡신, 인포바이러스 같은 정신 오염 물질의 심리적 영향을 측정하는 방법을 알아내면 이는 〈마음의 생태학〉이라는 새로운 학문의 시초가 될 것이다. 어쩌면 이 새로운 학문적 기획이 발전함에 따라 공기, 물, 음식에 대한 ppb(10억분율) 환경 안전 기준과 비슷한 정신 환경 안전 기준을 마련할 수도 있으리라. 그러면 저마다 다른 종류의 정신 공간에서 살아갈 때 어떤 심리적 위험에 노출되는지 측정하는 법을 알아낼 수 있을 것이다. 이를테면 몸바이에서 사는 것과 제네바에서 사는 것, 대도시에서 자녀를 키우는 것과 작은 시골 마을에서 키우는 것, 목수나 배관공이 되는 것과 그래픽 디자이너가 되는 것을 비교할 수 있다.

이렇게 하면 단순히 녹지 비율, 대기 오염 수준, 학교 교육의 질 등을 측정하는 현행 지수보다 현실을 더 똑똑히 보여 주는 〈살기 좋은 지수〉를 만들어 낼 수 있을지도 모른다. 신뢰할 만한 〈정신 환경 지수〉가 있으면 텔레비전 프로그램, 영화, 비디오, 웹사이트에 대해 온갖 정신 오염 물질이 시간당 얼마나 생산되는지, 이 오염 물질이 대중의 정신을 얼마나 산란케 하는지, 이것이 우리의 인격적·문화적 건강에 어떤 영향을 미치는지 등을 평가할 수 있을 것이다.

자본주의 체제에서 살아간다는 것은 느낌을 잃지 않기 위한, 정서적 교류를 지속하기 위한, 온전한 인간으로서의 정서적 핵심 지대에 머물기 위한 영적 싸움이다.

정신 의약품 생산량

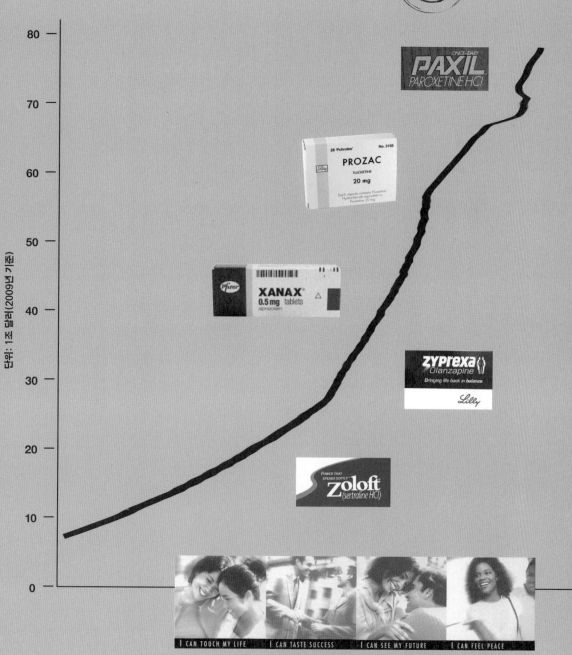

단위: 1조 달러(2009년 기준)

『일반정신의학회지』 2001년 1월호에 실린 팍실 〈난 할 수 있어 I Can〉 광고.

천 진 함

&

자 발 성

좌 뇌 형 인 간 과 합 리 적 효 용 극 대 화 를 추 구 하 는 자 들 에 게 고 함

리먼브러더스가 2008년에 파산한 이후 우리는 거시 정책의 레
버를 당겨 세계 경제를 제 궤도에 올려놓는…… 한때 〈정상〉이
라고 불리던 상태로 돌아가는…… 최선의 방법이 무엇인지 끊
임없이 논의해 왔다. 금리를 0에 가깝게 낮추었고, 수조 달러의
경기 부양 자금을 주입했으며, 파산한 초거대 기업을 구제했고,
상위 1퍼센트에게 세금을 물릴 것인가를 놓고 열띤 논쟁을 벌
였다. 그러면서 이런 재정 문제만 바로잡으면 만사형통하리라
고 믿었다.

　　하지만 우리는 무언가를 놓치고 있는지도 모른다. 표면 아래
에는 훨씬 중요한 무언가가 잠재해 있는지도 모른다. 거시 경제
의 레버를 당기기만 하면 경제를 제 궤도에 올려놓을 수 있으리
라는 주장은 허구(그러한 주장은 인지적 착각, 즉 우리가 직관적으로 참이
라고 받아들이는 거짓 믿음일 가능성이 크다)인지도 모른다.

경제에 활력을 불어넣는 진짜 비법은 심리학적, 사회학적, 미학적 작업을 통해 문화를 제자리로 돌려놓고, 대농이 아니라 소농을 육성하고, 소비를 줄이고, 곡물을 천 가지가 아니라 열 가지만 재배하고, 비만 문제를 해결하여 선진국 국민을 다시 날씬하게 바꾸고, 부모가 둘 다 있는 가정을 늘리고, 아이들을 리탈린(ADHD 치료제 — 옮긴이)에서 벗어나게 하고, 어른들을 비아그라, 졸로프트, 진통제에서 벗어나게 하고, 젊은이들을 거대 기업과 떼어 놓고, 시민을 자동차와 결별시키고, 콘크리트, 유리, 기계, 소외, 철강으로부터 사람들을 해방시키는 것이다.

경제 정책 입안자들은 재정 건전성에 대한 집착을 버리고 문화 건전성에 치중해야 한다. 브라질이 잘나가는 이유는 재즈를 연상시키는 낙천적이고 쾌활한 기업가 정신 덕분이고 중국 경제가 승승장구하는 비결은 수천 년 전부터 이어진 검약, 민활함, 근면의 문화적 자산 때문이다. 미래의 경제는 금리, 세목(稅目), 통화 공급이 아니라 공동체, 공감, 신뢰, 공공선에 대한 헌신 등을 중시할 것이다.

천진함, 자발성, 쾌활함이야말로 경제적 안녕의 주춧돌이다. 문화가 지적인 측면에 치우쳐 이런 미덕을 잃으면 더는 희망이 없다.

BEFORE ECONOMICS CAN PROGRESS
IT MUST ABANDON ITS SUICIDAL
FORMALISM
-Robert Heilbroner

경제학이 앞으로 나아가려면 자살적 형식주의를 버려야 한다.
— 로버트 하일브로너

캠퍼스에서 펼쳐지는

7. 문화 유전자 전쟁

**패러다임을
전환하는
그대들에게 고함!**

과학적 진보는 이렇게 일어난다고 한다. 오랫동안 순조롭게 통용되던 이론, 그러니까 패러다임이 돌연 문제를 일으키기 시작한다. 모순이 불거지고 더는 이론이 현실을 예측하지 못한다. 과학 공동체는 때가 왔음을 직감하고 부산히 움직인다. 실험을 하고 정보를 공유하고 논문을 쓰고 학회를 연다. 이런 지적 소란의 와중에 따끈따끈한 새 이론이 모습을 드러낸다. 새 이론은 엄격한 조사를 거치고 온갖 기준으로 검증받는다. 그리하여 시험을 통과한 이론은 마침내 새로운 이론 틀, 새로운 규범, 새로운 〈진리〉로 받아들여진다. 해결책을 내놓은 과학자들은 노벨상 후보에 오른다. 흥분은 가라앉지만, 세상의 실제 모습에 대한 이해는 예전보다 깊어진다.

이것은 신화다. 과학 공동체와 대학은 그대들이 이렇게 믿기를 바라지만. 토머스 쿤은 1962년의 기념비적 저작 『과학 혁명의 구조*The Structure of Scientific Revolutions*』에서 패러다임 전환이 실제로 어떻게 일어나는지 묘사했다. 패러다임 전환은 거의 언제나 정치적 혁명처럼 추잡하고 혼란스럽고 너저분한 과정이며 악의에 찬 폭동처럼 전개된다.

경제학의 사상 통제에서 벗어나라!

THOUGHT CONTROL IN ECONOMICS

BREAK FREE!
KICKITOVER.ORG
TOXICTEXTBOOKS.COM
FOOTPRINTNETWORK.ORG
NEWECONOMICTHINKING.ORG
NEWECONOMICS.ORG
STEADYSTATE.ORG
DEGROWTH.NET
EUROECOLECON.ORG
ECOECO.ORG
UVM.EDU/GIEE
POSTCARBON.ORG
THESOLUTIONSJOURNAL.COM
PAECON.NET
EARTHECONOMICS.ORG
EARTHINC.ORG
HAPPYPLANETINDEX.ORG
NATIONALACCOUNTSOFWELLBEING.ORG
THEOILDRUM.COM

kickitover.org

구체제의 수호자들은 자신의 영역을 지키려고 눈을 부릅뜬다. 반대파는 무시당하고 투명 인간 취급을 받고 논문 게재와 종신 재직권을 거부당하고 사사건건 배척과 훼방에 시달린다.

쿤의 가장 심오한 통찰은 과학적 진보에 대한 통념과 정반대로 낡은 패러다임을 몰아내는 것이 증거나 사실이나 〈진리〉가 아니라는 것이다. 낡은 패러다임은 예측이 틀리고 정책이 통하지 않고 이론의 비과학성이 입증되었다고 해서 폐기되지 않는다. 일군의 비주류 과학자들이 쿠데타를 일으켜 낡은 학파의 옹호자들을 권좌에서 몰아낸 뒤에야 낡은 패러다임이 새 패러다임으로 대체된다.

따라서 우리가 쿤에게서 배워야 할 교훈은 경제학이라는 과학에서 진정으로 패러다임 전환을 바란다면 안락한 상아탑을 박차고 나와 밈 전사가 되어야 한다는 것이다. 경제학과를 점령하라. 강의를 방해하고 동맹 휴업을 벌이고 강의실 복도를 포스터와 선전문으로 도배하고 교수 연구실 문에 성명서를 붙여라. 교내 신문과 라디오에서 교수들의 이론을 조롱하라. 시국 토론회를 조직하여 학내의 모든 구성원 앞에서 숲과 물고기, 기후 변화, 생태계 붕괴를 거시 경제 모형에 반영하라고 요구하라. 다음 세대의 정책 입안자를 길러 내는 책임을 맡은 교수들이 〈진보를 어떻게 측정하나요?〉, 〈우리가 앞으로 나아가는지 뒷걸음질 치는지 어떻게 알 수 있죠?〉, 〈알지도 못하면서 칠판의 그 내용에 대해 어떻게 그토록 확신하시죠?〉 같은 가장 근본적 물음에도 대답할 수 없음을 대중에게 인식시키라.

역사상 중대 시기에 대학생들은 대규모 저항 운동의 불쏘시개가 되어 왔다. 그들은 교수와 정치 지도자들의 거짓말을 폭로하고 나라를 새로운 방향으로 담대히 이끌었다. 1960년대에 전 세계의 캠퍼스 수백 곳에서, 최근에도 한국, 중국, 인도네시아, 그리스, 스페인, 이집트, 퀘벡, 칠레, 아르헨티나에서 대학생들이 변화를 주도했다. 2008년 금융 위기를 겪고 기후 변화의 티핑 포인트를 목전에 둔 지금, 전 세계 학생들이 다시 한 번 불쏘시개가 되어 제2차 세계 대전 이후 세계를 지배한 정치 이념과 이론적 토대에 이의를 제기해야 할 중대 시기가 도래했다.

과학 혁명이 무르익고 있다. 앞으로 몇 년 동안 전 세계 캠퍼스에서 개방적이고 총체적인 관점과 인간적 척도를 내세운 새로운 세대의 경제학자들이 꼰대들을 권좌에서 몰아내고 운명의 수레바퀴를 새로운 방향으로 굴릴 것이다.

탈
자폐
경제학

데버러 캠벨

데버러 캠벨은 저술가이자 언론인으로, 『하퍼스』와 『이코노미스트』를 비롯한 국내외 여러 잡지에 글을 썼다. 브리티시컬럼비아 대학에서 논픽션 글쓰기를 가르친다.

경제학이 다루어야 할 것은 곡선이 아니라 사람이다

2000년
프랑스 파리

프랑스 지배 계층의 자녀는 대학 갈 나이가 되기를 손꼽아 기다린다. 엘리트만 다니는 파리 고등사범학교를 졸업하면 명예와 부를 거머쥘 수 있기 때문이다.

소르본 대학 경제학과의 베르나르 게리엔은 이렇게 말한다. 「고등사범학교는 매우 훌륭한 학생들을 위한 학교입니다. 이 학생들은 질문을 두려워하지 않습니다.」

2000년 초에 게리엔은 주류 신고전파 경제학 교육과 경제 현실의 괴리를 주제로 열린 학술 대회에서 강연하고 있었다. 게리엔은, 경제학은 시장이 모든 문제를 해결하리라는 환상을 주입하는 이데올로기적 임무를 수행하지만 경제 이론은 문제 해결 능력을 전혀 보여 주지 못한다고 말했다.

강연을 듣고 그동안 자신들이 왜 불안에 시달렸는지 깨달은 일군의 경제학과 학생들이 무언가 행동을 취해야겠다는 생각에 게리엔을 찾았다. 일주일 뒤에 열다섯 명이 교실에 모여 공격 계획을 짰다. 그중 한 명이 이 사회를 지배하는 신고전파 경제학의 도그마를 일컬어 〈자폐적이야!〉라고 말했다. 촌철살인의 비유였다. 자폐증 환자와 마찬가지로 경제학은 똑똑하지만

강박적이었으며 바깥 세상과 동떨어져 자신만의 세계에 갇혀 있었다.

그해 6월이 되자 학생들의 분노는 경제학 교육의 개혁을 요구하는 수백 명의 청원으로 발전했다. 경제학은 실재하지 않는 조건에서만 작동하는 복잡한 수학 모형에 집착한다는 것이 학생들의 주장이었다. 학생들은 〈허구의 세계에서 벗어나고 싶다!〉라고 선언했다. 인터넷으로 소통하고 가족의 막강한 인맥으로 언론계에 줄을 대어 자신의 주장을 사람들에게 알렸다.

학생들은 이렇게 말했다. 〈선생들에게 말하라. 너무 늦기 전에 잠에서 깨어나라고! 이런 자폐적 학문, 더는 강요받고 싶지 않다.〉 학생들은 경제학이 수학에 치중하는 것을 〈학문을 위한 학문〉이라 비난하며 다양한 접근법을 받아들이라고 요구했다.

이로부터 〈오티슴-에코노미autisme-économie〉, 즉 탈자폐 경제학 운동이 탄생했다.

학생들의 혁명적 주장은 프랑스 언론계에 지각 변동을 일으켰다. 『르 몽드』 기사는 학계를 벌벌 떨게 했다. 저명 경제학자들이 지지 의사를 밝혔으며 교수들의 청원이 뒤따랐다. 학생 주도의 10일 총파업이 공화국을 뿌리째 뒤흔든 1968년 5월 혁명 운동의 기억을 떠올린 프랑스 정부는 황급히 이 문제를 조사할 특별 위원회를 구성했다. 위원장은 프랑스에서 으뜸가는 경제학자 장폴 피투시였다. 피투시는 마드리드로 날아가 스페인에서 꿈틀대는 탈자폐 학생 운동에 관여하기도 했다. 피투시는 학생들의 반대 운동이 정당하다고 결론 내렸다. 피투시는 실업이나 경제학과 환경의 관계처럼 주류 경제학에서 외면하는 〈중대 문제〉를 중심으로 한 새로운 교과 과정을 제안하는 데 동의했다. 탈자폐 경제학 운동 진영에서 거둔 가장 중요한 성과였다.

반발은 불가피했다. 미국 MIT의 로버트 솔로를 위시한 여러 경제학자들이 반격에 나섰다. 학생들을 신

고전파 경제학의 〈과학성〉에 반대하는 반지성주의자라고 매도하며 탈자폐 경제학 운동을 깎아내리려는 시도가 뒤따랐다. 하지만 비난은 통하지 않았다. 탈자폐 경제학 운동에 참여하는 학생들은 최고의 인재들이었다. 이들은 수학을 공부했으나 수학이 현실에 들어맞지 않음을 간파했다.

탈자폐 경제학 운동의 핵심 지도자인 질 라보는 에마뉘엘 베니쿠르와 이오아나 마리네스쿠와 함께 신고전파 경제학에 대한 신념이 〈지적 유희〉임을 간파했다. 마르크스주의나 성경과 마찬가지로, 해결하지 못한 문제가 많음을 인정하기보다는 모든 것을 설명할 수 있다고 주장한다는 까닭에서다. 라보는 이렇게 말한다. 「우리는 종교를 잃었습니다. 그래서 삶에 의미를 부여할 다른 무언가를 찾은 것이지요.」

베니쿠르는 탈자폐 경제학 운동의 전망을 이렇게 표현했다. 「경제학 교수 방식을 구체적으로 변화시키고 싶습니다. ……현실 세계의 경제 현상을 이해하는 것은 인류의 미래 행복에 대단히 중요한 일이지만 지금처럼 편협하고 낡고 책상물림으로 경제학 연구와 경제학 교육에 접근해서는 경제 현상을 이해할 도리가 없습니다. ……따라서 우리는 향후 프랑스뿐 아니라 전 세계에서 이 같은 개혁을 추진하는 것이 윤리적으로나 경제적으로나 지극히 중요하다고 주장합니다.」

영국
케임브리지

프랑스 탈자폐 경제학 운동의 핵심 지도자인 라보와 마리네스쿠는 케임브리지 대학에서 열린 〈현실주의와 경제학〉 토론회에 참석하려고 영국을 방문했다. 케임브리지 대학에서 박사 과정을 밟고 있는 필 포크너는 〈시기가 딱 맞아떨어졌죠〉라고 말했다. 그해 6월에 포크너는 불만에 가득 찬 박사 과정 학생 26명과 함께 「열린 경제학Opening Up Economics」이라는 개혁 선언문을 발표하여 금세 750명에게서 서명을 받았다. 토론회에 참석한 옥스퍼드 대학 경제학과 학생들은 독자적인 〈탈자폐〉 선언문과 웹사이트를 만들었다. 유럽과 남아메리카에서도 비정통파 경제학을 표방하는 비슷한 단체들이 생겨나기 시작했다.

포크너는 케임브리지 반란이 〈좌절감에서 촉발되었〉지만 동료 학생들에게서 이 정도로 긍정적인 반응을 얻을 것이라고는 예상하지 못했다고 말했다. 「경제학의 현재 모습에 만족하는 사람이 있다면 그것은 박사 과정 학생일 겁니다. 만족하지 않았다면 여기까지 오지 않았을 테니까요. 그런데 실은 그렇지 않았습니다.」

예상대로 대학 당국은 학생들을 무시했다. 포크

너는 프랑스 학생들에게 지지 의사를 표명하고 학교의 명성을 활용하여 전 세계에 자신들의 불만을 알리고 싶었다고 설명했다. 서명한 학생들 중 일부는 목소리를 높였다가 피해를 입을까 봐 걱정하기도 했다. 최초의 선언문은 서명 없이 발표되었다. 포크너는 〈이런 문제에 연루되는 것이 현명한 처사가 아니라고 생각하는 건 미래의 가능성이나 일자리 때문〉이라고 말했다. 포크너는 자신의 연구 분야가 주류와 동떨어질 수밖에 없음을 이미 알고 있었다. 「사실 잃을 게 아무것도 없었죠.」

웨스트오브잉글랜드 대학 연구원 에드워드 풀브룩은 2000년 9월에 『탈자폐 경제학 회보』를 창간했다. 프랑스 학생들의 행동에 감명받고 경제사상사 과목을 없앤다는 소식에 격분한 풀브룩은 — 이것이 학생들을 완전히 세뇌하려는 수작이라고 생각했다 — 중상모략과 컴퓨터 바이러스 공격에도 굴하지 않았다. 곧 제임스 갤브레이스를 비롯한 저명 경제학자들이 성원과 원고를 보내기 시작했다. 수십 명에 불과하던 구독자 수는 전 세계 7,500명으로 불었다.

풀브룩은 『탈자폐 경제학 회보』 기고문을 모아 『경제학의 위기 The Crisis in Economics』라는 단행본으로 펴냈다. 이 책은 중국어로도 번역되었다. 늘 대형 이슈를 찾아다니는 교재 출판사들은 탈자폐 경제학(지금은 〈현실 세계 경제학〉이라 불린다) 교재의 출간을 타진하고 있다. 풀브룩은 주류 경제학 과목의 수강률이 낮아진 탓에 교과서 매출이 줄고 있으니 그럴 수밖에 없으리라고 말했다. 달리 말하자면 학생들이 주류 교과서를 사지 않는다는 뜻이다. 풀브룩은 아이러니하게도 〈시장의 힘은 신고전파 경제학의 반대 방향으로 움직인다〉고 말했다.

오스트레일리아의 스티브 킨은 탈자폐 경제학 운동에 최초로 참여한 경제학자 중 한 명이다. 킨은 1973년에 학생 시위를 주도하여 시드니 대학에서 정치경제학과 신설을 이끌어 낸 이력이 있다. 킨은 이렇게 말했다. 「신고전파 경제학은 종교가 되었습니다. 수학이라는 껍데기를 입은 덕에 — 여기서 〈껍데기〉라는 단어가 중요합니다 — 사람들은 경제학이 진리라고 믿습니다. 무언가를 진리라고 믿으면, 바깥에서부터 껍데기를 깨뜨리고 확신을 짓밟지 않는 이상 그 사고방식에 갇히고 맙니다.」

신고전파 모형은 여전히 케임브리지 대학에서 위세를 떨치고 있다. 포크너는 현재 클레어 대학에서 가르치고 있지만, 그 역시 주류 경제학에 몸담고 있다. 달리 방법이 없기 때문이다. 「수학은 재미있는 학문입니다. 사소한 문제와 사소한 퍼즐을 풀다 보면 신나는 직업이라는 생각이 듭니다. 하지만 통찰력을 주지는 못합니다. 경제학에서 주장하는 것과 달리 시장과 개인을 설명하지 못하니까요.」

미국
하버드

하버드 광장 근처의 카페. 볼륨을 끝까지 올린 플리트우드 맥의 음악이 귀청을 울리고, 꽉 들어찬 손님들은 에스프레소를 연료 삼아 수다를 떤다. 이곳에서 게이브 캐치는 하버드 대학의 경제학 교육에 환멸을 느낀 사연을 털어놓았다. 붉은 머리칼의 스물한 살 대학생 캐치는 하버드에서 가장 영향력 있는 경제학 수업에서 가르치는 것과 달리 하버드의 엘리트 학생 전부가 〈합리적으로〉 자기 이익을 추구하는 존재는 아니라고 잘라 말했다.

「수업에서 개념을 제시하는 방식에 구역질이 났습니다. 비판적 사고와 사상의 자유 시장을 중요시하는 하버드에 이토록 현실과 동떨어진 수업이 있다는 게 위선적이라는 생각이 들었거든요. 수업에서는 경제 현상의 한 측면만을 내세웁니다. 다른 측면이 분명히 있는데도 말이죠.」

그레고리 맨큐가 키를 잡기 전에 하버드의 경제학 원론 수업을 20년 동안 지배한 사람이 있으니 그가 바로 마틴 펠드스타인이다. 하버드의 운동권 학생 캐치를 처음으로 자극한 것은 『뉴욕 타임스』의 펠드스타인 관련 기사 〈부시 경제팀의 학계 멘토〉였다. 이 기사는 부시 경제팀을 〈펠드스타인 동창회〉라 부르며 펠드스타인이 〈자신의 분야에서 제국을 건설하여 타의 추종을 불허하는 영향력을 휘둘렀다〉고 단언했다. 그뿐 아니라 〈학기 중에 그의 경제학 수업을, 아니 오로지 그의 경제학 수업만을 들은 하버드 졸업생 수천 명이 정책 입안자와 기업 임원이 되었다〉고 지적했다. 펠드스타인은 「뉴욕 타임스」와의 인터뷰에서 이렇게 말했다. 「가르치는 일이 정말 마음에 듭니다. 18년 동안 이 일을 했죠. 학생들이 제 수업을 들으면 세상을 보는 눈이 달라집니다.」

그것이 바로 캐치의 문제였다. 캐치는 1학년 때 펠드스타인의 경제학 원론 수업을 들었다. 「경제학 원론이 정치적 중립과 과학성을 내세우지만 실은 보수적 정치 의제와 (레이건의 자문을 지냈고 버젓이 공화당원인) 교수 자신의 이념을 옹호하고 있다고 생각하는 건 저만이 아닙니다. 균형 잡힌 시각을 제시하는 수업, 경제학의 전문 용어로 보수적 정치 편향을 감추려 들지 않는 수업을 원하는 건 저만이 아닙니다.」

캐치는 입학 첫해에 하버드 행정 직원들의 생활 임금 보장을 요구하는 학생 캠페인에 참여했다. 동료 학생들은 공감을 표했지만, 상당수는 캠페인을 지지할 수는 없다고 말했다. 경제학 원론에서 배운 대로라면 임금을 올리면 실업이 증가하여 노동자의 삶이 오히려 악화되기 때문이라는 것이었다. 하버드 대학 총장실에서 3주간의 연좌 농성을 벌이던 중에 학생들은 직원 임금 인상을 쟁취했다(하지만 생활 임금 기준까지 올리지는 못했다).

생활 임금 운동이 승리를 거두자, 〈인도적이고 책임감 있는 경제학 학생 모임SHARE〉에 속한 하버드 운동가들은 수업 방식에 이의를 제기하기로 마음먹었다. 이번에는 선례를 따라 경제학 원론 수업에서 대안 경제학 참고 도서 목록을 배포했다. 〈기업〉이 수업 주제인 날은 기업의 사기 행위에 대한 언론 기사를 돌렸다. 자유 무역을 강의하는 시간에는 세계무역기구와 국제통화기금을 비판하는 글을 가져갔다. 나중에는 프랑스의 탈자폐 경제학 운동을 연상시키는 성명서를 발표하고 대안 강의를 요구했다. 학생 800명의 서명을 받아 경제학 원론의 대안이 될 비판적 강의를 개설하라고 청원한 것이다. 이 요구는 일언지하에 거절당했지만 경제학과 외부에서 대안 강의를 도입하는 데는 성공했다.

이들의 행동은 22개국의 경제학과 교수와 학생이 서명한 케임브리지 권고안과 탈자폐 경제학 운동에 동의하고 이를 지지하여 경제학과에 보낸 공개 서한인 〈캔자스시티 권고안〉을 따른 것이다.

당시에 하버드 대학 총장이던 로런스 서머스는 신고전파 경제학 진영이 어떤 사고방식을 가지고 있는지 잘 보여 준다. 서머스는 1990년대 초에 오염 물질 거래를 옹호하는 메모로 전 세계인의 분노를 산 세계은행 수석 경제 자문과 동일인이다. 메모에는 이렇게 쓰여 있었다. 〈우리끼리만 하는 얘긴데 세계은행이 오염 산업의 저개발 국가 이전을 더 장려해야 하지 않겠습니까? 최저 임금 국가에 유독 폐기물을 쏟아 버리는 행위의 경제 논리는 흠 잡을 데가 없다고 생각합니다. 우리는 현실을 직시해야 합니다. ……저는 아프리카 인구 과소 국가들이 상당한 오염 과소 국가라고 늘 생각했습니다……〉

이에 대해 브라질의 환경부 장관 호세 루첸베르거는 이렇게 받아쳤다. 〈당신의 논리는 완벽히 논리적이지만 철저히 몰상식하다. ……당신의 사고방식은 우리가 살아가는 자연에 대한 기존 경제학자들의 어처구니없는 단절, 환원주의적 사고, 몰인정, 오만한 무지를 똑똑히 보여 주는 예다.〉

훗날 서머스는 이 메모를 반어적 의미로 썼다고 주장했으며 언론에서는 보좌관이 메모를 작성했다고 보도했다. 또한 서머스는 하버드 대학의 2003/2004년 기도회에서 노동 착취 공장을 〈도덕적〉으로 변호하며 이것이 저임금 국가 노동자들에게 〈최선의 대안〉이라고 주장했다.

하버드 대학 2학년생으로 SHARE 소속인 제시 마글린은 〈정계에서 벌어지는 일을 학계에서 뒷받침하고 있다는 사실을 무시하면 안 된다〉고 말했다. SHARE는 자유주의적 강의가 사상의 주도권을 쥐는 것을 바라지 않았다. 이들이 바란 것은 〈우파의 시각뿐 아니라 모든 시각을 접할 수 있는 비판적 강의〉였다. 제시는 비판에 학문적 토대가 없으면 대안적 접근법이 〈제도권에서 정당성을 얻지 못한다〉고 말했다. 「막강한 펠드스타인 교수의 상대가 되지 못하는 거죠.」

제시의 아버지 스티븐 마글린은 하버드 대학 경제학과 교수로, 경제학 원론의 대안 과목을 가르친다. 1967년부터 학교에 몸담은 마글린은 대공황과 제2차 세계 대전을 겪은 세대의 끝자락에 서 있었다. 「이 세대는 경우에 따라 시장이 해결책일 수 있지만 문제가 될 수도 있다고 생각했습니다.」

마글린은 10년째 주류 경제학 원론 교과서를 사용하고 있지만 교과서의 토대가 되는 가정을 수업 중에 비판한다. 마글린이 학생들에게 전하고 싶은 것은 편견이 아니라 균형이다.

「사람들이 길거리에 나와 항의하고 싶도록 만든 이 경제의 문제점에 대해 이의를 제기할 수 있도록 도움을 주고 있습니다. 이건 제 나름의 대응입니다. 탈자폐 경제학 진영도 여기에 대응하고 있다고 생각합니다. 경제학은 정치를 이끌지 않습니다. 정치의 뒤를 따르죠. 시애틀이나 워싱턴의 반대 시위를 넘어설 만큼 정치적 스펙트럼이 넓어지지 않으면 경제학의 지평이 넓어지지는 않을 겁니다. 저 같은 사람이 씨를 뿌릴 수는 있습니다. 하지만 싹이 트려면 여건이 무르익어야 합니다.」

지금 씨앗이 싹트고 있다고 말할 수 있을까?

서머스는 하버드를 떠난 뒤에 버락 오바마의 수석 경제 자문이 되어 2008년 금융 위기에 대한 행정부의 대응을 조율했다. 그러다 그해에 헤지펀드에서 연봉 500만 달러를 받고 정부 구제 금융을 받은 월스트리트 기업들로부터 강연료로 270만 달러를 챙긴 사실이 탄로났다. 2012년에 서머스는 다시 하버드 교단에 섰다. 서머스는 최근 칼럼에서 〈전체 소득에서 상위 1퍼센트, 심지어 0.01퍼센트가 차지하는 몫이 급격히 늘고 있다〉고 언급했다. 칼럼 제목은 〈자본주의는 왜 작동하지 않을까 Why Isn't Capitalism Working?〉이다.

마드리드에서는 금융 기관들이 전 세계 경제 정책에 행사하는 부당한 영향력에 반대하는 대중 저항이 벌어지고 있는데, 한 캠퍼스의 벽에 새겨진 구호가 서머스의 질문에 답이 될지도 모르겠다. 〈라 에코노미아 에스 데 헨테, 노 데 쿠르바스!La econmia es de gente, no de curvas!〉〈경제학이 다루어야 할 것은 곡선이 아니라 사람이다!〉라는 뜻이다.

2012년 3월 12일.
밴쿠버 브리티시컬럼비아 대학 소더 경영대학원 앞에서
점령하라 운동 전시회가 열렸다.

네오콘의 세뇌 ─ 맨큐식으로

질 라보

질 라보는 파리 8대학 경제학과 조교수로,
탈자폐 경제학 운동(paecon.net)을
처음 시작했다. 블로그 주소는
www.alternatives-economiques.fr/
blogs/raveaud이며 이메일 주소는
gillesraveaud@gmail.com이다.

그레고리 맨큐라는 이름을 못 들어본 사람이 있을지도 모르겠다. 맨큐는 하버드 경제학과 교수이고 조지 W. 부시의 경제 자문을 지냈으며 우리 세대의 가장 뛰어난 경제학자로 손꼽힌다. 이 시대 최고의 선동가이기도 하다. 그의 표적은 젊은 경제학과 학생들이며 작전 구역은 전 세계 대학, 무기는 세계 최고의 베스트셀러인 경제학 교과서다. 이 책은 36장, 800페이지에 달하며 컬러 삽화와 그래프, 이야기, 재미있는 읽을거리를 곁들였다. 영어를 몰라도 상관없다. 전 세계 언어로 번역되어 있으니까.

이 시나리오에서 가장 우려스러운 점은
맨큐의 사상 자체가 아니라 경제학을
신자유주의에 전적으로 치우친 통일된 학문으로
내세운다는 사실이다. 이 책에는 〈대부분의
경제학자들〉이라는 말이 참 많이 나온다. 책을
읽으면서 가장 먼저 드는 생각은 맨큐가 시장을
거의 모든 문제의 해결책으로 믿으며 이 책을
통해서 학생들도 그렇게 믿도록 하고 싶어
한다는 것이다. 생물의 멸종? 걱정할 것 없다.
멸종 위기에 처한 동물을 살리려면 전부 사유
재산으로 만들면 된다. 소, 닭, 돼지도 그렇게
살아남았다. 코뿔소, 코끼리, 흰긴수염고래라고
그러지 못한다는 법이 있는가? 이런 얘기가
11장에 나온다.

맨큐에 따르면, 문제가 해결되지 않는 이유는
시장이 불완전하거나 시장이 없거나 둘 중
하나다. 풀리지 않는 경제 문제와 사회 문제에
대한 다른 설명은 모두 궁극적으로 폐기된다.
인류를 위협하는 외부 효과에 대해서는 풍요로운
삶을 위해 감수해야 하는 대가라고 말한다. 이
〈악마와의 거래〉는 책 첫머리에 나오는 10가지
기본 원리 중 첫 번째 원리다.

나는 2005~2006년에 하버드 대학에서
무급 박사후 연구원으로 있으면서 맨큐의
강의 조교로 일했다. 견디기 힘든 시절이었다.
거시 경제학은 형편없기는 하지만 그나마
참을 만했던 반면, 미시 경제학은 그야말로
신자유주의의 캐리커처였다. 나는 매주 칠판에
수요 공급 곡선을 그렸다. 학생들이 어떤
질문을 하든 ― 실업 문제든, 소비 문제든, 주택
문제든 ― 똑같은 주문을 되뇌어야 했다. 완전
경쟁이 〈사회적 최적화〉를 가져다준다는 얘기
말이다. 오염이라는 예외적 사례를 제외하면

국가의 개입은 국민의 행복을 증진시킬 수 없고
생산성이 가장 높은 부문을 시장이 보상하면
불평등의 문제도 사라진다고 주장해야 했다.

실업은 시장이 불완전함을 보여 주는
예다. 그런데 맨큐는 실업이 존재하는 유일한
이유가 실업 수당, 노동조합, 최저 임금제 같은
인도적 개입 때문이라고 말한다. 이런 개입이
없어지면 실업도 없어진다는 것이다. 6장에서
맨큐는 이것이 경제학자들의 일치된 견해라고
말하는데, 사실 많은 경제학자들은 노동 시장이
매우 특별한 〈시장〉이며 가격(임금)이 정해지는
방식이 여느 〈상품〉과 같지 않다고 말한다.
앨런 크루거의 말처럼 《《수요와 공급의 경쟁이
임금을 결정한다》라거나 시장에서 결정되는
단일한 임금이 존재한다고 말하는 것은 지나친
단순화》다.

임금이 결정되는 방식이 이토록 독특하기에
케네스 애로, 로버트 솔로, 조지프 스티글리츠를
비롯한 경제학자 600명은 미국의 최저 임금을
인상해야 한다고 주장한 바 있다. 하지만
하버드의 학생과 직원이 〈생활 임금〉을 요구했을
때 맨큐는 반대 의사를 밝혔다. 2001년에 『하버드
매거진』과의 인터뷰에서 맨큐는 관리 인력의
최저 임금을 조금이라도 인상하면 〈지식의
창조와 보급이라는 대학의 사명이 위태로워질〉
것이라고 말했다. 결코 농담이 아니다. 물론
종신 교수의 임금이 〈균형〉 가치를 웃돌고 있을
가능성은 언급하지 않는다. 완전 경쟁 노동
시장의 원칙에 위배되는 종신 재직권의 존재는
말할 것도 없다.

맨큐에게 실업이 불완전 시장의 사례라면
오염은 시장 부재의 사례다. 경우에 따라 시장이
깨끗한 환경을 보장하지 않을 수 있으며 그로

인해 경제학 용어로 〈부정적 외부 효과〉라
불리는 지나친 오염이 일어날 수 있음은
인정한다. 그렇다면 그가 제시하는 해결책은
무엇일까? 맨큐는 오염시킬 수 있는 권리를
규정하면 문제를 해결할 수 있다고 주장한다. 즉,
공공 기관이 오염 기업에 〈허용량 이상으로는
오염시킬 수 없는 오염 허가〉를 내주는 것이다.
기업들은 연간 오염 물질 배출량을 예측하여
시장에서 허가권을 매매한다. 허가권이
희소할수록 가격이 높아지며 기업의 오염 감축
유인도 커진다. 이 제도는 어느 정도 효과가 있다.
이 같은 허가제로 단순한 오염 문제를 해결할 수
있는 경우가 있기는 하다. 하지만 문제는 일부
학생들에게는 〈안타깝게도 전부는 아니다〉 놀랍게도
맨큐가 자율 규제를 좀처럼 언급하지 않는다는
것이다. 이것은 경제학 원론의 4번 원리인
〈사람들은 경제적 유인에 반응한다〉에 위배된다.
경제 활동 증가로 인한 기후 변화가 오늘날 중대
사안으로 부각되었지만 맨큐의 책에서는 색인에
언급되었을 뿐이다. 색인에 실린 페이지를
펼쳐보니 오바마의 탄소세 정책이 무산된 과정을
설명하는 부분이다.

2007년에 내가 이 글의 이전 원고를
『애드버스터스』에 기고했더니 맨큐는
블로그에서 자신이 〈경제학계에서 합의된
내용을 최대한 있는 그대로 제시했다〉고
해명했다. 맨큐는 경제학계의 주류가 〈중도
우파〉이며 이들이 〈여느 인문학 교수보다 더
시장 친화적〉이라고 말했다. 그러자 그의 정치적
적수이며 2008년 노벨 경제학상 수상자인 폴
크루그먼이 반격에 나섰다.

「뉴욕 타임스」에 기고한 유명한 칼럼
「경제학자들이 터무니없는 잘못을 저지른

이유How Did Economists Get It So Wrong」에서
크루그먼은 이름난 경제학자들이 위기를
예견하지 못한 이유는 개인의 합리성과 자유
시장의 효율성을 확신했기 때문이라면서
위기가 가능성의 영역 너머에 존재한다는
것을 이유로 내세웠다. 이 점에서 맨큐와 그의
비판자 크루그먼 둘 다 〈비정통파〉 동료들을
외면한다는 공통점이 있다. 공교롭게도 비정통파
경제학자 상당수는 임박한 붕괴의 조짐을
느끼고 있었으며, 따라서 학계의 스타들보다
훨씬 정확하게 현재 위기를 예측했다. 경제학자
제임스 K. 갤브레이스는 「이 경제학자들은 대체
누구인가?Who Are These Economists, Anyway?」라는
글에서 경제·정책연구소 소장 딘 베이커가 이미
2002년에 주택 거품을 예측했음을 언급했다.
갤브레이스는 베이커가 사태를 이해한 비결은
주택 시장의 정상적 가격 수준을 알고 있었기
때문이라고 말했다. 〈시장 제도와 시장 관계는
정상적 가치가 존재한다는 의미에서 일반적으로
안정적이다.〉 따라서 주택 가격이 과거 가치보다
훨씬 높으면 거품이 발생할 가능성이 매우 크다.
별것 아니지만, 신자유주의라는 짙은 색안경을
낀 눈에는 이러한 가능성이 전혀 보이지 않는다.
맨큐의 세상에는 거품도, 불균형도, 위기도
존재하지 않기 때문이다. 맨큐의 세상은 시장이
원활히 작동하고 모두가 마땅한 대가를 받는
공정한 세상이다. 시장과 사기업, 재산권의
마법이 기적을 이루는 세상이다. 이 세상에서는
삶의 질이 꾸준히 높아지며 사람들은 더
건강하고 더 오래 살고 더 행복하다. 아름다운
세상이다. ……존재하지 않는다는 게 문제이기는
하지만.

하버드의 내 제자들 중 일부는 사적인

"우리의 교재는 현실입니다. 우리는 책에서 가르치지 않는 것을 가르칩니다."

— 어제이 조지프
2006년 최고 경영자 과정

『하버드 비즈니스 리뷰』 2012년 1·2월 자

자리에서 맨큐의 수업이 〈대대적인 보수주의 선전전〉이었다고 말하기도 했다. 그중 한 명은 맨큐가 〈모두를 세뇌하려〉 하는 것 같다고 말했다. 2003년에는 레이건 대통령의 경제 자문을 지낸 마틴 펠드스타인이 이와 비슷하게 수업을 진행하다가 학생들의 항의로 급진적 경제학자 스티븐 마글린의 대안적 경제학 원론 과정이 개설된 바 있다. 그런데 맨큐의 수업은 경제학과 필수 과목이지만 마글린의 수업은 선택 과목이다. 그래서 맨큐의 수업은 800명이 듣지만 마글린의 강의실에는 100명밖에 없다. 전 세계 수십만 명의 학생들이 맨큐의 교과서로 공부하고 있음은 말할 것도 없다.

맨큐는, 시장이 경제 활동을 조직화하는 훌륭한 방법이기에 수요와 공급이 경제학의 전부라고 말한다. 토마토, 의료, 주택, 자동차 등 무엇을 원하든 우리는 시장에서 값을 치를

용의가 있다. 이것이 바로 수요다. 시장의 반대편에서는 기업들이 근사한 최신 의류, 휴대폰, 주택 등을 소비자에게 공급하려고 경쟁한다. 이것이 공급이다. 공급이 수요보다 많으면 가격이 떨어진다(전쟁이 벌어지고 있는 나라에 여행을 간다고 생각해 보라). 수요가 공급보다 많으면 가격이 올라간다(코트디부아르에서 전쟁이 일어나면 코코아 공급이 줄어든다). 수요와 공급은 장기(臟器) 부족 현상을 비롯하여 우리가 상상할 수 있는 모든 상황에 적용된다. 하지만 맨큐의 책은 오로지 사소한 선택만을 다룬다. 이를테면 콜라 한 캔을 더 사려고 피자 몇 조각을 포기할 용의가 있는가 따위다. 이런 수법은 문제의 심각성을 감추는 데 매우 효과적이다. 교과서에서 〈식량을 사려면 의료를 얼마나 포기해야 하는가〉 같은 문제를 다루었다면 학생들의 반응도 달랐을 것이다. 맨큐의 교과서에서는 〈필요need〉라는

285

개념도 찾아볼 수 없다. 백만장자가 요트를 사고 싶어 하는 욕망은 언제나 충족되지만 — 돈이 있으니까 — 가난한 일가족이 집을 구해야 하는 필요는 충족되지 않는다는 사실을 수업 주제로 삼으면 학생들은 어떤 생각을 할까? 하지만 이런 주제는 금기다. 맨큐는 사소한 예를 거듭 들면서 학생들이 개인의 선택과 선호를 현실에 기반하여 이해하기보다는 이데올로기적으로 이해하도록 길들인다. 〈가난하다〉와 〈부유하다〉라는 단어는 좀처럼 쓰이지 않는다. 하지만 더 놀라운 사실은 대중의 기호를 좌우지하는 기업의 힘을 전혀 언급하지 않는다는 것이다. 맨큐의 세상은 중소기업들이 완전 경쟁 시장에서 활동하는 세상이다. 〈미국 경제〉에 관한 이야기는 어디에도 없다. 맥도날드도, 나이키도, 마이크로소프트도 없다.

지난 10년간 미국에서는 빈부 격차가 부쩍 커져서 점점 더 많은 경제학자들이 여기에 주목하고 있지만 맨큐는 불평등에 관심이 없다. 심지어 주류 경제학자들까지 부의 양극화 문제를 다루고 있는데도 맨큐는 요지부동이다. 미국의 빈부 격차가 유럽보다 심하다고 인정하기는 한다(그런데 1960년대에는 그렇지 않았다는 사실은 언급하지 않는다). 하지만 브라질과 중국보다는 격차가 덜하다고 토를 단다. 빈부 격차가 벌어지는 것은 부자에게 더 많은 돈을 몰아주려고 의도적으로 계획된 우파 정책 때문이 아니라 신기술이 노동과 세계화에 영향을 미쳤기 때문이라고 설명한다.

하버드를 비롯한 대학들은 학생들이 경제를 폭넓고 비판적으로 이해할 수 있도록 해야 한다. 그러지 않으면 학생들이 사회에 진출했을 때 오히려 사회에 해악을 끼칠 것이다. 교수들이 〈자유 시장〉이라는 말 대신에 〈자본주의〉를 입에 올려야 할 때가 왔다. 맨큐의 교과서는 교수들이 가르치는 데는 편리하지만 경제 이론을 지나치게 단순화하고, 시장이 인간의 행복을 침해하고 사회에 피해를 주고 지구를 위협할 수 있음을 외면한다. 해마다 수만 명의 학생들이 맨큐의 편견을 나침반 삼아 세상에 뛰어든다. 하지만 대학 밖에서는 신자유주의 의제에 대한 비판이 점점 거세지고 있다. 대학 안에서도 대안 교과서가 보급되고 있다. 따라서 현실 세계의 문제를 정면으로 다루고 경제 사상의 다양성과 복잡성을 아우르는 대안 교과서들이 맨큐의 경전을 조만간 앞지를 것이라 기대해 본다. 맨큐 교수는 경쟁의 신봉자이니 이 게임의 공정성에 이의를 제기하지 못할 것이다.

들어가서 기계를 부술 수 있다

데이비드 오럴

데이비드 오럴은 앨버타 대학에서 수학을 공부했으며 옥스퍼드 대학에서 비선형 시스템 예측에 대한 연구로 박사 학위를 받았다. 이 글은 『경제학 혁명: 신화의 경제학에서 인간의 경제학으로*Economyths: How The Science of Complex System is Transforming Economics Thought*』에서 발췌했다. 오럴은 『거의 모든것의 미래: 인류의 미래에 관한 눈부신 지적 탐험*The Future of Everything: The Science of Prediction*』의 저자이기도 하다.

신고전파의 경제학은 대학 강단에 선 교수들에게 많은 빚을 지고 있다. 그들이 이 경제학의 논리를 유지하고 보수하며 보호하는 역할을 해왔기 때문이다. 이런 활동은 경제학부의 범위를 넘어 계속된다. 대학들은 학문 분야를 세부 전공으로 나누고 각각을 분리시키려고 애써 왔다(최근에는 변화의 조짐이 일어나고 있다). 경제적인 결정은 어떤 방식으로든 삶의 다양한 측면에 영향을 주며, 경제학자가 아니더라도 사람들은 각자 자신의 의견을 갖고 있기 마련이다.

여기에 떠오르는 질문들이 있다.

물리학은 자연 법칙인 척하는 경제 사상을 보며 무슨 생각을 할까?

사회가 서로 독립적으로 행동하는 개인들로 이루어진다는 이야기에 인문학은 동의할까? 만일 아니라면 그것은 미래의 기업 지도자들의 교육에 어떻게 반영되고 있을까?

수학은 경제학 교실에서 사용되는 모형에 만족할까? 안정성과 같은 가정은 만족스러운가? 기계 공학도는 〈금융 공학자〉들이 사용하는 안전 마진에 대해 뭐라고 생각할까? 성차 연구 분과는 경제적 인간의 정의에 대해 이의가 없을까?

사회학자들은 사회가 항상 합리적으로 움직인다는 데 동의할까? 가장 소중한 재화 중 하나인 정보가 거의 0의 비용으로 전파될 수 있다는 신고전파 이론은 점점 네트워크화되어 가는 사회에서 어떤 의미가 있을까?

정치학자들은 경제학이 정치적으로 중립적이라는 견해를 인정할까?

역사가들은 신고전주의 경제학이 중립적인 과학이며 일정한 역사적 시기에 만들어진 문화적 산물이 아니라는 확신을 갖고 있을까? 여성 혹은 서로 다른 정치적·경제적 사상과 의제를 지닌 비서구 지역의 소비력 증가는 어떤 결과를 가져올까?

생태학자들은 경제학 교과서가 환경을 충분히 진지하게 다루고 있다고 생각할까? 만일 우리가 생존을 위협하는 거대한 환경 위기에 노출되어 있다고 믿는다면, 그들이 속한 기관에서 이루어지는 경제학 원론 수업은 이 위험을 증대시킬까 아니면 감소시킬까?

심리학은 효용의 정의 혹은 행복의 경제학에 대해 어떻게 생각할까?

철학자들은 시장이 윤리적 결정을 내릴 수 있다는 데 동의할까?

마지막으로, 하버드, 옥스퍼드, MIT, 캘리포니아 공과대학과 같은 엘리트 기관들은 2007년 졸업자들의 20 혹은 30퍼센트 이상이 금융 분야로 진출한 것에 대해 어떻게 생각할까?

이 교육 기관들은 과도한 보수를 받고 사회적으로는 비생산적인 분야에서 재능을 발휘할 학생을 선출하기 위한 필터 혹은 장벽으로 이용되고 있는 것일까? 만일 그렇다면, 윤리학은 차치하더라도 이 대학들이 적어도 새로운 이론과 접근법을 좀 더 잘 반영하기 위해 교육 과정을 개선해야 하는 것은 아닐까?

대학의 학부들이 연구 주제들을 분리시킨 인위적인 구획을 무너뜨릴 때까지 신고전파 논리 피아노 기계는 안전할 것이다. 변화에 대한 희망은 대학의 행정 당국이 아니라 위기에 놓인 학생들에게 달려 있다. 그들은 경제에 대한 허구의 이야기를 주입당하는 당사자들이다. 만일 그들이 거기에 매몰되지 않겠다고 결심한다면, 상황은 달라질 것이다. 경제학자들은 경제학에 진보가 없는 이유를 변명하기 위해 학계의 변화가 워낙 느리게 일어난다는 논리를 내세운다. 하지만 그것은 사실이 아니다. 오랫동안 아무 일도 일어나지 않다가도 정작 변화가 일어날 때는 모든 것이 급작스럽고 격렬하게 이루어진다. 마치 지진이나 금융 위기처럼, 지난 세기 초엽에 물리학은 고작 몇 년 사이에 전부 새롭게 쓰였다. 생물학은 휴먼 게놈 프로젝트와 같은 신기술의 등장으로 혁명적인 변화를 겪었다.

하버드 대학 학생들이 그레고리 맨큐의 경제학 원론 수업을 거부하고 있다.

하버드 대학은 미국에서 가장 총명하고 분석력이 뛰어난 학생들이 입학한다. 하버드 대학이 배출한 노벨상 수상자는 46명에서 최대 107명에 이른다. 그리고 그중 16명이 경제학상 수상자다. 미국의 현직 대통령도 하버드 출신이다. 하버드 대학에 입학하는 학생 상당수는 월스트리트에 진출하는 것 따위는 꿈도 꾸지 않는다. 하지만 구인 행사와 하버드 문화를 실컷 경험한 뒤에는 절반에 가까운 학생이 전공과 상관없는 분야를 택한다. 세상을 바꾸겠다는 청춘의 꿈은 간데없고 골드만삭스, JP모건, 뱅크오브아메리카 같은 곳에 몸담는다. 미국공영라디오의 보도에 따르면, 2010년에 하버드 졸업생의 49퍼센트가 졸업 뒤에 컨설팅 및 금융 분야에 취업했다. 왜 그랬을까?

이 깔때기 현상의 출발점은 하버드의 인기 과목 중에서도 가장 인기 있으며 경제학뿐 아니라 여러 전공의 필수 과목인 그레고리 맨큐의 1년짜리 경제학 원론 수업이다. 이 수업을 들은 졸업생들이 국제통화기금, 세계은행, 백악관, 월스트리트에 잔뜩 포진하고 있으며 로런스 서머스처럼 이 중 세 군데를 거친 사람들도 있다. 2008년 금융 위기의 단초를 마련한 자들은 모두 학생으로든, 교수로든, 학장으로든 하버드 또는 경제학 교과 과정이 비슷한 아이비리그 대학을 거쳤다. 뮤추얼 펀드 포트폴리오에서 우리가 가진 지분의 가격을 결정하는 것에서부터 주류 경제학의 모든 교재에 이르기까지 이들의 영향력이 미치지 않는 곳이 없다. 오늘날 경제학에 관심이 있는 사람이라면 지금 어떤 위치에 있든 몇 다리만 건너면 하버드 경제학 원론을 만나게 된다.

2011년 11월 2일은 미국 최근 역사에서 가장 널리 보도되었으나 가장 주목받지 못한 저항 운동이 벌어진 날이다. 고등학교를 졸업한 지 5개월, 하버드에 입학한 지 2개월째인 10대 청소년 레이철 J. 샌딜로애슈와 게이브리얼 H. 베이어드가 더 균형 잡힌 교과 과정을 요구하며 동료 학생 70명과 함께 맨큐 교수의 수업을 거부했다.

베이어드는 수업 거부의 취지를 이렇게 설명했다. 「저는 경제학 원론 수업을 듣는 학생에 불과하지만 경제학의 양면을 접하고 싶었습니다. 경제학자가 되거나 경제학을 깊이 이해하지 못하고 단편적인 지식만을 얻은 저 같은 학생들이 경제 정책을 주도하게 될까 봐 우려스럽습니다.」

강의실에 남은 700명가량은 이런 우려에 대해 조롱과 야유로 답했다. 예전에 맨큐의 수업을 들은 일부 학생들은 존경하는 교수님을 지지한다며 강의실에 들어와 자리를 지켰다. 이들은 수업을 거부하고 강의실을 나서는 학생들을 향해 〈우리는 맨큐 교수님이 좋아!〉를 합창했다.

HARVARD

주류 언론에서는 이번 수업 거부를 1퍼센트 중의 1퍼센트가 벌인 기행으로 치부했다. 주류 언론 대다수는 시위 학생들을 세상 물정 모르는 애송이 망나니로 묘사했다. 하버드 대학의 학생 신문 「크림슨」조차 시위 학생들이 철없고 무식하고 이념적이라며 거들고 나섰다. 「크림슨」의 사설 제목은 〈학교에 머물러라: 수업의 이념에 반대하면 자유로운 학문적 논의가 침해받는다〉였다. 「폭스 뉴스」는 스펙 쌓기에만 열중하는 학생들이 균형 잡힌 중도적 원론 수업을 왜 거부했을까, 라며 의문을 제기했다. 「허핑턴 포스트」는 그날의 강의 주제가 공교롭게도 소득 불평등이었다고 꼬집었다. 맨큐 자신은 「뉴욕 타임스」 칼럼에서 시위 학생들의 열정에 감동을 받았지만 학생들이 〈사실을 제대로 알지 못한다〉는 사실이 서글펐으며 〈대부분의〉 경제학자들은 주류 경제학이 이념과 무관하다고 믿는다고 말했다. 사실, 경제학 원론 수업에서 〈대부분의〉라는 말을 허투루 쓴 것이야말로 학생들의 주된 불만이었다.

〈경제학계에서는 이러한 논쟁을 왜 교육에 반영하면 안 되느냐를 놓고 논란이 벌어지고 있다〉고 베이어드는 말한다.

수업 거부 계획은 성급하고 즉흥적인 아이디어였다. 〈하버드를 점령하라〉 회의에서 〈보스턴을 점령하라〉 시위에 동참하는 의미로 48시간 전에 급조한 것이었다. 행동을 취하기로

합의가 이루어지자 학생들은 그날 아침이 밝도록 성명서 「그레고리 맨큐 교수에게 보내는 공개 서한An Open Letter to Greg Mankiw」을 작성하여 『하버드 폴리티컬 리뷰』에 기고했다.

편지를 읽어 보자. 〈오늘 저희는 교수님께서 강의하시는 경제학 원론 수업의 편파적 사고방식에 대한 불만을 표현하기 위해 수업을 거부합니다.

하버드 학부생인 저희는 경제학에서 정부, 환경 과학, 공공 정책 등에 이르기까지 다양한 지적 탐구와 다양한 학문에 이바지할 수 있는 경제 이론의 폭넓고 개론적인 토대를 마련하고자 경제학 원론 수업에 등록했습니다. 그런데 이 수업은 오늘날 우리 사회에서 경제적 불평등을 초래한, 문제 많고 비효율적인 체제를 영속화하는 특정한 — 그리고 제한적인 — 경제학 관점을 지지하고 있었습니다…….〉

편지에서는 현재의 금융 체제, 수업 교과서의 문제점, 경제 교육의 목표, 다양한 의견의 부재, 〈경제학 원론이 하버드 대학 경제학 공부의 관문을 독점하는 현상〉 등이 하버드와 연관되었다고 강조했다. 또한 수업을 비판하려고 든 사례 중에는 논란의 소지가 있는 것들이 많았으며, 생전 처음 부모 품에서 벗어난 18세 청년의 치기도 엿보였다. 성명서에서 제기한 우려들에 대해서는 이내 비난이 쏟아졌다. 편지에는 실소를 금할 수 없는 내용도 있지만

그 의도는 솔직하고 명백한 의심, 즉 〈우리가 배우는 것은 과학인가, 이데올로기인가?〉라는 물음에서 비롯했다. 이 물음이야말로 캠퍼스와 전 세계에서 터져 나온 논란의 핵심이었다.

샌딜로애슈는 이렇게 말한다. 「전에는 경제학 원론의 내용을 가지고 토론한 적이 한 번도 없었습니다. 이번 퀴즈에서 5번 문제의 답이 뭔지, 다가올 중간고사 때문에 얼마나 스트레스를 받는지 따위나 얘기했죠. 하지만 지금은 강의 뒤에 있는 내용, 사상에 대해 이야기를 나눕니다.」

10년 전 유럽에서는 이와 비슷한 학생 저항 운동인 탈자폐 경제학 운동이 일어나 유럽 경제학과의 교과 과정과 이념적 태도가 확 바뀌었다. 이 운동은 이제 〈현실 세계 경제학〉이라 불리며 영국과 미국에도 침투를 시도했으나 번번이 하버드 대학 정문 앞에서 격퇴당했다. 맨큐의 수업을 거부한 행위는 미국에서도 비슷한 운동이 시작되었다는 신호일까? 이번에는 오래갈 수 있을까? 아니면 이번에도 용두사미로 끝날까?

〈하버드를 점령하라〉 회원이며 신경 심리학 대학원 5년차인 페나 크리넨은 〈권력 구조와 맞서는 것 못지않게 힘든 일은 동료 학생들과 맞서는 것〉이라고 말한다.

크리넨은 그날 맨큐의 강의실에 앉아 있었으며 수업 거부에 동참했다. 〈하버드를 점령하라〉 운동에서 흥미로운 점은 구성원 중에 학부생이 거의 없었다는 것이다. 수업 거부는 〈하버드를 점령하라〉 학부생 동조자들의 아이디어였지만 운동의 주축은 비(非)경제학과 대학원생들이었다. 사실 경제학과 안에서는 점령하라 운동의 기미조차 찾아보기 힘들다. 적어도 공개적으로는 그렇다. 크리넨은 물밑에서 지원 움직임이 있기는 하지만 많은 학생과 교직원이 하버드 문화와 동떨어진 사안에 목소리를 높이거나 동조하기를 두려워한다고 주장한다. 많은 사람들이 사태가 어떻게 전개될지 지켜보고 있다는 것이다.

하버드 졸업생이자 퓰리처상을 받은 저술가인 크리스 헤지스는 이렇게 말한다. 「이 학생들은 권위에 도전하려 들지 않습니다. 오히려 그 반대죠. 권위자가 자신을 어떻게 생각하느냐가 성공과 자부심의 척도거든요.

그들의 능력이 뛰어난 건 사실이지만, 그들은 아무리 능력이 뛰어나도 권력에 도전하려 들지 않습니다. 그들은 권력을 존경하기에 다루기가 수월합니다. 그래서 골드만삭스 같은 회사들이 하버드 같은 곳에서 직원을 뽑는 것이죠.」

수업 거부가 일어나고 몇 주 동안 헤지스는 하버드 구내에 텐트를 치고 노숙했다. 그러던 중에 점령하라 운동 참가자 50명가량이 골드만삭스 구인 행사장에 들어가려 시도했다. 이들은 출입을 거부당했지만 소란을 일으키는

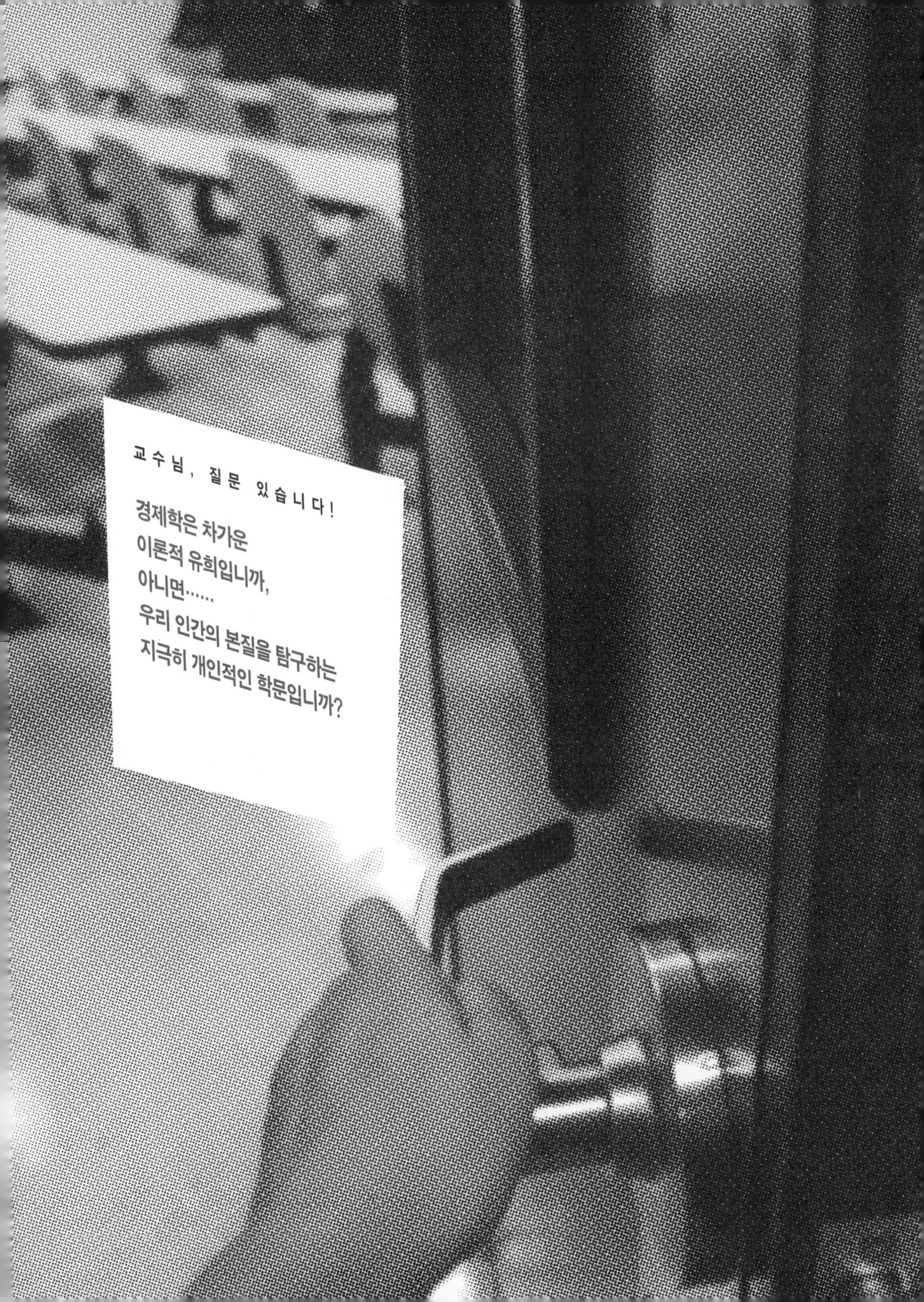

교수님, 질문 있습니다!

경제학은 차가운
이론적 유희입니까,
아니면······
우리 인간의 본질을 탐구하는
지극히 개인적인 학문입니까?

데는 성공했다. 골드만삭스는 하버드와 인근 대학에서 예정된 구인 행사를 취소했다. 「크림슨」은 다시 한 번 점령하라 운동을 격렬히 비판하는 사설을 실었다. 이번에는 월스트리트 기업에 반대하는 운동이 〈근시안적이고 진부하다〉면서 골드만삭스를 변호했다. 「크림슨」은 골드만삭스 또는 그곳에서 일하는 자들이 2008년 금융 붕괴의 주역이라는 주장에 반대하는 사람들을 대표하여 골드만삭스에 탄원했지만 골드만삭스는 취소된 구인 행사를 재개하지 않았다. 점령하라 운동 참가자들은 미국의 주요 금융 회사가 일자리로서의 매력을 잃었다고 말한다.

골드만삭스 반대 행동에 참가한 20세의 점령하라 운동 지지자 샌드라 콘은 〈이번 사건으로 깊은 인상을 받은 학생들이 많을 것〉이라고 말한다.

「식당에서 이런 얘기가 들려요. 어떤 학생이 〈나 JP모간에 취업했어!〉라고 말하면, 전에는 친구들이 〈축하해. 좋겠다. 네가 자랑스러워〉라고 했지만 이제는 〈안 돼, 넌 영혼을 팔았어. 왜 그랬니? 부끄러운 줄 알아야지. 네가 하고 싶은 일을 하렴〉이라고 말하는 거예요.」

하버드의 비정통파 경제학자 스티븐 마글린은 주류 경제학을 공격하려면 주류 정치를 먼저 공격해야 한다고 말한다. 마글린은 하버드

대학 경제학과에서 점령하라 운동의 취지를 공개적으로 지지하는 몇 안 되는 교수들 가운데 한 명이다. 그의 최근작 『우울한 과학: 경제학자처럼 생각하면 공동체가 파괴된다 The Dismal Science: How Thinking Like an Economist Destroys Community』는 신고전파의 황무지에 묻힌 진보의 다이아몬드다.

수업 거부가 일어난 지 몇 주 뒤에 점령하라 운동 참가자들이 후원한 토론회에서 마글린은 이렇게 말했다. 「수업 거부는 그레고리 맨큐를 겨냥한 것이 아닙니다. 경제학에 훨씬 깊이 스며 있는 이념을 겨냥한 것입니다. 전반적인, 그러니까 주류 경제학의 경제학 교과서에서 놀라운 사실은 이것들이 얼마나 다른가가 아니라 얼마나 닮았는가입니다.

이 이념은 공화당과 민주당이 다르지 않습니다. 그것은 어떤 현실과 맞닥뜨리더라도 흔들리지 않는 〈시장에 대한 신뢰〉입니다.」

경제학 원론 수업에서는 좀처럼 듣기 힘든 얘기다. 아직 단언하기는 이르다고 말하지만, 마글린은 점령하라 운동이 미국 대학을 점령하고 있는 신고전파의 위세를 꺾을 정치적 압박의 출발점이 될 수 있으리라 생각한다.

대런 플리트

TURE

MARXISM
MODERNISM
FEMINISM
POSTMODERNISM
CONSUMERISM
NEOLIBERALISM
TERRORISM

WE'RE
LIVING
THROUGH A
GENERALIZED
CRISIS OF
MEANING

우리는 의미의 위기가 일반화된 세계에서 살아가고 있다

저 기 요 , 교 수 님 !

지난 50년 동안 세계를 지배한
경제적·정치적 토대가
무너지려 한다고 생각하십니까?

Kick It Over!

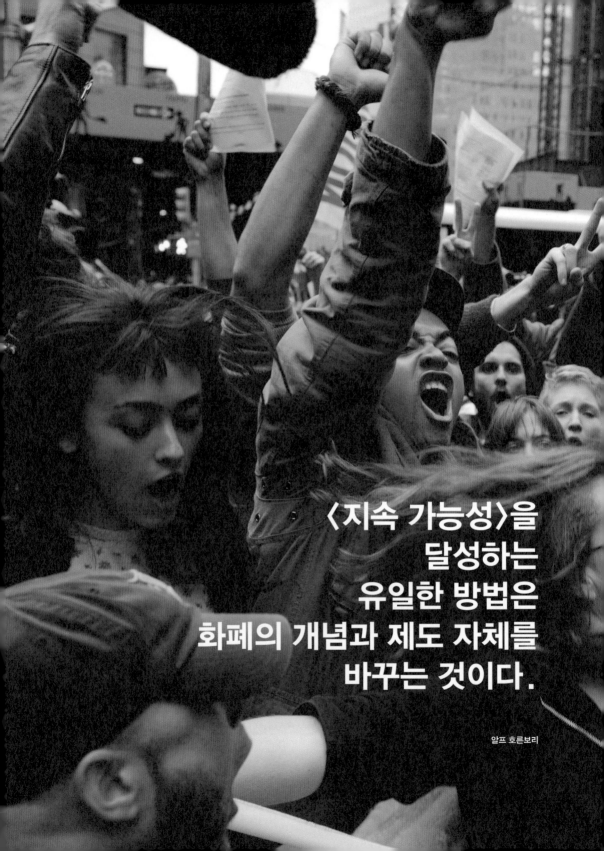

〈지속 가능성〉을
달성하는
유일한 방법은
화폐의 개념과 제도 자체를
바꾸는 것이다.

알프 호른보리

새로운 금융 구조를 궁리해야 할 시점 이다

피터 스토커

피터 스토커는 영국에서 자유 기고가이자 편집자로 활동한다.
『세계 금융 본격 지침서 *The No-Nonsense Guide to Global Finance*』의 저자이며 국외 이주 문제에 대해 책을 세 권 썼다. 뉴인터내셔널리스트 출판사의 공동 편집장을 지냈으며 유엔개발계획의 「인간 개발 보고서 Human Development Report」를 펴냈고 지금은 여러 유엔 기구의 컨설턴트로 일한다.

낯선 상품들을 정리하라

2008년의 금융 붕괴와 거기에서 촉발된 경기 침체는 복잡하게 얽히고 중복된 파생 상품을 운용하는 그림자 금융 시스템을 만들어 낸 은행과 헤지펀드 및 여타 금융 기관들의 투기 행태에도 커다란 영향을 미치게 될 것이다. 파생 상품을 이용하는 사람들조차 그것을 제대로 이해하지 못했을 뿐만 아니라, 그것들이 서로 작용하는 방식도 예측이 거의 불가능했다. 일부 파생 상품들은 유용하지만 다른 것들은 대체로 투기를 위한 수단이다. 모든 파생 상품은 금융 당국의 점검을 받아야 하고, 괜찮다고 검증된 것들만 활용되어야 한다. 그리고 누가 무엇을 소유하고 있으며 어떤 기관이 무슨 리스크에 노출되어 있는지 모든 사람이 정확히 알 수 있도록 공개적으로 거래되어야 한다. 이런 사항들이 법적으로 강제될 수 없다면 검증되지 않은 파생 상품들을 사고파는 행위를 제한해야 한다.

신용 부도 스와프는 파생 상품들 중 가장 위험한 것으로 현재 그 가치가 약 55조 달러에 이른다. 이것들은 여전히 더 많은 대출 기관들을 망가뜨릴 수도 있는 간접적이며 이해하기 힘든 형태의 보험이다. 따라서 대출 기관이 자사가 제공하는 신용에 대해 완벽히 책임지도록 강제하고, 투기꾼들이 특정 형태의 투자 수법을 동원하지 못하도록 함으로써 신용 부도 스와프의 거래를 금지해야 한다.

또 다른 정리 대상은 헤지펀드들이다. 현재 이들은 리스크의 적용 범위가 스스로에게만 한정된다는 그릇된 가정 때문에 대체로 규제를 받지 않는다. 그 피해를 줄일 수 있는 한 가지 방법은 여타 금융 기관들이 헤지펀드에 공매 용도의 주식을 빌려 주지 못하도록 금지함으로써 공매를 막는 일일 것이다.

금융 상품 매매에 세금을 부과하라

각종 왜곡과 버블을 더욱 부추기는 요인은 전자 거래다. 전자 거래를 통해 주식이나 통화, 채권이 빛의 속도로 끊임없이 매매되고 있다. 전자 거래는 자산의 내재 가치와 상관없이 다른 트레이더들이 다음 몇 초나 몇 분 사이에 어떤 투자 결정을 내릴지와 관련된 〈모멘텀〉 트레이딩을 부추긴다. 이것을 해결할 가장 유력한 한 가지 방안은 모든 금융 거래에 세금을 부과하는 조치일 것이나, 이 조치는 노벨 경제학상 수상자 제임스 토빈이 처음 제안한 이래 30년간 아직 한 번도 시도된 적이 없다. 현재 실제 무역과 연관된 외환 거래는 일간 약 3조 달러 정도인데, 이는 총외환 거래액 중 고작 5퍼센트에 해당한다. 그 나머지는 특히 개발 도상국의 국가 예산에 큰 피해를 입힐 수도 있는 투기 자금이다.

각각의 금융 거래에 0.2퍼센트 정도의 판매세를 부과한다면 투기적 거품을 상당량 걷어 내게 될 것이며, 더불어 꽤 많은 금액의 세수도 확보하게 될 것이다. 연간 금융 거래가 관리하기 적당한 수준인 100조 달러 정도로 줄어든다고 가정해 보면, 정부는 이 조치를 통해 2,000억 달러의 세수를 마련하게 된다. 주식 거래에도 동일한 원리가 적용될 수 있을 것이다. 이 조치는 주식 시장에서 트레이더들과 브로커들을 더 부유하게 해주는 역할 이외에 거의 무용지물이라 할 수 있는 헤지펀드들이 끊임없이 주식 시장을 휘젓는 행태를 어느 정도 억제시키는 효과를 보일 것이다.

리스크와 보상을 연계하라

2008년 금융 위기의 가장 혐오스러운 측면은 심지어 망한 은행들의 불명예스러운 최고 경영자들까지 실패에 대한 보상으로 거액의 보너스를 챙겨서 나갔다는 점이다. 일이 이렇게 된 원인은 금융 업계의 무분별한 인센티브 시스템이 직원들을 부추겨, 나중에 부실로 판명될 위험한 계약과 광적인 대출로 단기 수익을 내고자 시장에 도박을 걸도록 만들었기 때문이다. 이런 식의 행위는 트레이더들과 최고 경영자가 수백만 달러를 끌어모을 때까지 계속되었다. 이는 룰렛 게임에서 승리의 반대쪽에 베팅을 거는 행위와 흡사하다. 다시 말해 당신은 거덜날 때까지 꽤 많은 게임을 할 수 있지만, 자금이 바닥나는 순간 다른 게임으로 쫓겨갈 수밖에 없는 상황과 같다. 메릴린치의 최고 경영자 스탠 오닐은 2007년 10월 회사에서 쫓겨날 때 1억 6,000만 달러의 퇴직금을 챙겨 편안한 마음으로 나갔는데, 이 액수는 부분적으로 그의 위험한 전략들이 아직 반영되지 않은 주가 상승을 근거로 책정된 것이었다. 따라서 은행가들과 금융 업계에 종사하는 이들의 보수는 그들의 성과에 대한 지속적인 평가에 기초해야 하며, 가능하다면 그들의 활동이 갖는 함의를 최대한 반영해야 한다. 비록 그 의미가 몇 년이 지나도 확실히 드러나지 않을 수 있겠지만 말이다. 이는 곧 고용 계약서를 새롭게 만들어 내는 일을 의미할 것이며, 따라서 많은 금융가들이 일자리를 찾고 있으며 월급 이외의 특전에 그리 까다롭게 굴지 않는 지금이 그 일을 하기에 적기라 할 수 있다.

조세 피난처를 폐쇄하라

전 세계 조세 피난처들은 평범한 납세자들을 희생시켜, 부유한 기업과 개인을 더 부유하게 해주는 역할 외에는 별다른 용도가 없다. 영국 정부는 이에 대해 상당한 책임감을 느껴야 한다. 영국은 자국 영토의 일부에 해당하는 조세 피난처들에 대한 직접적인 통치 권한을 가지고 있다. 그러니 마음만 먹었다면 조세 피난처를 폐쇄할 수도 있었을 것이다. 하지만 그렇게 하지 않았다. 여러 기업과 개인이 미심쩍은 조세 관할권 사이에서 자금을 이리저리 옮기기 위해 이용하는 비밀의 베일을 벗길 수 있을 만한 다른 조치들도 있다. 예를 들어 전 세계에 지사를 두고 있는 기업들에게, 수익과 손실 및 사업을 운영하는 모든 국가에서 납부한 세금 내역을 신고하도록 요구하는 것도 하나의 방법일 것이다. 이에 못지않게 중요한 조치는 비밀 계좌를 폐쇄하고 각국 세금 당국들이 서로 필요한 정보를 주고받을 수 있도록 하는 일일 것이다.

새로운 금융 시스템의 시작

2008년의 금융 붕괴는 부유한 국가들의 납세자들은 물론, 글로벌 경제 위기로 고통을 겪고 있는 개발 도상국의 수백만 인구에게 막대한 대가를 치르게 했다. 하지만 그 사태는 완전히 새로운 출발, 즉 금융 시스템의 작동 방식 저변에 깔려 있는 가장 기본적인 가정들을 다시 살펴보는 일을 시도할 기회도 제공해 주었다.

물론 기업 로비스트들은 금융 시장의 창의력을 억누르는 식으로, 예컨대 규제를 강화하는 식으로 최근의 사태에 대응하려는 조치가 위험한 발상이 될 수밖에 없는 이유 등을 준비하느라 분주하다. 그들은 최근의 위기가 다윈 이론의 한 과정인 창조적 파괴의 일환에 지나지 않으므로, 이 사건을 계기로 가장 튼실한 금융 모델이 생존하고, 쓸모없거나 위험하다고 입증될 모델들은 일거에 소탕될 것이라고 주장한다.

하지만 우리는 이제 이런 무한 경쟁의 진짜 대가를 잘 안다. 금융 시장은 믿을 만한 곳이 못 된다. 금융 시장은 태양이 환하게 비추는 동안에는 막대한 수익을 올릴 무제한의 자유가 주어지길 기대하고, 하늘이 어두워지면 국가의 피신처로 황급히 달아난다. 다시는 이런 금융 위기가 재현되어서는 안 된다. 우리는 이제 좀 더 많은 것을 알게 되었다. 새로운 금융 구조를 궁리해야 할 시점이다.

『경제 민주화를 말하다』에서.

〈고장〉
수천 명이 〈고장〉 문구를 인쇄하여 13일의 금요일 새벽에
6개 주요 은행의 현금 지급기에 붙인다.

여름의 끝자락,

열의에 불타는 학생들이 거시 경제 분석 첫 시간에 강의실을 가득 메웠다. 학생들이 모두 자리에 앉는다. 교수가 마이크를 연결하고 프로젝터를 준비하면서 여느 때처럼 과목을 소개한다. 따분한 행정 절차를 한 귀로 흘려보내다 지나가듯 던지는 한마디에, 말도 안 되는 헛소리에 정신이 번쩍 든다. 교수는 무심한 어조로 이번 과정에서는 환경, 정치적 영향, 〈비합리적〉 행동을 전혀 다루지 않을 것이며 다룰 수도 없다고 못박는다. 이런 것들은 〈외부 효과〉이며 〈다른 학문 분야의 관심사〉이기 때문이라는 것이다.

어안이 벙벙하다. 자연 세계가 포함된 경제학의 범위를 독단적으로 폐기해서 그런 것만은 아니다. 그건 이미 예상했던 일이니까. 관심이나 의지가 보이지 않아서 놀란 것도 아니다. 내가 충격을 받은 이유는 강의실에 앉은 400명의 학생 중에서 교수의 낡아 빠진 교리에 눈살을 찌푸리는 사람이 나 말고는 아무도 없었기 때문이다.

지금 세대의 경제학도들은 신고전파 이론에 순응해 버린 것일까? 아니면 더 음흉하고 심각한 일이 벌어지고 있는 것일까? 침묵을 지키는 학생들은 경제학에 대한 불만과 경제학의 막대한 영향력에 맞서기를 거부하는 것일까?

경제학은 대체로 보면 자기 충족적 심리학이다. 경제학이 하는 일은 사실상 행동 모형을 구축하는 것이다. 이것은 행동의 모범이 되어 우리가 어떻게 생각해야 하는가를 규정한다. 그리하여 이 유사 과학은 합리성 가정을 정당화할 수리적 타당성과 수학적 근거를 찾는 일에 열중했다. 전통적 경제 이론에 큰 영향을 미친 물리학 같은 여타 학문이 외부 변수를 받아들이며 앞으로 나아간 반면 경제학은 낡아 빠진 구호와 퇴물이 된 가정을 쏟아 내며 제자리에 머물러 있다. 게다가 대학의 경제학 교과서는 호모 에코노미쿠스, 합리성, 효용 극대화 등의 가정을 마치 이것들이 확실히 존재하는 양 자유롭게 논의하지만, 이에 반하는 주장과 대립하는 이념은 경제학 교과서에서도 강의실에서도 좀처럼 논의되는 법이 없다. 정치 경제학이나 사회 과학 과목에서만 겨우 들을 수 있을 뿐이다. 이런 주제들은 정성적이고 철학적인 측면에 치중하기 때문에 현대 경제학을 공부하는 학생들에게 선택받지 못하여 곧잘 외면당한다. 경제학도의 관심을 끄는 것은 수학적 분석과 정량적 요소다.

물론 수학은 경제학의 중요한 부분이며 나름의 역할이 있다. 하지만 경제학이 실패한 이유는 자연 세계의 역할을 고려하지 못하고 다른 학문의 발견을 수용하려 들지 않기 때문이다. 연구 결과가 근본적 가정과 모형에 위배되면, 뛰어난 동료 경제학자의 연구이더라도 다짜고짜 비난을 퍼붓는다. 이를 가장 뚜렷이 보여 주는 사례가 데이비드 카드와 앨런 크루거의 연구다. 둘의 연구는 최저 임금제와 관련하여 신고전파 이론에 속속들이 스며 있던 표준 노동 시장 모형을 실증적 근거로 논파했다. 둘은 최저 임금을 인상했을 때 임금이 올라가되 일자리가 줄지 않는 사례를 숱하게 찾아냈다. 하지만 신고전파 경제학자들은 이 같은 참신한 발견을 〈예외〉로 치부하여 재빨리 내다 버렸다.

경제학의 온갖 문제점들이 알려져 있지만 사람들은 여전히 경제학을 무비판적으로 추종한다. 해마다 학생들은 현대 경제학의 비비 꼬인 이론과 복잡한 공식을 익히느라 골머리를 썩인다. 하지만 학생들은 이론 때문에 애를 먹으면서도 자신의 노력이 헛수고임을 알아차리지 못한다. 세상과 동떨어지고 이상화된 가정 속의 경제를 공부하기 때문이다.

공부는 막막하고 성공의 전망은 보이지 않는다. 하지만 호기심을 발휘하여 경제학의 낡은 관습에 도전함으로써 우리는 이 〈자폐적 학문〉의 메마른 껍질 위에 난 균열에 빛을 비출 수 있다. 경제학 내부에서 논의의 수위를 높이고, 곳곳에서 불거지는 결함을 해결할 학제간 접근법을 재도입하자. 그러면 모든 세대가 자랑스러워할 유산을 남길 수 있을 것이다.

경제학이 발전하여 삶의 질 향상에 이바지하려면 외부 효과와 여타 학문의 사회 현상에 대한 발견을 모형에 접목해야 한다. 그렇게 하지 않으면 경제학은 인간 본성을 설명하는 것이 아니라 가정하는 것에 불과하다.

그런데 지금 세대의 경제학도들은 이에 대해 목소리를 높이지 않는다……

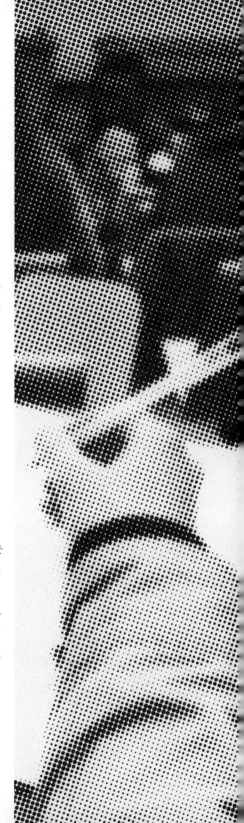

닉 도슨은 시드니의 매쿼리 대학 대학원에서 경제학과 정치학을 공부한다.

〈하버드를 점령하라〉 시위, 2011년 11월

교수님, 질문 있습니다!

경제학 원론 교과 과정이 바뀔
가능성이 있나요?

이제 우리는 종교와 전통적인 미덕의 가장 확실한 원칙으로, 마음의 부담을 전혀 느끼지 않고 돌아갈 수 있게 되었다. 탐욕은 악덕이고, 고리대금 행위는 비행이고, 돈에 대한 집착은 혐오를 살 만하고, 내일을 염려하지 않는 자가 미덕과 지혜의 길을 진정으로 걷는다는 원칙 말이다. 우리는 다시금 수단보다 목적을 더 높이 평가할 것이고, 쓸모 있는 것보다 가치 있는 것을 더 선호할 것이다. 우리는 인생을 고결하고 훌륭하게 살 수 있는 방법을 가르쳐 주는 사람들을 존경하고, 노동에서 직접 즐거움을 이끌어 내는 사람을 높이 평가할 것이다.

존 메이너드 케인스

선구자들
우리는 그들의 어깨 위에 서 있다

역사광들에게 고함.

새로이 떠오르는 경제학 분야는 그것을 생명 경제학이라 부르든, 심리 경제학이라 부르든, 생태 경제학이라 부르든 간에 싸움을 두려워하지 않은 소수의 선구자들에게 빚지고 있다.

그들은 세상이 실제로 어떻게 돌아가는가에 대해, 즉 엔트로피, 열역학, 카오스 이론, 그리고 오로지 태양에 의존하는 닫힌 계에서 끝없는 성장과 장기적 생존이 가능한지 여부에 대해 나름의 원대하고 현실적이고 실용적인 견해를 제시한 돈키호테적 지식인이다.

그들은 폭넓게 사고했으며 모두가 경제 과학의 신성한 공리라고 생각한 것에 의문을 제기했다. 말하지 않은 가정을 대담히 공박했으며 침묵의 카르텔에 균열을 냈다.

이 나그네들은 코페르니쿠스가 천문학을 변화시키고 프로이트가 심리학을 변화시키고 아인슈타인이 물리학을 변화시켰듯 경제학을 변화시킨 혁명적 선구자로 기억될 것이다.

화폐를 무에서 창조하지 말라!

프레더릭 소디

소디는 물리학, 특히 열역학 법칙의 관점에서 경제학을 바라보았다. 경제는 곧잘 기계에 비유되지만 비유의 논리적 결론을 끝까지 추구한 경제학자는 드물다. 기계와 마찬가지로 경제도 바깥에서 에너지를 공급받아야 한다는 결론 말이다. 열역학 제1법칙과 제2법칙에 따르면 영구 운동, 즉 기계가 무에서 에너지를 창조하거나 영원히 순환시키는 체계는 불가능하다. 소디는 경제가 영구 운동 기계이며 무한한 부를 창출할 수 있다는 통념을 비판했다. 소디의 지적 후배들, 즉 요즘 떠오르는 분야인 생태 경제학 학자들도 같은 목소리를 내고 있다.

이보다 더 적절한 비유는 경제를 생명계로 모델링하는 것이다. 루마니아 태생의 경제학자 니콜라에 제오르제스쿠 로겐은 1970년대에 이런 새로운 접근법을 정립하기 시작했다. 경제는 여느 생물처럼 환경으로부터 유용한(또는 엔트로피가 낮은) 물질과 에너지를 얻는다. 생물에게 먹이가 필요하듯 경제에는 동식물이 공급하는 에너지, 광석, 원료가 필요하다. 또한 여느 생물처럼 경제는 엔트로피가 높은 흔적인 붕괴된 물질과 에너지를 배출한다. 생물이 폐열, 폐가스, 유독성 부산물, 사과 속, 부식하고 마모되는 철 분자 등을 배출하듯 경제는 날짜가 지난 신문, 지난해 신던 신발, 10년 전에 타던 녹슨 자동차 같은 온갖 쓰레기와 오염 물질을 배출한다.

경제에 공급된 물질은 에너지를 이용하여 재활용할 수 있지만, 에너지는 한번 쓰면 같은 수준으로는 영원히 되돌릴 수 없다. 엔트로피 법칙에 따르면 더 유용한 형태에서 덜 유용한 형태로의 일방적인 흐름이 있을 뿐이다. 동물은 자기 배설물만 먹고 살 수 없다. 따라서 제오르제스쿠 로겐은 경제학자 앨프리드 마셜의 말을 이렇게 바꿔 썼다. 〈역학이 아니라 생물학이 우리의 메카다.〉

제오르제스쿠 로겐을 비롯한 생태 경제학자들은 소디의 뒤를 이어 부가 실제로

프레더릭 소디는 1877년에 태어났으며 전통에 고개 숙이지 않은 개인주의자였다. 전기 작가는 소디를 까다롭고 고집 센 사람으로 묘사했다. 1921년에 방사성 붕괴 연구로 노벨 화학상을 받은 소디는 1909년에 이미 핵분열에서 에너지가 발생한다는 사실을 예측했다. 하지만 원자력이 전쟁에 쓰일지도 모른다는 우려와 자신의 학문이 제1차 세계 대전의 대량 학살에 공모한 사실에 혐오감을 느껴 화학을 버리고 정치 경제 연구로 돌아섰다. 이 분야는 과학 발전의 혜택을 누릴 수 있으리라고 생각했기 때문이다. 1921년부터 1934년까지 쓴 네 권의 책에서 소디는 선견지명을 발휘하여 전 세계의 통화 관계를 근본적으로 재편하자고 주장했다.

존재하고 물리적이라고 주장한다. 그에 따르면 부는 우리가 돈을 주고 산 자동차와 컴퓨터, 옷, 가구, 프렌치프라이 등을 모아놓은 것이다. 이에 반해 화폐는 실제 부가 아니라, 부를 창출하는 경제의 능력에 대한 소지자의 청구권을 나타내는 상징에 불과하다. 한편 부채는 미래에 부를 창출하는 경제력에 대한 청구권이다. 소디는 〈이 시대 사람들의 최대 관심사는 부를 부채로 전환하는 것이다〉라고 말했다. 이 말은 지금 실제 가치가 있는 것(써버리기 전에 도둑질당하거나 부서지거나 녹슬거나 썩을 수 있는 것)을 불변하는 것, 즉 아직 창출되지 않은 부와 교환한다는 뜻이다. 화폐는 교환을 촉진한다. 소디는 화폐를 일컬어

〈아직 받지 못한 무언가의 값인 무(無)〉라고 말했다. 문제는 부와 부채의 관계가 올바르지 않을 때 생긴다. 경제가 창조할 수 있는 부의 양은 저(低)엔트로피 에너지를 환경이 얼마나 많이 지속적으로 공급할 수 있는가, 또한 고(高)엔트로피 폐기물을 환경이 얼마나 많이 지속적으로 흡수할 수 있는가에 따라 제한된다. 하지만 부채는 허구이기에 그런 자연적 한계가 없다. 부채는 무한히 증가할 수 있으며 증가 속도는 우리가 정하기 나름이다.

어떤 경제에서 부가 창조되는 속도보다 부채가 증가하는 속도가 빠르면 채무 변제 거부가 일어날 수밖에 없다. 인플레이션이 바로 그런 역할을 한다. 우리가 저축한 화폐의 구매력, 즉 미래의 부에 대한 청구권을 삭감하여 부채를 점차 감소시키는 것이다. 하지만 인플레이션이 일어나지 않을 때 미래의 부에 대한 청구권이 지나치게 커진 경제는 채무 변제 거부 위기를 주기적으로 겪게 된다. 주식 시장 붕괴, 파산과 압류, 증권이나 대부금이나 연금에 대한 지급 불이행, 금융 자산의 소멸 등이 벌어지는 것이다.

이것은 의자 놀이를 연상시킨다. 어떤 충격이 발생하면 추상적 채권을 보유한 사람들은 당장 채권을 돈이나 실물 자산으로 바꾸고 싶어 한다. 하지만 모두가 채권을 상환받을 수는 없다.

한 사람이 손실을 입으면 또 다른 사람이 손실을 입고 결국 전체 체계가 연쇄적으로 위기를 맞는다. 최근 미국 경제를 괴롭힌 모든 위기는 본질적으로 채무 변제 거부 위기였다. 소득에 대한 청구권이 소득보다 더 빠르게 성장하도록 내버려 둔다면 앞으로도 위기를 피할 수 없다.

소디는 현재의 사태를 보더라도 놀라지 않았을 것이다. 문제는 단순히 탐욕이나 무지나 규제 실패가 아니라 경제가 자금을 조달하는 방식 자체의 구조적 결함이다. 시장 자본주의에서는 부에 대한 청구권 증가가 경제의 부 창출 능력을 앞서는 한, 언젠가 변제가 거부될 채무 상품을 발명하려 안달하는 자들이 비집고 들어갈 틈새가 존재한다. 서브프라임 모기지를 묶어 팔아 우리를 재앙에 빠뜨린 버나드 메이도프 같은 작자는 앞으로도 늘 있을 것이다. 이런 짓을 막으려면 미래의 부에 대한 청구권이 경제의 부 창출 능력과 균형을 이루도록 해야 한다.

소디는 자신의 독특한 견해를 다섯 가지 정책 제안으로 추렸는데, 당시 사람들은 이것을 그의 이론이 실행 불가능하다는 근거로 삼았다. 그중 네 가지는 금 본위제를 철폐할 것, 변동 환율제를 도입할 것, 정부의 흑자와 적자를 거시 경제 수단으로 이용하여 경기 순환을 조정할 것, 이를 위해 소비자 물가 지수를 비롯한 경제 통계를 담당할 부서를 설립할 것 등이었다. 지금은 네 가지 모두 버젓한 관행이 되었다.

소디의 다섯 번째 제안만이 아직 통념의 테두리 밖에 머물러 있는데, 그것은 은행이 화폐(그리고 채무)를 무에서 창조하지 못하도록 하는 것이다. 은행이 화폐를 무에서 창조하는 방법은 예금자가 맡긴 돈의 대부분을 이자를 붙여 빌려 주는 것이다. 대부자가 이렇게 빌린 돈을 요구불 예금 계좌에 예치하면 은행이 또 돈을 빌려 주고 대부자는 또 요구불 예금 계좌에 예치하고 은행이 또 돈을 빌려 주는 과정은 거의 무한대로 반복된다.

이 같은 경제 구조의 대규모 혁신이 허황된 소리로 들린다면, 금 본위제 철폐와 변동 환율제 도입도 1920년대에 같은 취급을 받았음을 생각해 보라. 열역학 법칙이 참이고 소디가 이 법칙을 경제 생활에 적용한 것이 옳다면, 우리는 〈현실적〉이라고 판단하는 범위를 넓히는 게 좋을 것이다.

에릭 젠시는 『처녀림: 역사, 생태, 문화에 대한 명상Virgin Forest: Meditations on History, Ecology and Culture』과 소설 『파나마Panama』의 저자다. 이 글은 「뉴욕 타임스」 2009년 4월 자에서 발췌했다.

존재는
태양이 공짜로 준
선물이다. **니콜라에 제오르제스쿠 로겐**

라스베이거스 스트립 지구, 1965

니콜라에 제오르제스쿠 로겐의 경제 사상에는 자신의 인생 경험이 배어 있다. 로겐은 정치적 반대파이자 난민이었으며 자신의 비천한 뿌리를 자랑스럽게 여긴 헌신적 학자였다. 그는 도탄에 빠진 조국을 결코 잊지 않겠다고 맹세했으며 그 때문에 목숨을 잃을 뻔했다.

1906년에 루마니아 장교인 아버지와 침모인 어머니에게서 태어난 로겐이 루마니아의 가난에서 탈출하여 파리와 런던, 미국에서 수학을 연구할 수 있게 된 것은 넉넉한 정부 장학금 덕분이었다. 그러지 않았다면 우리는 로겐이라는 이름을 알지 못했을 것이다.

　로겐은 수학과 통계학에서 일찌감치 두각을 나타냈다. 1927년 소르본 박사 학위 논문에서 로겐은 시스템 안에서 일어나는, 무작위 발생을 이해하는 기존의 분석 모형을 개선했다. 그는 결함과 통계적 거짓, 가짜 변수를 찾아내는 데 재능을 발휘했다. 하버드 대학의 저명한 경제학자 조지프 슘페터는 저서『경기 순환Business Cycles』에서 로겐의 연구를 원용했으며 1930년대 초에 로겐을 하버드로 불러들였다. 슘페터는 로겐의 통계학적 재능을 활용하여 정체된 세계 경제의 시동을 걸 수 있기를 바랐다.

　로겐은 당대의 유수한 경제 이론들이 인간의 욕구가 위계적이지 않고 대등하다고 가정한 탓에 예측 능력이 떨어진다고 생각했다. 사람들은 저마다 다른 이유로 저마다 다른 것을 욕망하기에 다양한 이론과 다양한 설명, 다양한 모형을 동원해야 한다는 것이다. 전자(電子)가

입자의 성질과 파동의 성질을 둘 다 가지고 있다는 닐스 보어의 관찰 결과를 물리학이 받아들였듯이(그럼으로써 두 가지 다른 이론으로 모순을 설명할 수 있게 되었다), 로겐은 경제학이 모순을 해소하는 이념적 가정을 만들어 내기보다는 모순을 끌어안아야 한다고 생각했다. 또한 통화, 상품, 기대 같은 분류가 절대적 개념이 아니라 추상적 개념이므로 결코 경제학 법칙에 완전히 담아 낼 수 없다고 주장했다. 다양성에 대한 로겐의 요구는 신고전파 경제학에 대한 최초의 방법론 비판이었다.

　로겐은 미국에서 막 인정받기 시작할 무렵인 1937년에 학계에서의 미래를 포기하고 루마니아에 돌아갔다. 하지만 폭력적인 루마니아 정부를 위해 10년 동안 강제로 일해야 했다. 그는 급기야 빈곤의 나락에 떨어졌고 공산당 정부로부터 목숨의 위협까지 받았다. 논문도 거의

발표하지 못했다. 1948년에 로겐은 루마니아를 몰래 탈출하여 미국으로 돌아갔다. 밴더빌트 대학의 교수직 제안을 수락한 로겐은 그곳에서 일생일대의 업적을 남겼다.

프레더릭 소디와 마찬가지로 로겐 또한 열역학 법칙을 이용하여 신고전파 경제 이론의 근본 가정에 이의를 제기했다. 그의 기념비적 저작 『엔트로피 법칙과 경제 과정*The Entropy Law and Economic Process*』(1971)은 사람들이 관심을 갖지 않던 소디의 연구를 한층 확대했다.

엔트로피 법칙으로 불리는 열역학 제2법칙에 따르면 한번 써버린 에너지는 결코 복원할 수 없다. 햄버거로 소를 만들 수는 없는 일이다. 현대 경제는 화석 연료에 완전히 의존하다시피 하며, 엔트로피가 낮은 물질을 태워 엔트로피가 높은 폐기물을 배출한다. 〈자유〉 에너지를 〈결합〉 에너지로 바꾸는 이 과정은 엉뚱하게도 〈성장〉이라 불린다. 로겐은 이런 성장이 실제로는 환상이며 현 세대가 미래에서 시간을 빌려 살아가는 꼴이라고 주장했다. 로겐은 경제 이론에서 엔트로피 법칙과 에너지 보존을 무엇보다 중시해야 한다고 생각했다. 〈우리가

문제를 제대로 이해한다면, 철 자원을 가장 현명하게 이용하는 방법은 쟁기나 써레를 필요에 따라 생산하는 것이지, 롤스로이스나 농업용 트랙터를 만드는 데 쓰는 것이 아니다.〉

로겐은 경제학자들이 물리학의 중요한 진리를 간과한다고 꾸짖었다. 〈경제학자들이 경제 과정의 엔트로피적 성질을 깨달았다면 인류의 발전을 위해 노력하는 동료인 기술 과학자들에게 《더 크고 나은》 세탁기, 자동차, 초음속 제트기가 《더 크고 나은 오염》으로 이어질 수밖에 없다고 경고했을 것이다.〉

엔트로피 법칙에 따르면 고갈된 자원을 영원히 대체할 수 있다는 신고전파의 기본 전제는 오류다. 자유 에너지에서 결합 에너지로의 흐름은 생존에 꼭 필요한 과정이며 신기술로도 이 흐름을 막지 못한다. 로겐은 가격 체계가 태양을 제외한 지구상의 모든 자유 에너지원을 집어삼키는 것이 시간 문제라고 말했다. 로겐은 후배 학자들보다는 인류의 미래에 대해 비관적이었지만, 우리가 극적인 패러다임 전환을 이룬다면 암울하도록 짧은 지구상의 삶이 영원만큼 길어질 수 있으리라고 믿었다. 그의 연구는 생명 경제학의 토대로 평가된다.

대런 플리트

질서와 무질서의 투쟁,
천사와 악마의 투쟁은
여전히
벌어지고 있다. **하워드 오덤**

포드 선더버드, 1955

경제학자는 과학적 엄밀성을 추구한다면서도 카오스 이론과 열역학 법칙 같은 개념이 경제학과 어떤 관계인지 좀처럼 이해하지 못한다. 하지만 하워드 오덤은 경제학과 삶 일반에 대한 연구에서 과학 원리가 중요하다고 생각했다. 〈질서와 무질서의 투쟁, 천사와 악마의 투쟁은 여전히 벌어지고 있다〉는 것이다.

오덤은 생태 경제학 혁명의 선두에서 두각을 나타낸 인물이다. 오랜 연구 기간 동안 오덤은 경제 활동의 생물학적 한계, 국제 관계에서 화석 연료의 역할, 순에너지 분석 등에 대해 폭넓은 저술을 남겼으며 열역학 법칙을 적용하여 에너지 사용량을 사용의 관점뿐 아니라 폐기의 관점에서도 측정해야 함을 입증했다. 이를테면 원자력을 일으키는 데는 엄청난 양의 에너지가 필요하다. 오덤의 측정 방식에 따르면, 생산된 에너지보다 발전 과정에서 소비된 에너지가 더 많다. 오덤은 물었다. 왜 그런 짓을 하느냐고. 오덤은 누구보다 먼저 에너지를 통화 개념으로 파악하여 자연적 과정과 제조 과정의 생태적 영향이 어떻게 다른지 입증했다. 또한 인간 활동과 자연 환경의 필요를 충족하기 위해

생태계를 관리하고 복원하는 〈생태 공학〉 분야를 개척했다.

1971년에 출간된 『환경, 권력, 사회Environment, Power and Society』는 탄화수소가 인류를 구원할 만병통치약이라는 안일한 환상의 실체를 폭로했다. 〈인류의 번영이 인간의 노력과 정치적 기획에서만이 아니라 화석 연료 에너지의 대규모 유입에서도 비롯한다는 사실을 아는 사람은 드물다.〉 그럼으로써 에너지 결정론이 아니라 인간적 예외가 산업 번영의 뿌리라는 경제학의 정통 신앙을 직접 공격했다. 오덤은 에너지를 환경적·역학적·사회적 현상을 이해하는 토대로 삼아 인간 조직이 그 사회가 의존하는 에너지 종류와 직접 연관되어 있음을 밝혔다. 〈자원이 너무 많을 경우, 에너지와 물질을 재빨리 뽑아낼 줄 아는 일부 종이 제멋대로 초과 성장함으로써 최대의 힘을 얻는다.〉

이렇게 보면 현대 인류 문명은 나무를 싹 베어 낸 벌목장에서 햇빛을 마음껏 받아들이며 땅을 점령한 잡초와 다르지 않다. 바닷속 황무지가 될 뻔한 대서양 심해 열수구를 뒤덮은 바닷게와도, 옛 소련이 무너진 뒤 동구권에 들어선 자유 시장처럼 갑자기 언론 자유가 도입되었을 때

사회에 스며든 사상과도 다르지 않다.

오덤은 에너지 체계를 기준으로 삼아 인간 문명을 두 가지로 구분했다. 그것은 태양 사회와 화석 사회다. 태양 에너지는 세기가 약하고 유입량이 일정하지 않기 때문에 공동체가 국지적이고 규모가 작고 생물학적으로 다양한 반면에, 화석 연료 에너지를 이용하는 공동체는 규모가 크고 의존적이고 생물학적으로 협소하다.

오덤은 단순히 현대 자본주의 안에서 에너지를 보전해야 한다는 경제 이론이 아니라 우리 삶에서 인류의 한계와 에너지의 역할을 새롭게 이해하는 방법, 진보를 생각하는 새로운 패러다임을 제시했다. 거대 도시는 기술적 위업이 아니라 탄화수소가 대량으로 유입된 결과다. 현대 농업에서의 투입은 지구의 광합성 과정을 개선하는 것이 아니라 왜곡했다.

〈세대를 막론하고 사람들은 태양 에너지 이용 효율이 높아졌다고 생각했다. 이것은 서글픈 속임수다. 선진국 국민이 먹는 감자는 더는 태양 에너지로 재배한 것이 아니다. ……인간에게 도달하는 대부분의 식량은 농업에 투입되는 모든 인간 활동에 쓰이는 에너지를 통해 생산된다. 사람들은 사실상 어느 정도 석유로 만든 감자를 먹고 있는 셈이다.〉

오덤은 산업 사회에서 에너지 소비가 늘면 에너지 의존에 대한 인식이 낮아진다고도 주장했다. 중앙아프리카 시골에 사는 사람은 우물에서 손으로 물을 긷는 것이 얼마나 힘든지 알기에 에너지를 애지중지한다. 하지만 서양에 사는 부유층은 수도꼭지만 돌리면 뜨거운 물로 샤워를 할 수 있기 때문에 여기에 얼마나 많은 수고가 필요한지 모르며 그런 탓에 에너지를 마구 낭비한다.

만년에 오덤과 그의 아내 엘리자베스는 인류의 소비 패턴이 바뀌지 않으면 곧 생태계가 붕괴할 것이라고 경고하는 데 여생을 바쳤다. 둘은 2001년에 출간된 『내리막의 번영 A Prosperous Way Down』에서 화석 연료 매장량이 급속히 줄고 있으므로 인류가 화석 연료에 대한 의존에서 벗어나야 한다고 주장했다. 무엇보다 전 세계의 부를 더 공정하게 재분배하고 인구 증가를 억제하고 에너지를 효율적으로 이용하고 집약적이지 않은 조방적 농업을 장려하고 성장에 덜 치중하도록 자본주의를 변화시킬 것을 권고했다. 이런 점진적 조치를 취하면 세계 경제가 내리막에 들어선 뒤에도 세상이 더 번영하는 〈연착륙〉이 가능하다는 것이다.

2002년에 암으로 사망한 오덤은 일생 동안 혁명적 경제 사상의 최전방 감시병으로 살았다. 그가 삶의 막바지에 작업한 『환경, 권력, 사회』 개정판은 2007년에 유작으로 출간되었다.

『애드버스터스』

기하급수적 성장이
영원히 계속될 수 있다고
믿는 자는
미치광이 아니면
경제학자다. **케네스 볼딩**

패커드벨 라디오, 1952

케네스 볼딩은 언어적 재능이 뛰어나며 내숭 떨지 않는 경제학자였다. 볼딩은 자신의 학문인 경제학의 근시안적 태도에 가장 날선 비판을 쏟아 내며 〈기하급수적 성장이 영원히 계속될 수 있다고 믿는 자는 미치광이가 아니면 경제학자다〉, 〈수학은 경제학에 엄밀성을 가져다주었지만 안타깝게도 죽음도 가져다주었다〉 같은 명언을 남겼다.

볼딩은 신고전파와 케인스학파를 종합하여 권위를 인정받은 교재 『경제 분석Economic Analysis』을 저술하고 미국경제학회 회장을 지내면서 자신의 견해를 밝힐 권리를 얻었다. 〈『경제 분석』으로 명성이 확립되자 그 뒤로는 무엇도 내 명성을 손상시킬 수 없었다〉고 밝힐 정도였다.

볼딩의 사상은 일생에 걸쳐 급진적으로 진화했다. 볼딩은 시인이자 철학자, 평화 운동가였으며, 바람직한 경제적 결과를 판단할 때 윤리적이고 종교적이고 생태적인 고려를 해야 한다고 주장했다. 볼딩이 이처럼 원대한 사유를 펼칠 수 있었던 것은 일생 동안 자신을 재세례파에서 분리된 퀘이커파와 영적으로

동일시했기 때문이다. 퀘이커파는 평화주의와 공동체, 부의 재분배에 대해 굳은 신념을 가진 교파다.

볼딩은 한때 정식 공화당원이었지만 레이건의 극우 정책 때문에 탈당했다. 그는 특히 레이건의 공급 부문 규제 철폐와 마구잡이식 군비 지출에 실망했다. 볼딩은 소련에 대한 강경 자세를 누그러뜨려야 한다고 주장했으며 레이건의 공산주의 편집증을 공개적으로 조롱했다.

볼딩은 평화주의자였을 뿐 아니라 경제학이 자연을 더 존중해야 한다고 주장한 환경주의자였다. 1958년에 그는 이렇게 물었다. 〈자연 세계를 인간의 직접적 유익을 위해 수탈해도 괜찮은 창고쯤으로 여겨도 되는가? ……인간에게는 자연의 적절한 균형을 유지하고 희귀종을 보전하고 심지어 인류를 영속시킬 책임이 있지 않은가?〉 볼딩은 성장 모형이 자연을 화수분 취급하고 〈무모하고 착취적이고 낭만적이고 폭력적인 행동〉을 보상하는 〈카우보이 경제cowboy economy〉라며

이 과정을 통해 소비자는 점점 시장에서만 만족을 추구하게 된다. 하지만 시장이 주는 만족은 본래의 정신적 만족에 미치지 못한다. 볼딩의 〈적은 게 오히려 많은 것이다less-is-more〉 개념은 1950년에 처음 제시되었으며 경제학의 범위를 넓혀 의학과 사회 과학을 포괄하려는 최초의 시도로 평가된다.

무한한 자원과 경제적 확신의 시대에 볼딩의 목소리는 이단으로 치부되었다. 그와 어깨를 나란히 하는 다른 경제학자들은 성장의 미덕을 찬양했지만 볼딩은 근검절약을 옹호했으며 경제학이 세계 총생산뿐 아니라 인간의 실제 행복에 더 관심을 기울여야 한다고 주장했다. 또한 〈정신 자본〉 개념을 통해 동료 경제학자들에게 사물의 〈흐름〉(양)뿐 아니라 〈비축량〉(질)에 대해서도 만족 계수를 측정하라고 촉구했다.

무엇보다 볼딩은 경제학에서 진리를 찾고자 했다. 세계가 복잡하게 얽혀 있다는 사실을 반영한 공정하고 지속 가능한 모형을 구축하고 싶어 했다. 볼딩의 시 「생태적 자각의 노래A Ballad of Ecological Awareness」는 이렇게 끝난다. 〈그리하여 비용-편익 분석은 거의 언제나 틀림없이 / 단단하고 구체적인 사실의 확립을 정당화하지만 / 생태적 진리는 추상적인 것 뒤에 남겨져 있다네.〉

『애드버스터스』

지구를 〈자급하는 우주선〉에 비유하는 대안적 패러다임인 〈우주인 경제spaceman economy〉를 제안했다. 우주선은 자원에 한계가 있으므로 우주인 경제의 구성원들에게는 쓰기보다는 아껴야 한다는 확실한 동기가 있다. 〈개척자 이미지는 인류 역사상 가장 오래된 이미지인 만큼, 떨쳐 버리기가 여간 힘들지 않다.〉 볼딩의 주장은 다음과 같이 요약할 수 있다. 카우보이들은 국가가 개입하지 않으면 생산의 결과를 후대에 전가하고 현재를 위해 미래를 희생하기 마련이다.

볼딩은 경제학의 궁극적 목표인 인간의 행복이 외부 투입의 양보다는 질에 달려 있다는 〈정신 자본Psychic Capital〉 이론으로 기존의 틀을 깨뜨렸다. 신고전파 소비 모형은 값싼 상품을 신속히 회전시키라고 부추긴다. 새 상품이 기존 상품을 대체해야 이윤을 거둘 수 있기 때문이다.

다이얼식 전화기, 1947

고요한 연못
개구리 뛰어드는
물소리 퐁당!

바쇼

작은
것이
아름답다. E. F. 슈마허

E. F. 슈마허는 동료 경제학자들이 자신의 비정통적 사상을 배척하고 자신을 크랭크crank, 즉 괴짜라고 불러도 개의치 않았다. 슈마허는 이것을 칭찬으로 받아들였다. 〈크랭크는 회전 운동revolution을 일으키는 기계의 부품이며 매우 작다. 따라서 나는 작은 혁명가 revolutionary다!〉 실제로도 슈마허는 〈작음〉이라는 개념을 중심으로 사상 체계를 구축하려 했다. 경제학의 세계에서는 혁명적 시도였다.

1911년에 독일에서 태어난 슈마허는 로드 장학생으로 영국에서 공부한 뒤에 컬럼비아 대학과 옥스퍼드 대학에서 경제학을 가르쳤다. 슈마허는 존 메이너드 케인스의 제자로, 국제통화기금으로 결실을 맺게 되는 전후(戰後) 통화 체제에 대한 스승의 제안에 영향을 주었다. 제2차 세계 대전이 끝난 뒤에는 영국 정부가 독일의 무너진 경제를 재건하는 일을 도왔다. 그러고는 영국 주류 사회의 심장부인 「타임스」로 자리를 옮겨 노동당 정부의 야심 찬 국유화 계획을 비판하는 사설을 쏟아 냈다. 슈마허는 민간 분야에서 왕성한 활약을 펼쳤을 뿐 아니라 영국 국립석탄국의 수석 경제 자문을 20년 동안

지내기도 했다.

석탄국 재직 초기에 슈마허는 서구의 경제 성장 모델을 본받아 발전하는 법을 버마 국민에게 가르치는 임무를 띠고 버마에 파견되었다. 하지만 버마에 도착한 지 얼마 지나지 않아 서구 모델보다는 버마의 전통을 따르는 것이 버마인들에게 더 유익하리라는 생각이 들었다. 슈마허는 서구 모델과 정반대로 무제한적 성장과 소비를 허용하지 않고 재생 가능 에너지를 장려하고, 고용을 시간을 희생하여 소득을 얻는 것이 아니라 자아실현의 수단으로 여기는 모델을 일컫는 〈불교 경제학〉이라는 용어를 만들어 냈다. 불교 경제학은 노동을 언제나 생산물보다 우위에

두며, 욕구를 제한하는 폭넓은 가치 체계의 관점에서 고용 문제에 접근한다. 이에 반해 현대 경제학은 노동을 시장 요소로 추상화하여 효율 극대화를 위해 더하거나 뺄 수 있는 상품으로 취급함으로써 노동의 본질적 의미를 간과했다.

슈마허는 이렇게 썼다. 〈물질주의자는 재화에 관심을 두지만 불자는 해탈에 관심을 둔다. 경제학자의 관점에서 보면, 불교적 생활 방식의 경이로운 점은 철저히 합리적인 생활 패턴이다. 불교에서는 아주 사소한 수단이 아주 만족스러운 결과를 낳는다.〉

당시만 해도, 이윤의 무제한적 추구와 노력의 극대화야말로 인간 행복의 왕도라는 고전 경제학의 심리적 교리와 비교할 때 검소와 여가를 강조하는 버마인의 태도는 이단적이었다. 동양 철학과 경제학이 무슨 상관이냐고 묻는 사람들에게 슈마허는 이렇게 대답했다. 〈불교적 태도가 빠진 경제학, 즉 영적이고 인간적이고 생태적인 가치가 빠진 경제학은 사랑 없는 섹스와 같다.〉

슈마허는 석탄국으로 복귀했지만, 당시 최대의 상업 단체에서 일하는 동안 대규모 기술이 인간성을 말살한다는 확신이 더욱 깊어졌다. 슈마허는 그동안의 경험을 통해 〈사람은 작다. 그러므로 작은 것이 아름답다〉라는 결론에 도달했다. 이 논리는 1973년에 출간되어 신고전파 모형을 일거에 논파한 『작은 것이 아름답다: 인간 중심의 경제학 Small Is Beautiful: A Study of Economics as if People Mattered』의 제목이 되었다. 이 책에서 슈마허는 〈자연 자본natural capital〉 개념을 소개하고 인간적 척도, 분산, 적정 기술에 바탕을 둔 대안 경제의 개요를 밝혔다.

〈근대인은 자신을 자연의 일부로 받아들이지 않고, 그것을 지배하고 정복할 운명을 타고난 외부 세력이라고 여긴다. 근대인은 심지어 자연과 싸운다고 말하는데, 이 싸움에서 승리하더라도 결국에는 자신이 패자가 될 것이라는 사실을 잊는다.〉

슈마허는 소득과 자본의 근본적 차이에 대한 동료 경제학자들의 오류를 바로잡으려 애썼다. 소득은 상품과 서비스를 생산하여 판매함으로써 벌어들인 부(富)인 반면 자본은 소득을 얻는 데 필요한 물질과 부다. 경제학이라는 학문이 생겨난 뒤로 경제학자들은 (좌파와 우파를 막론하고) 지구의 자원을 엉뚱한 범주로 분류해 놓고는 〈자본을 팔아치우는 것〉을 이윤이라 불렀다. 슈마허는 이것이 〈자살적 오류〉이며 지구의 운명을 가지고 도박을 하는 폰지 사기라고 말했다. 경제학자들이 자연계(자연 자본)의 손실을 설명할 수 있도록 모형을 바로잡지 않으면, 경제학은 과학은 고사하고 학문이라 불릴 자격도 없다는 것이다.

슈마허는 평생 자신의 소신을 실천하며 살았다. 가족이 먹을 빵은 동네에서 구입한 유기농 밀을 수동 제분기로 직접 빻아서 구웠다. 슈마허는 1977년에 사망했지만 추종자들은 그를 기려 학회를 설립하고 그의 예언자적 경제 사상을 전파하고 있다. 슈마허가 설립한 중간기술개발협회는 그의 유지를 받들어 지속 가능한 기술을 활용하여 개발 도상국의 빈곤을 퇴치하려고 노력하고 있다. 오늘날 중간기술개발협회는 슈마허의 말에 담긴 지혜를, 작은 것이 아름다울 뿐 아니라 번영의 잠재력이 있음을 입증하고 있다.

『애드버스터스』

성장은
얻는 것보다
잃는 것이
더
많을지도
모른다. 허먼 데일리

데일리의 부모는 무학의 시골뜨기였다. 둘은 교육을 중시했지만 아들이 학업에 뜻을 두려 하자 덜컥 겁이 났다. 아들의 초등 교육은 자신들이 운영하는 휴스턴의 작은 철물점에서 재고를 정리하고 물건을 파는 법을 배우는 것이어야 한다고 생각했다. 1938년 제2차 세계 대전 하루 전날에 태어난 데일리는 대학에 진학할 때까지 가업을 도왔다. 데일리는 점원 생활을 회상하며 이렇게 말한다. 「어떤 교육 못지않게 훌륭한 교육이었습니다. 철물점에는 온갖 사람들이

물건을 사러 오죠. 그래서 사람들을 상대할 줄 알아야 합니다. 이게 제 일이니까요. 친절하게 응대하는 법, 물건을 팔고 작동법 알려 주는 법을 배우고 그렇게 못하면 어떻게 되는지 알아야 했습니다.」

해법을 처방하기 전에 문제를 이해해야 한다는 교훈은 데일리가 경제학을 공부하는 데 중요한 지침이 되었다. 1940년대와 1950년대에 텍사스에서 자란 터라 데일리는 멕시코 이주 노동자들의 가난과 비참한 삶을 잘 알았다.

데일리는 십대 때 스페인어를 배웠으며, 고등학교 졸업 여행으로 휴스턴에서 멕시코시티까지 여행했는데 이때의 경험으로 인생 항로가 바뀌었다. 국경 근처 마을은 극심한 빈곤에 시달리는데 멕시코시티 시내는 풍요롭고 세련된 삶을 누리는 대조적 풍경이 데일리의 눈에 들어왔다. 데일리는 라틴 아메리카 전역에서 가난한 사람들의 삶을 향상시키는 일에 인생을 바치기로 마음먹었다.

「1950년대에는 〈경제 발전〉이라는 것이 새롭고 흥미진진한 분야였습니다. 다들 〈세상을 가난에서 구하자〉라고 생각했죠. 저도 그렇게 하고 싶었습니다. 그런데 경제학에서 경제 발전을 그 수단으로 삼은 겁니다. 발전은 대체로 단순한 성장의 동의어였죠. 그래서 저는 처음에 성장 경제학자로 출발했습니다.」

데일리가 당대의 지배적 사상과 결별하는 데는 오랜 시간이 걸리지 않았다. 데일리는 밴더빌트 대학에서 박사 논문을 쓰기 위해 1960년대 말에 우루과이와 브라질을 방문했다. 그곳에서 지역 정책 담당자의 자문으로 일하면서 자신이 훈련받은 철학의 바탕에 깔린 생각에 의문을 품기 시작했다. 데일리는 신속한 경제 발전과 인구 팽창을 위해 브라질 열대 우림을 대규모로 파괴하는 광경을 처음으로 목격했다. 휴스턴 철물점에서 배운 산수에 따르면 브라질 모형은 영구적으로 지속될 수 없었다. 무제한적 성장은 결국 전체 자연 세계를 집어삼킬 것이기 때문이다.

허먼 데일리를 한 단어로 정의한다면, 그것은 〈한계〉다. 여기서 〈한계〉는 부정적이고 절망적인 교조적 개념이 아니다. 생물학의 실제, 물리 법칙, 감리교 신학(데일리의 생각과 가장 가까운 기독교적 믿음)의 절제 개념 등을 토대로 삼아 〈버는 것보다 많이 쓰면 파산한다〉, 〈밤에 늦게까지 깨어 있으면 다음 날 피곤하다〉, 〈작용이 있으면 반작용이 있다〉라고 말하는 상식적 개념이다. 데일리가 여덟 살에 그랬듯 〈아이가 소아마비에 걸리면 팔을 절단해야 할지도 모른다〉라고 말하는 것이기도 하다.

데일리는 이렇게 말한다. 「한쪽에는 〈마음을 단단히 먹으면 뭐든 할 수 있다〉, 〈불가능은 없다〉, 〈노력하면 꿈은 이루어진다〉라고 말하는, 존 웨인을 연상시키는 낡은 미국식 사고방식이 있고 다른 한쪽에는 〈불가능한 것이 존재한다〉라는 현실이 있습니다.」

텍사스 시골 출신의 이 남자가 생태적 탈성장 경제학의 저명 사상가가 될 줄 누가 알았으랴. 데일리는 반(反)지성적 분위기에서 자랐으며 심지어 이런 성향을 타고났는지도 모른다. 그의 아버지는 독실한 아일랜드 가톨릭 신자로, 〈교육받은 치들이 얼마나 멍청한 짓을 저지를 수 있는지〉 놀랐다는 인물이었다.

데일리의 건강과 미래를 놓고 가족 회의가
벌어졌을 때 분별력 있는 한계와 미국식
낙관주의라는 두 가지 사고방식이 대립했다. 독일
출신으로 신교도인 어머니는 존 웨인에 가까웠다.
뼛속까지 경제학자인 데일리는 어린 시절의 병을
추정과 곡선이라는 경제학 용어로 설명한다.
「그때 기회비용이라는 개념을 배웠습니다.
괴상한 치료를 받거나 팔의 마비를 풀어 주는
요법을 받으며 시간을 허비할 때마다 〈이 시간에
더 보람 있는 일을 할 수 있을 텐데〉 하는 생각이
들었습니다.」

어릴 적 소아마비와 싸우면서 얻은 지혜를
토대로 데일리는 훗날 루이지애나 주립대학에서
〈비경제적 성장〉 개념을 창안했다. 이것은 경제
활동을 무제한적으로 추구하면 비용 때문에
오히려 결국 효용이 떨어진다는 개념이다.
1977년에 『정상 상태 경제학Steady-State Economics』을
발표하여 생명 경제학이라는 학문을 출범시키기
전에 데일리는 신고전파에서 열역학 전도사로
전향한 저명 학자 니콜라에 제오르제스쿠
로겐에게서 수학했다. 로겐은 아직 입증되지 않은
열역학 제4법칙과 죽을 때까지 씨름했다. 통계학
천재 로겐은 〈에너지는 한번 쓰면 되돌릴 수
없다〉는 엔트로피 법칙을 데일리에게 주입했다.
이 법칙을 토대로 데일리는 생태계가 경제의
하위 체계가 아니라 경제학이 생태계의 하위
체계이며 미래의 경제적·환경적 파멸을 면하려면
경제가 성장을 중단해야 한다는 보편 이론을
정립했다.

데일리는 이렇게 말한다. 「이 개념은 고전
경제학에서 직접 도출된 것으로, 이를 가장
명쾌하게 표현한 것은 정상 상태 경제 또는 정상
상태에 관한 존 스튜어트 밀의 저작입니다. 밀의
논증이 어찌나 간결하고 아름다운지 말문이 막힐
지경이었습니다. 책을 읽으면서 이런 생각이
들었습니다. 〈우와! 이건 정말 중요해〉라고
말이죠.」

데일리는 밀의 19세기 사상에 모든 경제의
토대가 되는 레온티예프의 투입/산출 모형을
접목했다. 하지만 레온티예프 모형을 경제에
국한시키지 않고 경제 활동이 이루어지는 자연
세계로 확장했다.

한편 데일리는 당대의 가장 급진적인 경제
사상가들에게 영향을 받았다. 케네스 볼딩과
E. F. 슈마허를 언급할 때 그의 목소리에는
존경심이 배어 있었다. 데일리는 둘의 저작을
꼼꼼히 연구했다. 데일리가 경제학과 학부생이던
1950년대에는 케네스 볼딩의 사상과 폴
새뮤얼슨의 사상이 교실의 주도권을 다투었다.
데일리는 볼딩의 규범 분석에는 별 감흥을
못 느꼈지만 인간의 만족에 대한 고찰이 자신의
마음을 사로잡았다고 말한다. 데일리는 볼딩의
급진적 저작을 이렇게 평한다. 「볼딩은 많은
통념을 뒤집었는데, 그게 인상적이었습니다.」

볼딩은 에세이 「소득이냐 복지냐Income or
Welfare」에서 재화와 여가의 교점으로 인간 행복을
측정하려 했다. 인간 행복이 소득의 흐름보다는

비축된 재화에 좌우되며 적은 게 오히려 많다는 개념은 데일리가 정상 상태 경제학을 확립하는 데 핵심적 토대가 되었다. GDP의 끊임없는 증가를 추구하는 현재의 만족 모형에서는 비축된 재화를 끊임없이 소득 흐름으로 대체하여 재화를 더 많이 획득해야 한다. 검약이나 포만은 이 모형의 철천지원수다. 사람들이 자연 환경이나 현재의 기술 수준에서 누리고 있는 것에 행복해한다면, 기존의 비축 재화를 더 좋은 것으로 바꾸고 대체하는 일을 중단한다면, GDP는 감소한다.

데일리는 불교와 가톨릭이라는 영적 전통에서 어엿한 경제 원리를 찾으려 한 E. F. 슈마허의 시도에도 흥미를 느꼈다. 슈마허는, 올바른 신앙 행위는 모두 성장에 한계를 둔다고 주장했다. 데일리는 슈마허에게, 특히 신앙과 지구 우선 경제학에 대한 그의 사상에 대단한 친밀감을 느꼈다고 한다. 오늘날 기독교의 이름으로 수많은 환경적·경제적 악행이 자행되었기에 데일리는 자신을 기독교인으로 부르기를 주저하지만, 그는 신앙이 우리 시대의 종교인 경제 성장과 맞서는 데 중요한 역할을 할 수 있다고 믿는다. 「〈좋은 삶의 충분조건이 무엇인가?〉는 인류가 유사 이래 씨름하고 있는 철학적 물음입니다. 경제학은 〈충분함〉 개념을 진지하게 고려하지 않았습니다. 항상 더 많은 것을, 더 많이 얻기 위한 더 효율적인 방법을 추구했습니다.」

여느 생태 경제학자들과 마찬가지로 데일리는 주류 경제학의 변방으로 내몰려야 했다. 그는 루이지애나 주립대학이 시카고학과 경제학자들을 임용하기 시작한 1980년대에 처음으로 자신이 이러한 처지에 놓여 있음을 알게 되었다. 박사 지망생들은 데일리를 찾지 않았고 경제학과는 레이거노믹스로 전향했다. 「제 밑에서 박사 논문을 쓰고 싶어 하는 학생은 자동으로 의심스럽고 불건전한 사람으로 치부되었기에 참 거북한 상황이었습니다. 제 학생들은 옴짝달싹할 수 없는 입장에 처했고 그 때문에 저 또한 옴짝달싹할 수 없는 입장에 처하게 되었죠.」

루이지애나 주립대학에서 경제학을 가르친 지 20년이 되는 1989년에 데일리는 학계를 떠나 세계은행에서 지속 가능 발전을 연구하기 시작했다. 공교롭게도 데일리의 전직은 베를린 장벽의 붕괴, 즉 신고전파 경제학이 전 세계 대학 강단을 장악했음을 알리는 사건과 때를 같이했다. 데일리 같은 탈성장 사상가가 서구의 경제적 자유주의를 수호하는 성채에 들어가기에는 시기가 좋지 않았다. 하지만 데일리는 자신이 세계은행의 방향을 바꿀 수 있으리라 생각하며 전직을 강행했다. 「세계은행에 있는 소수의 생태학자와 환경주의자 대 다수의 경제학자 사이에서 저는 두 집단의 가교 노릇을 했습니다. 일종의 번역자였던 셈입니다.」

데일리는 6년 동안 지속 가능성과 환경 보전을 발전 계획과 현금 차관에 연계하려 애썼다. 하지만 성장을 환경보다 우선시하는 정통파 교리에 맞서기에는 역부족이었다. 「결국 지속 가능성이라는 것이 겉치레에 불과했으며 실컷 관행대로 해놓고 마지막에 재활용 가지고 생색을 낸 것이었음을 깨달았습니다.」

데일리는 하버드 대학 경제학 교수 출신의 수석 경제 자문 로런스 서머스와 함께 사임했다. 데일리의 동료들은 작별 선물로 1994년에 공식 연설 기회를 마련해 주었다. 데일리는 그 자리에서 이렇게 말했다. 「자유 무역이나 북미자유무역협정 같은 세계은행의 노선과 어긋나는 이론적 저작을 발표한 소수의 소속 경제학자를 검열하느라 시간을 낭비하지 마십시오. 일탈이 없으면 변화도 없습니다.」

데일리는 세계은행이 하향식 구조의 압박을 치료하기 위해 제산제와 설사제를 복용하고 바깥 세상의 진짜 모습을 보고 경험할 수 있도록 보청기와 안경을 처방해야 한다고 말했다. 그러면서 자연 자본의 소비를 소득으로 간주하지 말 것, 노동과 소득에 대한 과세를 줄이고 자원 처리량에 대한 과세를 늘릴 것, 단기적으로 자연 자본의 생산성을 극대화하고 장기적으로 자연 자본 공급량 증대에 투자할 것, 자유 무역을 통한 세계 경제 통합이라는 이데올로기에서 벗어날 것 등 세계은행 개혁을 위한 네 가지 핵심 정책을 제안했다.

세계에서 으뜸가는 성장 지원 기관을 대놓고 비판했으니 데일리는 일류 대학 경제학과에서 자리를 얻을 가망이 별로 없었다. 결국 메릴랜드 대학 공공정책연구소에 둥지를 튼 데일리는 2000년대 말에 은퇴할 때까지 그곳에 몸담았다. 그 시절 데일리는 로버트 코스탄자와 조슈아 팔리를 비롯한 오늘날의 많은 주요 탈성장 경제학자들과 생태 경제학자들에게 큰 영향을 미쳤다.

그의 탈성장 정상 상태 경제 모형이 주류 경제학에 침투하는 속도가 달팽이걸음처럼 느렸던 것은 당연한 일이다. 한계를 고려하는 철학은 마치 알카에다가 크리스마스 파티를 여는 것처럼 미국과는 어울리지 않는다. 탈성장은 신고전파 경제학의 근본 원리에 도전할 뿐 아니라 〈무궁한 기회〉라는 거대한 미국적 신화의 근본 가치를 공격한다.

데일리는 이렇게 탄식한다. 「2008년 금융 위기가 탈성장 운동을 촉발하기를 바랐지만…… 위기는 성장의 입지를 더욱 굳혔을 뿐입니다.」

데일리는 성장이 우리 시대의 지배적인 전(前)분석적 관점이라고 말한다. 성장을 지지하는 사람은 말할 것도 없고 성장을 비판하는 사람들조차 대부분 성장이라는 렌즈로 세상을 본다. 50년 넘게 연구에 매진하면서 수많은 상을 받고 무수한 책과 수백 편의 정식 논문을 발표한 데일리는 미래를 낙관하지 않는다고 말한다. 지구 온난화, 경제 불안, 계속되는 성장주의, 환경 파괴, 인구 팽창, 불평등 심화, 세계 자유 무역 확산 등 걱정거리가 한둘이 아니다. 하지만 신교도 어머니의 존 웨인식 역설에 따르자면 데일리는 희망을 버리지 않는다. 「합리적 기대로 보자면 낙관적이지 않지만, 실존적 자세로 보자면 희망을 품고 있습니다. 세상을 헤쳐 나가려면 희망을 가져야 하니까요.」

대런 플리트

The Endless Summer

1년 내내 전 세계 어딘가는 여름이다. 브루스 브라운의 신작인 이 천연색 영화는 젊은 미국인 서퍼 로버트 오거스트와 마이크 힌슨이 끝없는 여름을 찾아 전 세계를 돌아다니는 모험담이다. 둘의 여정은 세네갈, 가나, 나이지리아, 남아프리카 공화국, 오스트레일리아, 뉴질랜드, 타이티, 하와이, 캘리포니아로 이어진다. 어딘가에서 일렁이고 있을 완벽한 파도를 찾아 전 세계를 누비는 이들의 경험에 동참하시라. **브루스 브라운 필름**

미국 서퍼 다큐멘터리의 고전인 1966년작 「끝없는 여름 Endless Summer」 포스터.

마르틴 루터,

그는 당대에 가장 독실한 가톨릭 신자였다. 루터는 교황의 자비로움과 사도전승의 신성함을 깊이 믿었다. 루터가 로마로 간 까닭은 교황이 면죄부의 타락상과 교회의 부패상을 알게 되면 조치를 취할 것이라 생각했기 때문이다. 하지만 교황이 루터에게서 듣고 싶어 한 말은 단 한 마디였다.

철
회.

차버려 선언

전 세계의 경제학과 학생 일동은 아래와 같이 고발한다

신고전파 경제학을 가르치는 당신네 교수들과 당신네에게서 배워 졸업한 학생들은
이 땅에서 대형 사기극이 영원히 지속되도록 했다.

당신들은 공식과 법칙의 순수 과학을 연구한다고 우기지만,
경제학은 온갖 약점과 불확실성을 가진 사회 과학이다.
진짜 모습을 감추고 거짓 행세를 한 죄로 당신들을 고발한다.

당신들이 전문 용어로 방벽을 쌓고 연구실에 숨어 있는 동안 진짜 세상에서는
숲이 사라지고 생물이 멸종하고 사람들은 삶이 황폐화되고 목숨을 잃는다.
지구의 살림을 소홀히 한 죄로 당신들을 고발한다.

당신들은 경제 발전을 측정하는 방법인 GDP가 근본적으로 잘못되었으며 불완전하다는
사실을 처음부터 알고 있었으면서도 이것이 국제적 기준이 되도록 내버려 두었으며
온갖 언론에서 매일같이 인용하도록 방관했다. 진보의 환상을 무분별하게 부추기며
인간과 환경의 건강을 파괴한 죄로 당신들을 고발한다.

세상에 크나큰 해악을 끼친 당신들의 시대가 이제 저물어 간다.
인류 역사상 가장 희망적이고 단호한 경제학 혁명이 시작되었다.
우리는 패러다임 투쟁을 벌일 것이고 진리의 순간을 맞이할 것이며,
그로부터 개방적이고 총체적이고 인간적 척도를 가진 새로운 경제학이 탄생할 것이다.

이 캠퍼스에서 저 캠퍼스에서 당신네 꼰대들을 권좌에서 몰아낼 것이다.
그리고 몇 년, 아니 몇 달 안에
우리는 운명의 수레바퀴를 새로운 방향으로 굴리기 시작할 것이다.

kickitover.org를 방문하면 선언에 서명할 수 있다.

교수 연구실 문에 붙일 것

1만 년을 이어온 인류 문명이
주사위 던지기 한 번에 결정된다.

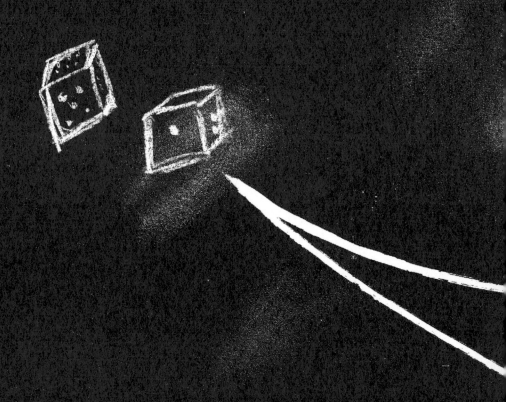

특이점

한 번의 중대 시점에 미래의 방향을 영원히 바꾼다.

땅거미

새로운 암흑 시대 1,000년이 시작된다.

해수면은
앞으로 1,000년 동안,
그 뒤로도 계속
상승할 것으로 예측된다…….

우리는 누구인가? 2

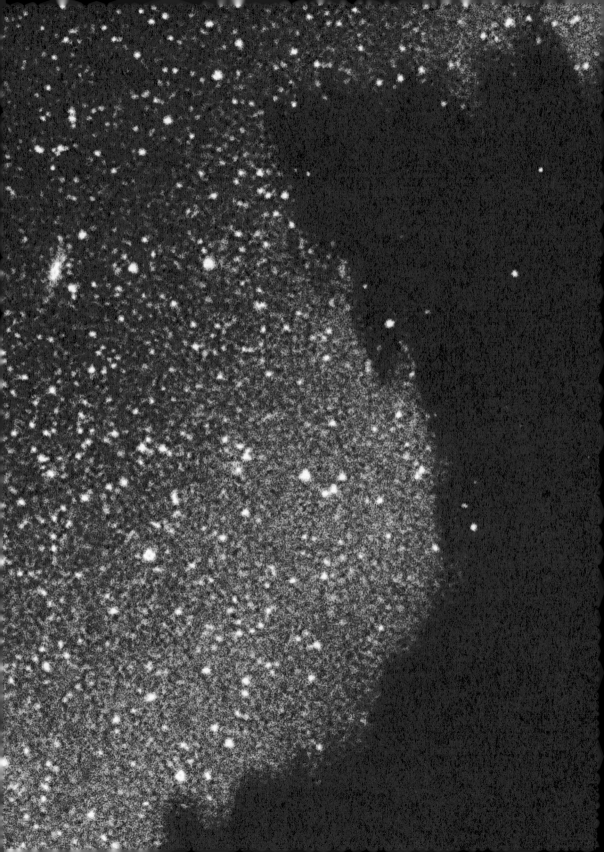

우리는 어디에서 있는가?

우리는 어디로 가고 있는가?

역사의 천사

파울 클레가 그린 「새로운 천사」라는 그림이 있다.
이 그림의 천사는 마치 자기가 응시하고 있는 어떤
것으로부터 금방이라도 멀어지려고 하는 것처럼
묘사되어 있다. 그 천사는 눈을 크게 뜨고 있고, 입은
벌어져 있으며 또 날개는 펼쳐져 있다. 그는 얼굴을
과거로 향하고 있다. 역사의 천사도 바로 이렇게 보일
것임이 틀림없다. 우리들 앞에서 일련의 사건들이
전개되고 있는 바로 그곳에서 그는, 잔해 위에 또
잔해를 쉼 없이 쌓이게 하고 또 이 잔해를 우리들 발
앞에 내팽개치는 단 하나의 파국만을 본다. 천사는
머물고 싶어 하고 죽은 자들을 불러일으키고도
산산이 부서진 것을 모아서 다시 결합하고 싶어
한다. 그러나 천국에서 폭풍이 불어오고 있고 이
폭풍은 그의 날개를 꼼짝달싹 못하게 할 정도로
세차게 불어오기 때문에 천사는 날개를 접을 수도
없다. 이 폭풍은, 그가 등을 돌리고 있는 미래 쪽을
향하여 간단없이 그를 떠밀고 있으며, 반면 그의 앞에
쌓이는 잔해의 더미는 하늘까지 치솟고 있다. 우리가
진보라고 일컫는 것은 바로 이러한 폭풍을 두고 하는
말이다.

발터 벤야민

고갈

9.　2017년 1월 27일
붕괴에서 살아남은 이들에게 고함

안녕한가?

우리는 모든 것이 무너진 끔찍한 한 주 동안 대체 무슨 일이 일어났는지 추측하며 한 달을 보냈다. 하지만 우리는 다시 우리를 짓고 예전으로 돌아와…… 최선을 다해 앞으로 나아간다.

대부분은 아직도 충격에서 헤어나지 못했으며 분노와 우울의 감정에서 벗어나 수용의 단계에 이르려고 안간힘을 쓰고 있다. 하지만 광고 없는 세상에서『애드버스터스』가 무슨 의미인가? 방해할 소비 문화가 없는데 문화 방해자가 무슨 소용인가?『애드버스터스』 이번 호에서 붕괴 이후를 다루겠다고 발표하자 소문이 금세 퍼졌다. 전 세계에서 편지가 쏟아져 들어왔다. 이번 호는 쓰라리고 종잡을 수 없고 분노한 생각들을 모았다. 우리처럼 여러분도 전혀 새로운 세상이 어떤지 감이 오기 시작할 것이다.

〈좋았던 옛 시절〉을 돌아보면 우리 운동가들은 저항만 일삼았다. 우리는 언제나 모든 것에 반대할 뿐 찬성한 적은 거의 없었다. 〈새로운 세상은 가능하다〉라고 늘 외치면서도, 새로운 세상을 그리지 못했으며 새로운 세상을 건설할 용기가 없었다. 붕괴가 일어나기 전에 읽었던 〈진보〉 잡지는 좌파 특유의 징징거리는 소리로 가득했으며 행동이나 해법은 하나도 제시하지 못했다.

하지만 모두가 역사의 잿더미나 뒤적이는 것은 아니다. 여기저기서 밝은 불꽃이 튄다. 〈부검은 집어치워. ……그래, 자본주의는 무너졌다. 우리가 그토록 증오하던 거대 기업들은 사라졌어. 이젠 코카콜라 캔 하나도 살 수 없어. 그런데 뭐가 문제지? 우리가 늘 꿈꾸던 세상 아냐? 지금껏 이런 세상을 위해 싸우지 않았어?〉

불불은 이 젊은 무정부주의자들이 우리의 새 지도자가 될 것이다. 이들은 코카콜라가 있는 세상이든 없는 세상이든 낡은 세상을 거의 병적으로, 마치 터부처럼 혐오한다. 낡은 세상이 다시는 모습을 드러내지 못하도록 할 각오다. 우리 모두는, 아니 세상 만물은 낡은 세상의 대가를 호되게 치렀다. 새로운 세상에서는 생태계 보전, 참 비용 농업, 엄격한 기업 규제, 진실을 전파하는 새로운 언론 등을 보게 될 것이다. 국가 정부나 국제 기구가 공동체에 무엇을 하라 말라 명령하지 못할 것이다.

우리는 조만간 다음 호를 제작할 것이다. 편지와 사연을 계속 보내 주기 바란다. 우리는 집단적으로 죽음의 문턱까지 갔다 왔지만 그 덕에 충만한 삶의 의욕을 새로 얻었다. 매일, 점점 더 많은 사람들이 구체적인 싸움의 목표를 발견하고 있다. 심지어 목숨을 걸기도 한다. 옛 상황주의자의 구호 〈죽은 시간 없이 살라〉는 새로운 의미를 얻었다.

그러니 그대들 애드버스터스가 마침내 만족했길 바란다. 우리는 잡지를 낼 때마다 체제가
죽었거나 죽어 간다고 선언했다. 이제 우리가 바라던 대로 되었다. 그런데 혁명은 어디 있나?
하늘의 무지개도, 길거리에서 춤추는 사람도 보이지 않는다. 부의 재분배가 일어난 것은 사실이다.
아니, 부의 완전한 제거라고 해야 할까? 하지만 이를 통해 세상이 어떻게 긍정적으로 바뀔 것인지
모르겠다.

　　　내가 사는 곳에서는 식수와 의약품을 구할 수 없다. 친한 이웃 주민이 식료품 강도에게 공격을
받아 칼에 찔렸다. 이 동네에서 처음 있는 일이다. 우리 가족 모두가 일자리를 잃었다. 두려움에
떨며 하루하루 근근이 살아가는 것은 해방의 경험과 거리가 멀다. 지금의 경험은 영혼을 잠식한다.
우리는 살아남을 것이다. 믿어도 좋다. 하지만 『애드버스터스』를 읽는다고 해서 생존이 보장되지는
않는다. 어리석은 그대들은 살아서 〈그날〉을 보았지만 어이없게도 이제는 할 말이 없다. 나는
그대들의 골탕 먹이기 광고를 좋아했다. 이제는 그대들 자신이 골탕을 먹고 있다.

　　피터 로슨
　　미시간 주 디트로이트

나는 붕괴가 일어나기 전에 심리학자였다.
생존의 압박이 극심해지자 개인적 진료 행위는 공적 행위가 되었다.
열심히 하는 것 말고 무엇을 더 할 수 있을까?

나는 로스앤젤레스에서 막 돌아왔다. 도시는
굶주린 암덩어리처럼 죽어 가고 있다. 나의 역겨운
일부는 고통의 심장을 목격하기를 갈망했으며
소비자들이 대가를 치르는 장면을 보고 싶어
했다. 얼마나 악취가 나는지 여러분은 상상도
못할 것이다. 사람들은 여전히 도시를 벗어나려고
안간힘을 쓴다.
　어디에나 자동차가 버려져 있다. 심지어
고속도로에 세워진 차도 있다. 사람들은 뜨거운
햇볕을 무릅쓰고 차 사이를 누비며 배터리며
전구며 담배며 차 안에 남은 물건을 뒤진다. 난폭
운전은 영영 사라졌다.
　밋밋하고 메마른 지평선 너머로 지붕에서는
밥 짓는 푸른 연기가 솟고 건물과 건물 사이
빨랫줄에는 색색의 빨래가 널려 있다. 이곳에서는
무언가 대단한 일이 벌어지고 있다. 갈색으로
변한 잔디밭, 폭력, 굶어 죽어 가는 사람들의 비명
속에서도 사람들은 씨를 뿌리기 시작했다. 부츠
속에, 텔레비전에, 보석함에, 어디에든 흙을 담고
채소를 길렀다. 벌써 싹이 자라고 있었다.

테리
캘리포니아 주 사우스레이크타호

식량과 위생 문제도 중요하지만 더 시급한 것은 심리적 문제다.
재난으로부터 안전하다는 확신이 사라졌을 때 처음 나타나는 반응은
바깥 세상에 도움을 청하는 것이다. 하지만 아무도 와주지 않는다는
사실을 절감하면 자포자기하는 심정에 빠질 수 있다. 사람들은 신을
원망한다. 슬픔에 잠겨 아무 일도 하지 못한다. 어릴 적 분리 불안이
되살아난다. 무감각. 공포. 죽음에 대한 강박. 완전한 신경 쇠약에
빠지는 사람도 있었다. 다행히 신경 쇠약은 무작위로 발병하는
전염병처럼 일부에게서만 발생했다. 공포로 인한 죽음은 먼저
노인과 환자를 덮쳤다. 우리 아버지도 돌아가셨다.
　나는 한 시도 쉬지 않고 일했다. 지난달에 응급 상황이
발생했음을 직감한 나는 <심리 도우미> 팀을 꾸렸다. 지금은
도우미 89명이 주민 1만 5,000명을 맡고 있다. 목회 상담 훈련을
받은 사람부터 『엄마 되기 12단계』를 읽은 사람까지 수준이
천차만별이었다.
　빙하기 때 선조들은 어땠을까 하고 끊임없이 생각한다. 그들도
우리처럼 온갖 난관 앞에서 생존을 위해 힘을 합쳐야 했다. 우리도
어려움을 이겨 내기 위해 애쓰고 있다.

사샤 화이트
뉴멕시코 주 치마요

해가 빛난다. 나는 집 뒤편 테라스의 소나무 그늘에 누운 채 직접 만든
사과 주스를 마신다. 변화된 상황이 만족스럽다. 내가 행복한 이유는
남들과 달리 내리막을 경험하고 있지 않기 때문이다. 나는 자급자족하는
삶을 살았기에 끊임없는 경쟁에도, 24시간 뉴스에도, 시도 때도
없는 이메일과 문자 메시지에도 중독되지 않았다. 텔레비전의 인기
프로그램이나 영화의 대리 감정을 그리워하지도 않았다. 오로지 자연과
더불어 살았으니 유독한 정신 의약품의 금단 증상을 겪을 필요도 없다.
카페인이나 니코틴이 당기지도 않는다. 지난주에 도시에 갔는데, 사회
전체가 다중 감각의 능력을 잃어버린 것을 목격했다. 하지만 사람들이
중독을 떨쳐 버리고 자신이 그동안 얼마나 무분별하고 얽매이고
기만당했는지 깨달을 날이 올 것이다. 그때가 되면 이웃의 정을 회복할
수 있을지도 모른다. 어쨌거나 나는 행복하다.

엘런 하딩
캐나다 브리티시컬럼비아 주 칠리왝

WHAT WENT WRONG?

붕괴에 대한 설명은 하나의 개념이나 하나의 파국적 사건으로 요약할 수 없다.
진실은 더 깊은 곳에 있다. 문제는 오래전에 시작되었다. 문화적 진화가 시작될
무렵은 말할 것도 없고 어쩌면 인류가 진화하기 시작할 무렵인지도 모른다.
우리의 마음과 이 사회 깊은 곳에 우리의 사고와 존재를 다스리는 구조가 있다.
내면의 정신과 바깥 세계의 상호 작용으로서 오랜 세월 동안 확립된 이 구조의
파괴력은 아직도 베일에 가려져 있다. 이 구조를 자각하고 모조리 무너뜨려야 한다.
이것이 다음번 진화의 내용이다.

경제학 박사 과정을 밟고 있을 때 붕괴가 일어났다. 그 덕에 교수님들이 자신의 이념을 방어하는 광경을 직접 볼 수 있었다. 경제가 와르르 무너지자 그들의 주장은 한 편의 코미디가 되어 버렸다. 나는 대학이 폐교하기 전에 자퇴했다. 눈 가리고 아웅할 이유가 없었다.

집에 못 갈 줄 알았는데, 다행히 사람들이 도와주고 행운이 따랐다. 대안 경제를 이루고자 하는 지역 공동체 지도자 모임에서 내 학문적 배경을 높이 사 동참을 요청했다. 모임은 일종의 피해 대책반이었다. 붕괴의 더 파국적인 피해로부터 우리 자신을 보호하고 싶었다.

공급이 불규칙해지고 값싼 장거리 운동 수단을 이용할 수 없게 되자 우리는 더욱 자급자족하고 필요와 욕망을 구분해야 한다는 것을 깨달았다. 출발점은 식량이었다. 식량을 외부에서 들여 올 여건이 안 되었기 때문에 지역 농민들은 지역 내 필요가 충족될 때까지 식량을 공동체 외부로 반출하지 않기로 합의했다. 우리는 공식 물물 교환 체제를 확립하여 나머지 자원도 현지에서 유통한다. 물건은 공동 구매해 쓴다. 사람마다 물건 이용하는 기간이 달라서 문제이기는 하다. 재활용을 깐깐히 하니 〈쓰레기〉라는 말을 찾아보기 힘들다. 모든 물건에서 가치를 발견한다. 쉽지는 않았지만, 사람들이 이자를 물리지 않고 서로 자원을 빌려 주도록 설득했다. 내가 생각하기에, 노동하지 않고 다른 사람에게서 이익을 얻으면 안 된다. 나만 그렇게 생각하는 게 아니라. 유대교, 기독교, 이슬람교 경전은 모두 이자 물리는 행위를 비난한다.

그럭저럭 우리 앞가림은 할 수 있게 되자, 다른 공동체가 어떻게 하고 있는지 살펴볼 여유가 생겼다. 많은 공동체가 우리의 처방에 흥미를 보였으며 조언을 요청했다. 이런 식으로 지역 연합을 만들 수도 있을 것 같다. 하지만 새로운 경제가 성장함에 따라 처음의 마음가짐이 퇴색하지 않도록 노력해야 할 것이다. 정부와 기업이 사태를 이 지경으로 만들었으므로 이제는 우리가 경제를 온전히 책임지고 있다. 쉬운 일은 아니다. 언제나 합의가 도출되거나 모든 아이디어가 성공하는 것은 아니다. 새로운 경제는 희생이 꽤 필요하지만, 이제 사람들은 희생에 익숙하다. 우리는 지속 가능하고 총체적이고 인간적 척도를 가진 경제를 장기적 관점에서 만들어 내고자 한다. 이 경제는 모든 상품의 가격이 생태적 진실을 말하는 참비용 시장 모델을 바탕으로 삼을 것이다. 생산량과 소비량뿐 아니라 사회적·환경적 안녕이 진보의 척도가 될 것이다. 물과 숲, 들은 그 자체로 가치가 있는 자연 자본으로서 소중하게 보호할 것이다. 이자 물리는 행위에 대한 고대의 금기를 복원할 것이다.

이번에는 정말 제대로 해야 한다.

재니컨 드레인치

혼돈에서 힘을 발견했다
나는 내 왕국의 통치자였다
삶은 모험, 신비였다
지도는 불탔다
통치는 의미를 잃었다
아침에 해가 떠올랐다
해 아래 그림자를 보았다
처음으로

천연 성분을 이용하여 음식을 보존하는 방법:
생선은 소금에 절인다. 채소는 레몬이나 라임
주스를 넣은 물에 데친다. 생선 페미컨은 익힌
생선을 손으로 주물럭거려 부스러뜨린 다음 베리와
양념을 넣어 골프공 크기로 빚어 볕에 말려 굳힌다.
그러면 여러 해 동안 보존할 수 있다.

애야, 커피 마실래?

추운데 커피숍이 없더구나. 아건 스타벅스에서 약탈한 커피야. 버너가
있으니까 금방 끓여 줄게. 거기 수프 깡통 좀 건네주렴. 그래, 거기 큰 거
······ 작은 것도 줘.

큰 깡통 바닥에 모래를 깔 거야. 단열 알지? 행여 불이 옮겨붙었을 때
요긴하단다. 버너를 들어올려 모래와 불을 한꺼번에 쏟아 버리면 한 번에
불을 끌 수 있지. 별로 대단해 보이지는 않아도, 추위를 막아 주던 나무가
불타 버리면 곤란하지 않겠니?

옷걸이를 꼬아 보렴. 더 튼튼해졌니? 됐어. 그걸 써보자. 깡통
밑부분에 옷걸이를 고정시키고 위에 모래를 부어. 흔들리지 않게 하려면
무거운 돌멩이를 넣으렴. 작은 깡통을 큰 깡통 속에 넣으면 버너가 돼.
작은 깡통 주위에 모래를 더 부어. 액체 연료 있으면 알루미늄 캔을 써.
캔 가장자리를 뾰족뾰족하게 잘라서 안쪽으로 구부려. 그러면 불꽃이
갈라져서 큰 깡통이 안 타. 액체 연료를 뭘 쓰든 마찬가지야. 메틸알코올을
훔쳐. 화이트 가솔린이든 뭐든 괜찮아. 내 커피 좀 줄래?

액체 연료가 없으면 일반 수프 깡통을 써. 땔감은 뭐든 타기만 하면
돼. 정 없으면 똥이라도 넣어. 향기롭진 않겠지만 불은 붙으니까. 명심해.
이건 오븐이 두 개 달린 8만 BTU짜리 6구 가스레인지가 아니라 캠핑용
버너에 불과하단다. 몇 초 안에 물이 끓을 거라 기대할 순 없지.

그래서 〈럭셔리〉한 두 번째 장비가 있어. 전기를 쓸 수 있으면, 투입식
전열기를 만들어 봐. 간단해. 저항이 큰 금속에 전기를 통하게 하면 열이
발생하는 원리야. 120볼트 전선을 벽에서 뽑아내라는 얘기가 아니야. 안
쓰는 전기를 금속에 통과시켜서 달구자는 얘기지.

바닥이 좁은 커피포트를 빠개서 전열 부품을 찾아(보통은 스프링을
쓰는데, 딱딱한 것이더라도 다르게 장착하면 돼). 이러면 아무 물에나
넣어도 되는 전열기가 돼. 목욕물도 데울 수 있지. 커피포트에서 목욕을 할
순 없잖아.

커피포트에서 코드를 뽑아서 코일의 한쪽 끝과 노출된 전선 끝에 절연
테이프를 감아. 반대쪽도 똑같이 해. 중요한 건 전기야. 어떤 금속에든
갖다 대면 열이 발생하지. 전기가 통할 때 만질 수 있도록 도자기 위에
올려놔. 세라믹 관이 있으면 제일 좋은데, 찻주전자 주둥이도 괜찮아.
그런데 물에도 전기가 통한다는 걸 잊지 마! 까딱 잘못했다간 목숨을 잃을
수 있어. 그래, 위험한 건 사실이야. 하지만 듣자하니 얼마 떨어지지 않은
곳에 발전기 가진 친구가 있다더군. 그리고 말이지, 언젠가 이렇게 커피
한 잔 끓여줄 수 있겠지?

줄리언 킬럼

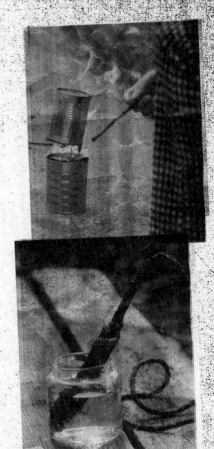

**아날로그가 돌아왔다. 기어이. 먼 행성이 제
궤도를 돌고 지구가 자전축을 중심으로 회전하듯 레코드판이 턴테이블 위를 돌고 시계
바늘이 손목시계 위에서 회전한다. 디지털 세계는 따스하지도 인간적이지도 않았다.
4개의 DNA 염기, 시냅스, 26개의 알파벳, 0과 1. 사물의 비정하고 생명 없는 질서는
부분들로 이루어져 있지만, 전체는 부분의 총합을 넘어선다. 생명체와 의식이 그러하다.
사물이 다시 전체가 되기를 바라는 것은 정당하다. 움직이는 부분을 보고 싶다. 우리가
감을 수 있는. 저 아래 양성자와 전자가 아니라 저 위의 궤도와 축을 바라보고 싶다.**

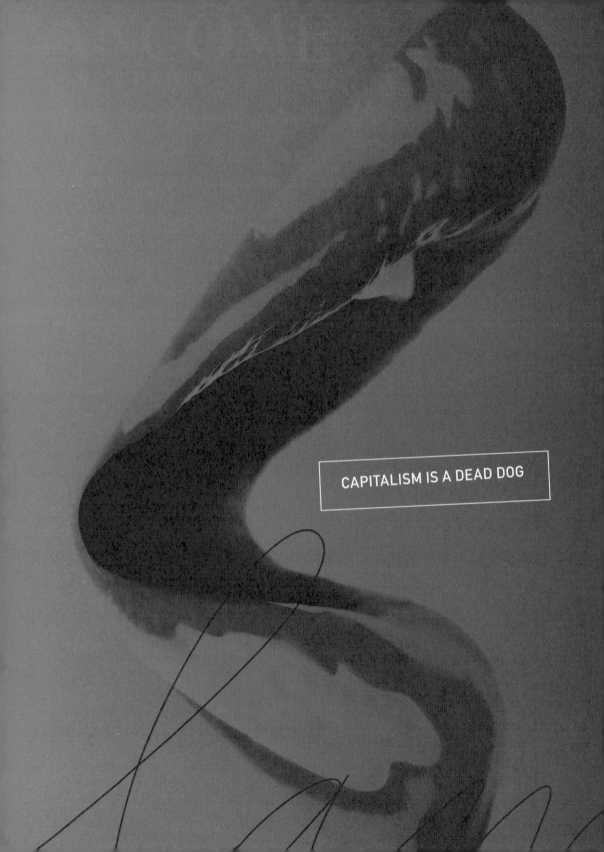

CAPITALISM IS A DEAD DOG

집 근처에 게스 청바지 광고판이 있는데 — 아침에 출근할 때마다 그걸 보면 속이 메슥거린다 — 이것이 요즘 성적 카타르시스를 분출하는 도구가 되었다. 사람들은 광고판을 쓰러뜨리고 망가뜨리고 뜯는다. 패리스 힐턴의 도발적인 눈동자에는 〈$〉자를 커다랗게 새겼다. 구릿빛 이마에는 스프레이로 이렇게 썼다. 〈네가 체제를 좆같이 만들었잖아〉

무너진 경제의 잔해를 향한 분노는 패리스를 향한 것도, 게스를 향한 것도 아니다. 오랫동안 억눌린 성적 욕망이 마침내 출구를 찾아 봇물 터지듯 터져 나오는 것에 더 가깝다. 섹스로 얼룩진 예전 경제를 기억하는가? 자신의 몸보다 더 친숙해진 유명인의 관능적 육체를 기억하는가? 상상 속의 자기 몸을 기억하는가? 하이디 클룸의 가슴, 지젤 번천의 엉덩이, 패리스 힐턴의 다리, 여서의 복근, 도널드 트럼프의 빵빵한 지갑과 빵빵한 씀씀이. 섹스는 이 모두에 활력을 불어넣는 마법의 만나였다.

하지만 외설적 판타지를 팔던 경제는 패리스의 얼굴이 돌멩이와 스프레이 세례를 받은 이유를 제대로 설명하지 못한다. 여기에 답하려면 붕괴 전에 좀처럼 궁금해하지 않았던 것에 대해 궁금해해야 한다. 교환 체제 전체를 섹스 위에 구축한다는 것은 무슨 뜻인가?

경제의 축 노릇을 하던 수요와 공급이 밀려나자, 개인의 결여로 촉발되어 월마트 가격에 판매되는 비합리적 욕망이 그 자리를 차지했다. 이 흥분 기계는 계속 돈을 쓰며 우리에게 끊임없이 성적 쇼크를 가했다. 성적 자극에 반응하는 피동적 존재로 전락한 기업과 소비자는 뚜쟁이와 오입쟁이가 되었다.

섹스는 상점에서가 아니라 마음속에서 팔렸다. 구매 행위는 교묘한 유혹의 최종 단계였다. 제품이 무엇인지는 상관없었다. X사의 치약은 이가 더 하얘지는데 Y사의 치약은 성적 매력이 있다면 우리는 발정 난 양마냥 Y 치약을 샀다. 성적인 광고는 우리가 자연스럽게 이해하고 있던 사랑과 아름다움을 몰아내고 불가능한 환상을 주입하여 우리의 자존감을 좀먹었다. 우리는 좌절에 빠지고 우울에 잠겨 육체의 흥분과 욕정을 느끼려고 소비했다.

매슬로가 음식, 물, 섹스 등의 생리적 욕구를 욕구 위계의 맨 아래에 두었을 때 그가 말한 〈섹스〉는 〈신체적 섹스〉였다. 하지만 가상 경제는 〈신체〉를 제공하지 않았다. 감질나게만 할 뿐 삽입은 허용되지 않았다. 마케팅 업자들은 원초적 성욕을 자극했지만 충족시켜 주지는 않았다. 하지만 텔레비전과 반복 업무, 안락하고 걱정 없는 삶으로 감각이 마비된 사람들에게, 성적 판타지는 날것의 탈출구를 제공했다. 우리는 문화적 스펙터클에 자신을 통째로 내주었으며 가상의 세계에 빠져들수록 신체적 섹스는 더 드물어졌다.

붕괴는 심리적인 동시에 구조적이었다. 욕구를 필요 위에 놓던 질서가 고통스럽게 역전되었다. 부질없는 욕망으로 가득 찬 안전한 삶이 음식, 물, 보금자리 같은 진짜 필요의 황무지에 내동댕이쳐졌다. 성적 판타지는 한순간에 박살 났다. 자동차에서 패션까지, 음악에서 엔터테인먼트까지, 육체의 신전에 건설된 뭇 산업이 산산이 부스러졌다. 그리고 전체 구조가 뒤틀렸다. 우리는 경제라는 집이 붕괴의 충격을 이겨 내기를 기도했지만 결국 장막이 걷히고 말았다. 욕망에 기반한 판타지 경제는 욕망 자체가 불가능한 판타지로 드러나자 의미를 잃었다.

그리하여 우리는 체제의 낡은 기호에, 안전한 작은 거품에 들어 있는 사람의 촉촉한 얼굴과 도톰한 입술과 봉긋한 가슴에 맞서 반란을 일으킨다. 패리스 힐턴은 옛 경제의 모든 잘못을 대표한다. 막대기 끝에 달린 섹시한 당근은 먹으라고 달아놓은 것이 아니었지만 그 사실을 받아들일 수 있는 사람은 별로 없었다. 조지 길더 말마따나 〈진짜 가난은 소득의 상태가 아니라 마음의 상태〉다. 그 과정에서 우리는 지구와, 우리의 영혼을 망가뜨렸다. 이것이야말로 섹스 위에 건설된 경제의 진짜 의미였다.

티머시 퀘렌게서

I LOVE YOU

마침내 , 스타일의 압제로부터 자유로워졌어 .

애드버스터스 귀하

저는 오리건 주 캐스케이즈 산맥의 세 자매 화산 동쪽 기슭에 있는 오두막
포치에 앉아 있습니다. 저로 말씀드릴 것 같으면 일흔다섯 먹은 괴짜 늙은이로,
소화 불량에 눈도 흐릿, 이도 몇 개 남지 않았지요. 어머니 자연이 언제 저를
데려가셔도 이상할 게 없답니다. 저는 이미 여한 없이 살았고, 부족한 식량을
저보다 더 요긴하게 활용할 튼튼하고 창조적인 젊은이는 얼마든지 있으니까요.

제 속마음을 말씀드리자면, 이 문명이 몰락하는 것은 저로서는 환영할
일입니다. 우리 호모 사피엔스가 농업을 선택하자 그로 인해 도시가 건설되고
그와 더불어 인구가 밀집하고 오염이 심해지고 재물이 쌓이고 다른 도시의
재물을 약탈할 군대가 생겼습니다. 애초에 잘못된 방향을 선택한 겁니다.

아름다운 행성 지구는 7억 명은 먹여 살릴 수 있을 겁니다. 땅에서 나는
것으로만 먹고산다면 말이죠. 하지만 우리는 인구를 늘리고 땅덩어리
구석구석을 차지하는 데 발군의 실력을 발휘하여 결국 지구의 용량을 초과하고
말았습니다. 문명이 경각에 달린 지금, 인구를 합리적인 수준으로 감소시켜야
합니다. 우리는 할 수 있습니다.

시간이 지나면 인류는 틀림없이 문명을 재창조할 수 있을 겁니다. 하지만
과거의 경험에서 교훈을 배웠을 테지요. 여러분 대다수는 상황을 무사히
헤쳐 나가리라 확신합니다. 창조적 생각과 지난 수만 년의 집단적 지혜를
발휘하여 무엇이 되고 무엇이 안 되는지 판단할 수 있을 테니까요. 확신을 품고
순간순간을 즐기십시오. 행운을 빕니다.

빌리 스티븐스
오리건 주 시스터스

침묵, 고요, 빈 공간을 갈망하게 되리라

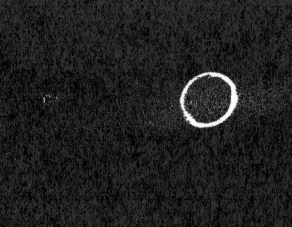

출근할 수 없어요.
몸과 마음이 지쳤거든요.

출근할 수 없어요.
몸과 마음이 새로워졌거든요.

1

소수의 사람들이 낡은 패턴을 깨뜨리기 시작한다.

그들은 자신이 사랑하는 것을 감싸 안고
(그리고 그 과정에서 자신이 증오하는 것을 발견하고)
꿈꾸고 의심하고 저항한다.
과거의 혁명에 따르면, 그때 자연스럽게 일어나는 현상은
새로운 존재 양식에 대한 지지의 물결이다. 점점 더 많은 사람들이
역사의 방해를 받지 않는 새로운 몸짓에 동참한다.

10.

그대

영리한 몽상가,

새로운   미학

구속자,

개척자에게 고함!

알다시피 다음 천 년을 헤쳐 나가려면
문명의 특이점과 일종의 통과 의례를 거쳐야 한다.
새로운 서사, 새로운 이야기…… 새로운 톤, 스타일,
느낌, 분위기…… 새로운 미학……. 세상에서의 새로운
〈존재〉 양식을 만들어 내야 한다.

그러고 나면 물론 죽은 시간 없이, 두려움 없이 살아가고
지구적 변화 ── 정신적 부활 ── 를 시작할 용기를
내야 한다. 낡은 세계를, 낡은 기업적·상업적 미학을
창조적으로 파괴하고 새로운 미학을 탄생시켜야
한다…….

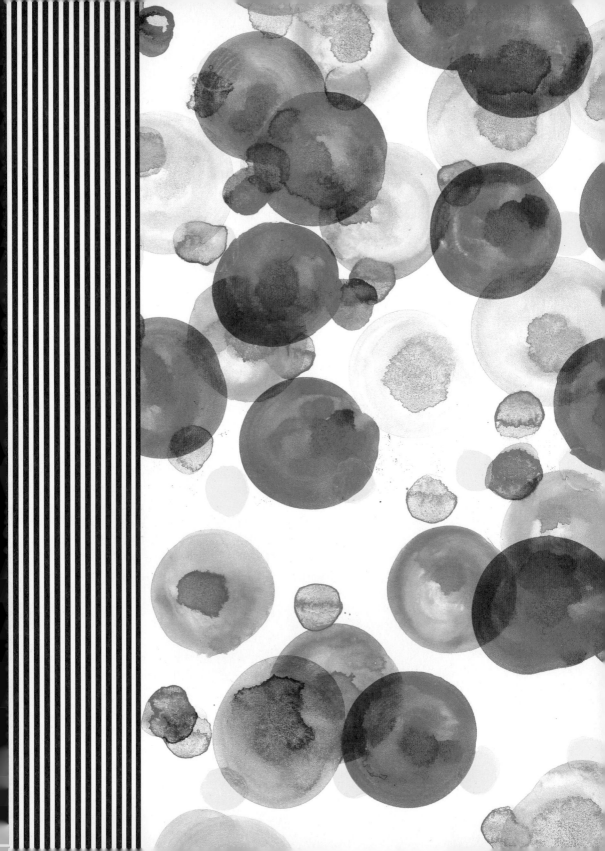

this page
is a living
surface

지속 가능한 미래의 전망 ― 미학 ― 은 아직 자리 잡지
못했지만, 그것은 단순하고 솔직한 생활 방식이다.
그것은 유기적 순환을 따르고 자연의 방식을 흉내 낸다.
그것은 도덕적이거나 선한 것이라기보다는 콘크리트 틈새로
자라는 바랭이처럼 다소 거칠고 단호하다. 그것은 〈가지는
것〉이라기보다는 〈있는 것〉이며 〈형태〉라기보다는 〈과정〉이다.
이처럼 세상을 경험하는 새로운 방식이 우리의 상상력에 스며들면
옷이, 집이, 상점이, 거리가, 음식이, 음악이 바뀌기 시작한다.

직선은 불경하고 부도덕하다.

왜 경제 이론에는 직선이 따라다니는가?

그 대답은 경제학의 기본 개념, 즉 사회가 부분의 총합에 지나지 않고
……전체를 이해하려면 점을 연결하기만 하면 되며…… 인간의 상호 작용은
없거나 미미하다는 믿음과 밀접한 관계가 있다. 다음 세대의 경제학자들은
되풀이되는 직선의 악몽에서 깨어 앞으로 나아가야 한다.

경제학은 표방하는 바의 과학인 적이 없다.

지금 대문자 〈E〉를 쓴 〈이코노믹스〉라고 불리는 학문은 얼마 전까지만 해도 마술적이고 신비하고 온전히 심오했다. 미국을 대공황에서 구할 틀을 짜고 복지 국가를 옹호한 존 메이너드 케인스는 〈야성적 충동〉이야말로 경제학을 지배하는 핵심 요소라고 믿었다. 존 로크와 애덤 스미스의 경제 패러다임에 등장하는 소비자의 자유롭고 평등하고 합리적인 정신만으로는 시장에서의 인간 행동을 제대로 설명할 수 없으며 경제가 이성보다는 프로이트가 말하는 동물적 유산, 즉 신비하고 정서적인 충동에 좌우된다는 것이다. 경제학이 형성되던 이 시기, 조지프 슘페터 같은 사상가들은 폭력적이고 전쟁 같은 〈창조적 파괴〉 충동이 자본주의의 심장부에 잠재해 있음을 직감했다. 그리고 위대한 몽상가 카를 마르크스는 경제 이론이 이기적 유전자에게 힘을 주고 보상하기보다는 모든 사람이 능력에 따라 주고 필요에 따라 받는 더 나은 사회를 창조할 수 있다고 주장했다.

하지만 논리 실증주의자들이 엄밀한 합리성의 철학을 내세우며 사회 현상에 과학적 방법을 적용한 1950년대 즈음, 경제학자들도 심리학적 · 사회학적 관점에서 벗어나기 시작했다. 경제학자들은 자신을 진짜 과학자로 여기고 싶어 했으며, 이후 몇 세대에 걸쳐 인간 행동을 합리화하고 자신의 이론과 모형을 깔끔하게 다듬고 경제학을 물리학 모형에 기반하여 수학적으로 추구하는 엄밀한 학문으로 탈바꿈시키려 애썼다.

세계적 경제 · 생태 위기가 우리를 짓누르는 지금, 실증주의자들은 자신들이 비선형적 현실 세계의 체계를 허술하게 이해했으며 자기네 수학적 모형의 가치가 매우 제한적임을 인정해야 하는 상황에 내몰리고 있다.

지금이야말로 궤변론자들에게 마지막 한 방을 날려 역사의 쓰레기통에 처박을 절호의 기회다. 우리 비정통파 경제학자, 생태 경제학자, 전 세계 대학의 그다지 급진적이지 않은 교수와 학생 등은 낡은 신고전파 패러다임을 몰아내고 새로운 종류의 경제학 — 심리 경제학, 생명 경제학, 맨발의 경제학 — 을 향한 길을 깔 수 있다. 경제학을 포괄적이고 다면적이고 인간적 척도를 가졌으며 마법과 신비와 야성적 충동으로 가득한 학문으로 다시 한 번 변화시킬 수 있다.

경제학의 새로운 정신

의미 있는 〈삶의 철학〉을
만들어 가는 것

금전적으로
매우 풍족하게 사는 것

신입생 설문조사 응답 비율 〈중요하거나 매우 중요〉

100

80

60

40

20

0

1965 1970 1975 1980 1985 1990 1995 2000 2005 2010 2015

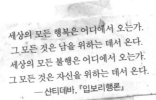

세상의 모든 행복은 어디에서 오는가.
그 모든 것은 남을 위하는 데서 온다.
세상의 모든 불행은 어디에서 오는가.
그 모든 것은 자신을 위하는 데서 온다.
　　　　　―산티데바, 『입보리행론』

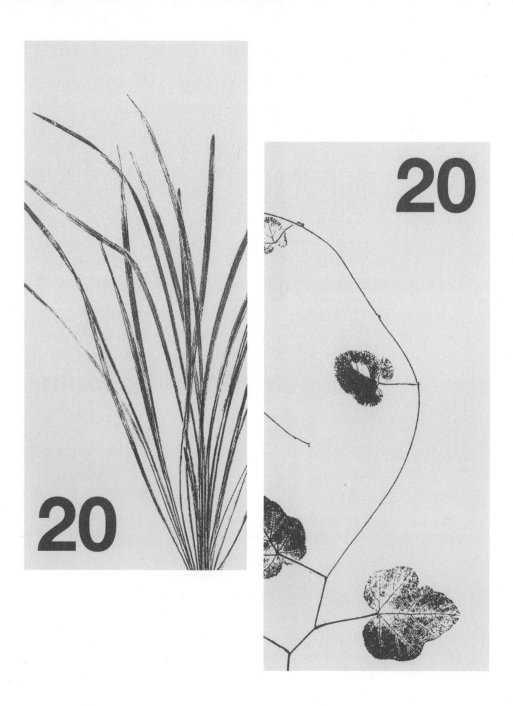

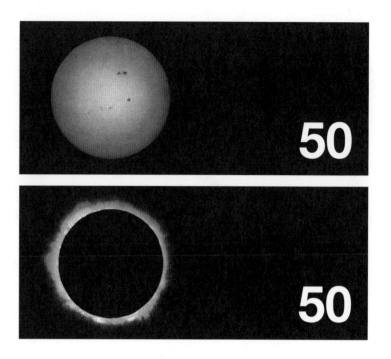

미래의 화폐에는

위대한 인물도, 위대한 건축물도, 피라미드와 만물을 응시하는
섭리(또는 신)의 눈 같은 프리메이슨의 상징도 새기지 않을 것이다…….
유로화의 익명성도,
얼굴 없는 현대의 과학적 미학도,
추상적 공허함도 새기지 않을 것이다…….
거창한 구닥다리 디자인이 아니라
눈 덮인 산봉우리, 강물을 거슬러 헤엄치는 연어, 순록 떼, 우뚝 솟은 빙하,
숨 쉬는 숲, 어우러진 밀림, 약동하는 들판을 새길 것이다.

인간 중심적 세계관에서 생태계 중심적 세계관으로…… 개인에서
공동체로…… 정치에서 정신으로……

콘크리트에서 자연으로의 사고 전환을 담을 것이다.
이것은 지구별 인류 실험이 성공하기 위한
최종 조건이다.

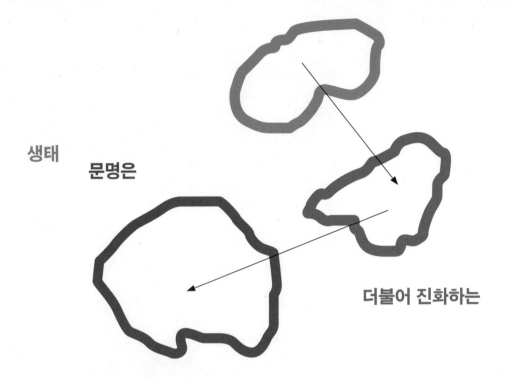

생태

문명은

더불어 진화하는

더불어 진화하는 생태 사회들의 조각 누비를 상상해 보라.
이 사회들은 〈다름〉으로써 서로를 지탱하며 하나로
어우러져 생태 문명을 이룬다.

조각 하나하나마다 가치와 지식, 조직, 기술이 자연과
더불어 진화한다. 조각들은 〈느슨하게〉 붙어 있다.
즉, 문화와 문화 사이에 형질(또는 문화 유전자)이
전달될 수 있지만 각 문화 고유의 역사를 통해 얻은
특징을 잃어버릴 정도로 자주 전달되지는 않는다.

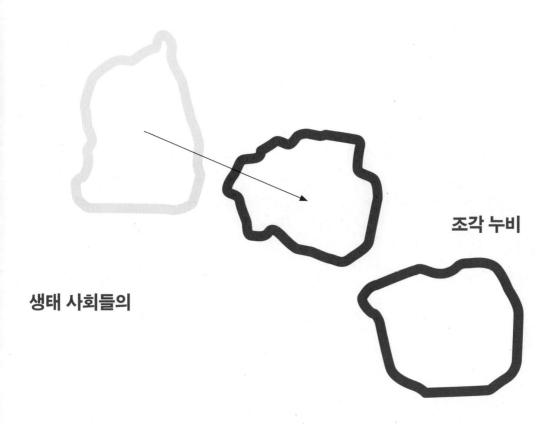

조각 누비

생태 사회들의

연결의 차원 중에는 다양성을 유지하는 데 적절한 것도 있고 부적절한 것도 있다. 세계화된 산업 문명의 연결성이 다양성을 감소시키며, 환경을 소중히 여기고 이해하고 조직화하고 환경에 적응하는 실험에 악영향을 끼치는 것은 의심할 여지가 없다.

산업 문명과 그 세계화는 모두 효율성을 바탕으로 삼는다. 이 논리적 근거는 뉴턴 역학적 체계 이해가 지식 체계를 지배할 때나 유용하다. 공진화적 생태 문명은 다윈에게서 비롯한 체계 이해를 훨씬 중요시한다.

리처드 B. 노가드, 『**생태 문명의 공진화적 해석** *A Coevolutionary Interpretation of Ecological Civilization*』

미래에

각광받을   생명 경제   분야

이봐, 친구들,

　　　　붕괴가 일어난 뒤에 세계 경제는 여남은 개의 생태계 기반 경제로 쪼개질 것이다. 이것은 작은 경제 공동체로, 주민들은 자신들이 살아가는 생태계의 고유한 기회와 필요에 적응하여 생존할 것이다.

그들은 단계마다 자연을 모방한다.

자신의 생태계에 깊이 뿌리 내린, 새로운 세대의 〈맨발〉 경제학자들이 추상적 화폐론자들을 제치고 전면에 나설 것이다. 그들은 새로운 경제 발전 지표를 개발하여 마치 날씨 정보처럼 인터넷에 올릴 것이다.
고리대금과 낭비를 금지하는 고대의 금기가 다시 등장할 것이다. 조세 변호사, 금융업자, 금융 컨설턴트 등 예전의 기생적 전문가들은 경제적으로 생산적인 생태 컨설턴트, 퍼머컬처 상담가, 에너지 계획 전문가로 변신할 것이다.

기업은 순환하는 존재로 거듭날 것이다.

비정통파 경제학자 폴 호켄의 말을 빌리자면 기업의 생산물은 〈무해한 성분으로 말 그대로 사라지거나…… 매우 구체적이며 특정한 역할을 목표로 삼았기에 일출 효과도, 폐기물도, 야생의 세포에 침투하는 무작위 분자도 없어진다.
새로운 세계 경제가 재탄생할 것이다. 이번에는 전면적인 참비용 시장 체제가 될 것이다. 이 체제에서는

모든 상품의 가격이 생태적 진실을 말한다.

미래의 생명 경제는 지속 불가능한 〈지는〉 산업을 생산적인 〈뜨는〉 산업으로 재활용할 것이다. 화석 연료에 기반한 자동차 산업은 미래 세대를 저당 잡히고 해마다 수천억 달러의 보조금을 받으며 덩치를 키웠지만 이제는 〈자연적〉 규모로 돌아갈 것이다. 나홀로 차량은 과거의 유물이 될 것이다. 도시는 새와 초목, 발명가, 장인의 대화로 부산할 것이다.
　　　　우리는 세대와 세대가 공정하게 경쟁할 수 있는 평평한 경기장을 향해 조금씩 나아갈 것이다.

제품

진정시키기

디자인은 탈성장 시대에 황홀한 창조성을
발휘할 수 있으며 디자이너는 탈성장 시대의
슈퍼스타가 될 수 있다.

잔꾀 부리지 않는
미래?

토착화하라!

토착화indigenation는 퍼머컬처에서 비롯한 가장 중요한 개념으로, 〈적정〉 기술을
활용하여 〈낡은 방식〉을 재창조하는 것이다. 정의하자면 〈지구와 공동체와 조화를
이루고자 하는 기술〉이라 할 수 있다.

재토착화의 단계에 이르려면 공동체와 지구의 생활 주기에 대한 지역적 인식을
계발해야 한다. 공동체 지원 농업과 식량 주권의 개념을 담론과 생활에 접목해야
한다. 자유와 생계는 자연계, 지구, 육체의 힘, 필요의 위계를 다루는 경제 체제의
조화 등을 토대로 삼아야 한다.

녹색 건축, 지속 가능한 농업, 도제 제도, 사회적 기업 등은 버크민스터 풀러가 주창한
새 모델의 창조 능력을 회복하는 길이다.

〈 변 화 를 이 루 려 면 기 존 모 델 을 진 부 한 것 으 로 만 드 는 새 모 델 을 만 들 라 . 〉

우리에게는 지구의 새로운 거버넌스 모델이 필요하다. 경제학, 사회 생태, 신학,
우주론, 영성의 새 모델이 필요하다.

이러한 목표를 실현하려면 힘을 합쳐 친근한 환경을 만들어 내야 한다. 우정과
양육으로 몸과 마음을 새롭게 할 수 있는 따뜻하고 친절하고 유익한 환경이 필요하다.
우리 마을 부읍장인 땅 주인이 내게 농사를 지으라며 4,000평을 내주었다. 올봄에
동네 사람들이 검은색 페르슈롱 말을 끌고 와서 땅을 갈아 줄 것이다.

여러분도 들러 주시길.

길을 따라 내려가면 친구가 농지 16만 평을 소유하고 있는데, 이곳에 CSA 농장과
과수원을 조성하고 있다. 사과밭 3만 평에서 유기농 사과나무 5,000그루를
가지치기하고 돌봐야 한다. 수확 때는 여러분의 일손이 필요하다. 뉴욕만 해도 1급
농지가 85억 평이나 있지만 대부분 가축 사료를 재배하며 그마저도 부실하다.

지적·정치적 운동에 안주하려는 유혹을 이겨 내야 한다. 우리가 진짜 할 일은 살림,
자급자족, 창의성, 문화 등을 제대로 해결하는 문명 모델을 만들어 내는 것이다.

이렇게 하면 우리가 사랑과 선함과 미래와 가능성의 공간을 만들어 가고 있음을 모든
사람이 알게 될 것이다.

릴런드 레어먼

달팽이야,
후지산에 오르되
느릿, 느릿

바쇼

경제학을 재창조하는 데는 여러 갈래의 길이 있다.
그리고 그 길은 과학과 예술의 중간쯤 어딘가에 있다.

어둠의 시대, 생물 종과 언어가 매일같이 사라지고 기후 붕괴가 목전에 다가온 지금,
기억하라. 아름다움과 온전함을 이루는 인간 능력 자체가 여전히 무사하며 우주의
가장 근본적인 과정과 우리를 이어 주고 있음을.

스튜어트 카원, 『구조주의자 The Structurist』

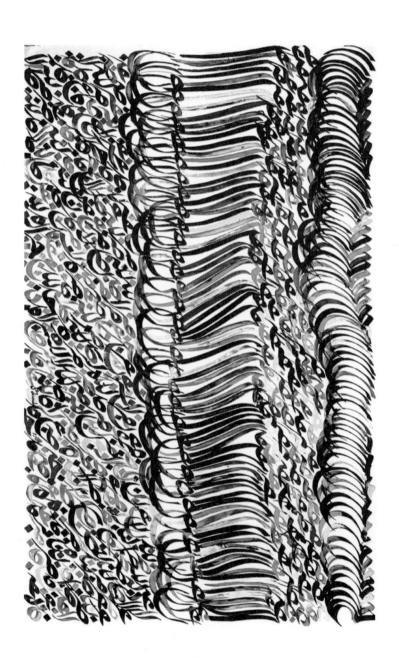

뉴욕 증권거래소에서
나무가 자라다

금융 시장이 몰락하고, (특히 이곳 뉴욕에서) 친구와 이웃이 일자리를 잃는 낙수 효과가 주위에서 일어나는 지금은 서구의 금융 문화를 성찰하기에 좋은 기회다.

많은 사람이 금융이라는 개념을 싫어하고 이것이 탐욕에서 비롯한 지저분한 분야라고 생각한다. 하지만 지난 500년에 걸친 유럽의 금융 발전은 우리가 성공을 거두는 데 여러모로 중요한 역할을 했으며 18세기 말 잉글랜드 최초의 방직 공장으로부터 20세기 말의 아이팟 개발에 이르기까지 숱한 혁신을 가능하게 했다. 금융은 사회에 유익을 가져다주지만, 금융의 유익은 호황과 불황이 반복되는 종잡을 수 없는 불규칙성을 늘 동반한다. 마르크스는 이것이 자본주의에 내재하며 결국 자본주의를 몰락시킬 모순의 일부라고 말했다. 금융 개념은 확고한 원칙을 토대로 삼지 못했다. 유일한 원칙은 최대한 돈을 많이 벌라는 것뿐이었다.

하지만 어쩌면 다른 길이 있는지도 모른다. 지난 50년을 돌아보면, 서구의 막무가내식 금융 행태에 심각한 회의를 던지는 눈부신 사례가 있었으니 그것은 바로 이슬람 금융 원칙의 등장이다. 이슬람 금융 원칙은 코란을 권위의 원천으로 삼은 샤리아 율법을 바탕으로, 서구에 절실히 필요한 좋은 투자 관행에 대해 명료하고 상식적인 지침을 제시했다.

이슬람 금융 철학의 핵심은 돈이 실제 자산이 아니라 가치의 척도라는 개념이다. 이슬람 금융 원칙에 따르면 채무에 이자를 물리는 것처럼 돈에서 이익을 얻는 행위는 샤리아 율법에서 리바riba, 즉 허용되지 않는 투자 활동으로 간주된다. 그 대신 이슬람 율법에서는 투자자가 자신이 투자하는 사업의 위험을 나누어야 하며 토지 개량이든 주택 건설이든 창업 지원이든 실질적인 것에 투자해야 한다고 강조한다. 이것은 환율 차이를 악용하고 주식 시장을 합법적으로 조작하고 (파생 상품의 범위를 확대함으로써) 위험을 확산·회피하여 — 그러다 경제를 이렇듯 엉망진창으로 만들었다 — 막대한 이익을 거두는 서구 투자 회사들의 일상적 투자 행위와 판이하게 다르다.

다양한 범위의 사업을 벌이고 확장하는 데 필요한 자금을 제공하는 정당한 금융 활동과 경제를 혼란에 빠뜨리는 금융 활동을 구분할 줄 알아야 한다. 시장 조작, 외환 거래, 콜옵션, 풋옵션, 서구 금융 상품의 엔트로피 수프 등의 금융 활동 가운데 상당수는 아무 역할도 하지 않는다. 사업을 시작하는 데 하등의 도움도 주지 않는다. 힘든 시기에 사업을 지탱하거나 호시절에 사업을 확장하는 데에도, 사람들이 처음 집을 장만하거나 첫 자동차를 사거나 물론 대학 학자금을 마련하는 데에도 전혀 보탬이 되지 않는다. 오로지 금융업자들의 호주머니만 불려 줄 뿐이다. 서구의 금융 활동은 모든 국민이, 정직하게 일하는 사람들이 만들어 낸 거대한 곳간에서 가장 좋은 것을 빼돌리는 짓이다. 결국 모두가 조금 더 가난해지고 곳간이 빈다. 분노해야 마땅한 상황이다.

이런 상황에서 우리는 어떻게 해야 금융계에 이슬람 금융의 핵심에, 그리고 인간에 대한 예의의 핵심에 있는 이상인 실질적 원칙을 금융계에 적용할 수 있을지 고민을 시작해야 한다.

나는 한가할 때면 이런 날을 꿈꾼다. 월스트리트를 거닐고, 커피숍과 뮤직홀을 지나고, 길거리에서 뛰노는 아이들을 보고, 브로드스트리트의 흉측한 시가 상점이 예술가와 철학가의 집합소로 바뀌어 따분한 금융 업무로부터 휴식을 취할 때면 이곳에서 사상과 이상을 논하는 광경을 구경할 수 있는 날을 꿈꾼다. 월스트리트, 런던, 도쿄, 두바이의 금융 지구를 뒤덮은 괴기스러운 누드 빌딩 위로 담쟁이가 기어오르는 날을 꿈꾼다. 다가올 르네상스의 심장을 금융이 다시 한 번 고동치게 할 날을 꿈꾼다. 한 친구 말마따나 뉴욕 증권거래소에서 나무가 자랄 날을 꿈꾼다.

조엘 대니얼 마이어스는 작가이자 음악인이며 뉴욕 매스페스에 산다.
컬럼비아 대학에서 경제학을 공부했다.

아이들을 위하여

통계 수치를 보면
솟은 언덕과 비탈이
우리 앞에 놓여 있지.
모든 것이 가파르게
상승하는 동안
우리는 모두
하락하지.

다음 세기에는
아니, 사람들 말마따나
그다음 세기에는
골짜기와 들판이 있어서
우리가 해낸다면
그곳에서 평화롭게 만날 수 있어.

우리 앞의 산등성이를 오르고 싶다면
그대에게, 그대와 그대의 아이들에게
한마디만 해주지.

함께 살자
꽃을 배우자
소박하게 살자

게리 스나이더
『거북섬Turtle Island』
뉴디렉션스 출판사,
1974년

미래 세대의 권리 장전

우리 미래 세대는
우리보다 먼저 살다 간 수많은 사람들처럼 깨끗한 공기와 맑은 물과 기름지고
고스란하고 푸른 땅을 누릴 권리가 있다.

우리는 화학 물질, 핵폐기물, 유전자 교란 물질이 없는 세상을 물려받을 권리가 있다.
우리는 자연, 그중 일부는 여전히 야생 그대로인 자연과 더불어 살 권리가 있다.

해로운 유산을 물려주지 않기를 현재 세대에 요구한다. 미래에 부작용을 일으킬지도
모르는 기술을 가지고 도박하지 말기를 요구한다. 끝없이 연기되는 채무의 부담을
우리에게 지우지 말기를 요청한다. 지구의 선물에서 우리 몫을 주장하고자 한다.
부디 다 써버리지 말라.

그렇게 해준다면 인류의 정신이 영속하리라는 신성한 희망을 가지고 우리 다음에 올
세대에게도 같은 권리를 부여하겠다고 약속한다.

이 간절한 청원을 무시하는 세대에게 저주 있을지어다.

교 수 님 , 질 문 있 습 니 다 !

경제학자의 궁극적 책무는 뭐죠?
그저 아무런 피해도 입히지 않는 것입니까?
지구의 살림을 책임감 있게 꾸리는 것입니까?
아니면 인류의 생존을 위해……

흙이 1인치 쌓이는 데 걸리는 기간: 1,000년

미래의

교수들은

모든 수업을

1분간

묵념으로

시작할 것이다.

죽은 행성에서 발견된 타임캡슐

1.

첫 번째 시대에 우리는 신을 창조했다. 나무로 깎아서 만들었다.
아직 나무라는 것이 있을 때였다. 반짝이는 금속으로 주조하고 신전
벽에 칠했다. 신은 여러 종류가 있었다. 잔인하게 우리의 피를 흘리게 할
때도 있었지만, 비와 햇빛, 산들바람, 풍년, 살진 동물, 많은 자녀를 내려
주기도 했다. 수많은 새가 머리 위를 날았고 수많은 물고기가 바다를
헤엄쳤다.

신에게는 이마의 뿔이나 초승달이나 바다표범의 지느러미발이나
독수리의 부리가 달렸다. 우리는 신을 〈모든 것을 아시는 분〉이라,
〈빛나는 분〉이라 불렀다. 우리는 고아가 아니었다. 우리는 흙 냄새를
맡고 땅 위를 뒹굴었다. 땅의 즙이 얼굴 위를 흘렀다.

2.

두 번째 시대에 우리는 돈을 창조했다. 돈도 반짝이는 금속으로 만들었다.
돈에는 두 얼굴이 있었다. 한쪽에는 왕이나 유명 인사의 절단된 머리를 새겼고
반대쪽에는 새나 물고기나 털 있는 짐승처럼 우리에게 위안을 주는 사물을
새겼다. 과거의 신에게서 남은 것은 이것뿐이었다. 돈은 크기가 작아서 누구나
품속에 매일같이 지닐 수 있었다. 돈은 먹을 수도, 입을 수도, 추울 때 태울 수도
없었지만 마법처럼 그런 물건으로 변할 수 있었다. 돈은 신비로웠으며 우리는
돈을 경외했다. 돈이 아주 많으면 하늘을 날 수도 있다고들 했다.

3.

세 번째 시대에 돈은 신이 되었다. 전능하고 무엇에도 속박되지 않는 신이었다. 돈은 말하기 시작했다. 스스로 창조하기 시작했다. 풍년과 흉년을, 기쁨의 노래와 탄식을 창조했다. 탐욕과 굶주림을 창조했다. 이것은 돈의 두 얼굴이 되었다. 돈의 이름으로 윤리성이 세워지고, 파괴되고, 다시 세워졌다. 돈은 사물을 먹어치우기 시작했다. 온 숲을, 논밭을, 아이들의 목숨을 먹어치웠다. 군대를, 선박을, 도시를 먹어치웠다. 아무도 말릴 수 없었다. 돈을 가진 것은 은총의 징표였다.

4.

네 번째 시대에 우리는 사막을 창조했다. 사막은 여러 종류가 있었으나 모두 한 가지 공통점이 있었다. 사막에서는 아무것도 자라지 않았다. 어떤 사막은 시멘트로, 어떤 사막은 온갖 독으로, 또 어떤 사막은 바짝바짝 타들어간 흙으로 이루어졌다. 돈이 더 있길 바라는 욕망 때문에, 돈이 없다는 절망 때문에 우리는 사막을 만들었다. 전쟁과 질병과 기근이 닥쳤으나 우리는 꿋꿋이 사막을 창조했다. 마침내 모든 우물이 오염되고 모든 강물이 썩고 모든 바닷물이 죽었다. 식량을 재배할 땅이 남지 않았다.

5.

어떤 현명한 자들은 사막을 묵상하는 쪽으로 돌아섰다. 석양에 비친 모래 속 돌멩이도 무척 아름다울 수 있다고, 그들은 말했다. 사막은 말끔했다. 잡초도, 벌레도 없었기에. 사막에 아주 오래 머물면 절대성을 깨달을 수 있었다. 0은 신성한 숫자였다.

머나먼 세계에서 이곳을 찾아온 그대여, 이 메마른 호숫가에, 이 돌무더기에, 이 놋쇠 기둥에, 우리의 모든 기록된 역사의 마지막 날에 나는 최후의 글을 새긴다.

한때 우리도 날 수 있다고 생각한, 우리를 위해 기도해 달라.

마거릿 애트우드는 캐나다 훈장, 캐나다 총독 상, 부커 상을 받았다.
출처: 『다른 세계에서: 과학 소설과 인간의 상상 In Other Worlds: Science Fiction and the Human Imagination』. © Virago Press, McClelland and Stewart and Random House.

이제, 학생들이 결정해야 할 시간이다

당신은 많은 사람들이 인류사에서 분기점이라고 믿고 있는 시기에
살고 있다. 당신은 스키 점프처럼 올라가는 그래프들을 마주하고
있다. 전 세계 인구, GDP, 종의 멸종, 탄소 배출, 불평등, 자원 고갈
등. 당신은 무언가를 포기해야 한다는 걸 알고 있다. 시장 가격이
옳지만은 않다는 사실도 알고 있다. 어쩌면 당신은 세계 경제가
거대한 다단계 사기이며, 당신과 당신의 자녀들이 너무 늦게 게임에
끼어든 게 아닌가 의심하고 있는지도 모른다.

당신은 지금 도로의 분기점에 서 있다. 당신은 기존의 경로로 계속
갈 수도 있다. 그러면 베를린 장벽의 붕괴 이후 마르크스주의
이데올로기가 받았던 수준의 혹독한 평가를 받으며 무대에서
퇴장당할 위험을 감수해야 한다. 혹은 정권 교체의 기회를 포착하여
큰소리로 발언하고 주류 학자들에게 의문을 제기하고 파괴적인
생각에 마음을 열고 변화의 매개자로서 활약할 수도 있다.

당신은 경제가 복잡하고 동적이며 네트워크화된 체계임을
일깨우면서, 그것을 이해하기 위한 도구를 요구할 수 있다.

당신은 경제가 불공정하고 불안정하며 지속 불가능하다고
지적하며, 그것을 고칠 방법을 요구할 수 있다.

당신은 예언자들에게 그들이 실패했다고 경고할 수 있다.

당신은 안으로 들어가 기계를 파괴할 수 있다.

그렇게 한다면 당신은 지금까지와는 완전히 새로운 것을 시작할 수
있을 것이다.

데이비드 오럴, 『경제학 혁명』

《미술을 공부하는 학생들은 예술이 구현을 요구했다. 음악을 공부하는 학생들은 《길들여지지 않은 하나의 음악》을 요구했다. 축구 선수들은 《축구를 축구 선수에게》라는 구호를 외치며 구단주들 찾아냈다. 무덤 인부들은 공동묘지를 점거했다. 정신 병원의 의사, 간호사, 인턴은 환자들과 연대하여 조직을 결성했다.》 평생을 사무실이나 공장에서 일하던 수백만 명이 몇 주 동안

일상의 반복을 깨뜨리고……

삶을   삶을   살았다.

프랑스 파리 카르티에 라탱 지구, 1968

마일스 데이비스 가라사대,

재즈 즉흥 연주에서 가장 어려운 일은

자신이 연주할 수 있는 모든 음표를 연주하는 것이 아니라

기다리고 망설이고   악보에 없는 음표를

연주하는 것이다.

JAZZ

칠레 산티아고, 2011

나비 한 마리
절의 종에 내려앉아
졸고 있다

바쇼

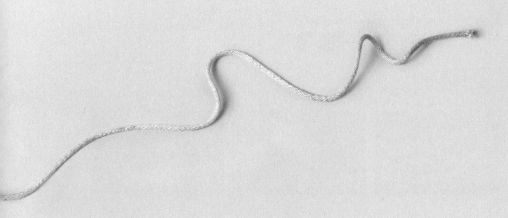

에필로그

옛 아메리칸 드림이
번영을 추구했다면
새로운 아메리칸 드림은
자발성을 추구하리라…

칼레 라슨

도와준 분들

더그 톰킨스, 로버트 핼퍼, 브루스 그리어슨, 제임스 매키넌, 톰 그린, 세라 나디,
에드워드 풀브룩, 저스틴 헤이스, 마이카 화이트, 20년 넘도록 애드버스터스 미디어 재단을
거쳐 간 모든 창조자와 선동가가 없었다면 이 책은 빛을 보지 못했을 것이다.

미술가

Mohsen Mahbob
mohsen.carbonmade.com

Steve Morgan
stevenmorganjr@gmail.com

NASA

Ed Kashi / VII
edkashi.com

Craig Cameron Olsen
craigcameronolsen.com

Loe Russell
loerussell.com

Loe Russell

Matthias Quasthoff
quasthoffs.de/matthias

Gerald L. Campbell
flickr.com/photos/
dcnittygritty/dcnittygritty/

Sarah Pether
sarahpether.com

Mohsen Mahbob

Daniel Goodman/Business Insider
nyceen.tumblr.com

Albert Gea/Reuters

National Geographic

Karen Wonders
firstnations.de

Bibliothèque nationale de France

Theodore de Bry/AKG-Images Ltd.
Port of Lisbon 1593

Branzino
Cosimo de´ Medici

Bibliothèque nationale de France

Rembrandt Harmensz van Rijn
The Syndics 1662
Collection Rijksmuseum, Amsterdam

El Greco
Christ Driving the Money Changers from the Temple
Presented by Sir J.C. Robinson, 1895 (NG1457).
National Gallery, London, Great Britain.
© National Gallery, London / Art Resource, NY

**Marinus Van
Reymerswaele**
The Usurers 1540

Theodore de Bry/AKG-Images Ltd.
Columbus 1596

© **The Trustees of the
British Museum**

Thomas Gainsborough/National Gallery UK
Mr. and Mrs. Andrews
Bought with contributions from the Pilgrim Trust, The Art Fund,
Associated Television Ltd, and Mr and Mrs W. W. Spooner,
1960. (NG6301). National Gallery, London, Great Britainc
National Gallery, London / Art Resource, NY

George Stubbs
Lincolnshire Ox

**Bedfordshire and Luton Archives
Services**

Francis Wheatley
Mr. John Howard Offering Relief to Prisoners
1790

Photographer unknown, c. 1885-1910
African soldiers presenting arms in front of colonial
officials at the railroad station – Smithsonian Institution

Chris Gergley

Andreas Gursky
© 2012 Andreas Gursky
/ Artists Rights Society
(ARS), New York / VG Bild-
Kunst, Bonn

Henrick Han

Jim Kiernan
jim-kiernan.com

Ian Spriggs
Subversion of Capitalism

Move Your Money UK
moveyourmoney.org.uk

Matthew Cavanaugh / Newscom

Louisa Gouliamaki / Newscom

**Marco Longari /
Newscom**

Mario Ruiz/Corbis

Mohsen Mahbob

Stanislav Markov
flickr.com/photos/
garmonique

Ed Buziak
© a la france / Alamy

*Recycling Yard #5 from Intolerable Beauty: Portraits of
American Mass Consumption*

Roman Ondák,
Resistance, 2006
Courtesy: Kontakt. The Art Collection of Erste Group and
ERSTE Foundation

Brian Ulrich
Chicago, Il 2003 (Cell)
notifbutwhen.com

Kim Thue Johnson
From the book *Dead Traffic*
kimthue.com

Mohsen Mahbob

Paula Bronstein/Getty Images

3

Istvan Banyai
Addicted to Profit
ist-one.com

Xavier Le Roy
Product of Other Circumstances 2009, xavierleroy.com

Xavier Le Roy
Self Unfinished 2010

Xavier Le Roy
Self Unfinished 2010

Michael Bodiam/Millennium Images

Chris Jordan
Scrap Metal, Seattle 2003

Jackson Pollock
Number 31, 1950
Sidney and Harriet Janis Collection Fund (by exchange).
© Pollock-Krasner Foundation / Artists Rights Society (ARS), New York
Digital Image © The Museum of Modern Art/Licensed by SCALA/ Art
Resource, NY

Chris Jordan
From *Midway: Message from the Gyre*

Doug and Mike Starn
Take Off Your Skin, it Ain't No Sin 2007
starnstudio.com

Bob Mannseichner

Wang Ningde
Some Days – 04,1999
Courtesy of Wang Nindge and Galerie Paris-Beijing

Moniac Machine
*Economics in Thirty Fascinating
Minutes* from Fortune Magazine,
2/17/1952 © 1952 Time Inc. Image
courtesy Library of the London
School of Economics & Political
Science

John Goto
Mobil Mart from Capital Arcade (1997-99)
johngoto.org.uk

Science Faction
Irrigated Rice Fields, Bali

Georg Gerster/Panos
A field of strawberries

Robert Longo
From *Men in the Cities*
1979-1983
Courtesy of the Artist and
Metro Pictures New York

Matthias Ziegler
matzeziegler.de

Brent Humphreys
brenthumphreys.com

Rafiqur Rahman/Reuters

Raghu Rai/Magnum

**Marlous van der Sloot
and Irene Cécile**
Garbage 2008
marlousvandersloot.com
irenececile.com

Drussawin Leepaisal
The Hidden Face

Elicia di Fonzo, Mohsen Mahbob

4

Anita Kunz

Mike Mills
Let's Be Human Beings
2003
Photo: Todd Cole

Nina Berman/Noor Images

Morad Bouchakour
No Pain No Gain
moradphoto.com

Edward Burtynsky
Breezewood, Pennsylvania, USA 2008

Perfilyev Ilya
flickr.com/photos/mr_Wood

Nicholas Weissman
weissmanstudio.com

Fred Dufour/Newscom

Joyce Xi
Copyright 2010 Yale Daily News Publishing Company, Inc.
All rights reserved. Reprinted with permission.

Rafiq Maqbool

5

Uma Partap, ICIMOD

Roy Hancliff
royhancliff.com

Robert Smithson
Glue Pour Vancouver, Canada
December, 1969

Jonathan Barnbrook
barnbrook.net

Alex Da Corte
Activity #90 2009
alexdacorte.com

Maartje van Caspel

Reuters

Max Temkin

Paulo Pinto
paulopinto.com

6

Mohsen Mahbob

Bernd Nies
nies.ch

Chris Gergley

Stephen Corn, U.S. Geological Survey

Jean-Christian Bourcart
jcbourcart.com

Reuben Cox
reubencox.us

Ewen Spencer
ewenspencer.com

Emmanuel Dunand/Newscom

Nicholas Haggard
nicholashaggard.com

Jim Sugar/Corbis

Barry Lewis/Corbis

James Porto
jamesporto.com

Francesca Jane Allen
francescajane.com

Soe Zeya Tun/
REUTERS

Mohsen Mahbob

7

Ruth Skinner
ruthskinner.com

Mohsen Mahbob

Jean-Noël Lafargue

Mohsen Mahbob

Adam Ragusea, WBUR Boston

Loe Russell

Tess Scheflan/Activestills.org

Mohsen Mahbob

Charles Peterson
charlespeterson.net

Janine Gordon
janinegordon.com

Nick Whalen
nickwhalen.com

Gil Inoue
coletivo.org/gilinoue

Mohsen Mahbob

Axel Corjon
creaktif.com

8

Denise Scott Brown
Car View of the Strip, Las Vegas

1955 Ford Thunderbird
Ford Images

Main station of the internal switchboard III – 20
series 47 (1947) Photographer Unknown, Archiv
Siemens Schweiz, Zurich

The Endless Summer
© Bruce Brown Films,
LLC

Ferdinand Pauwels
Martin Luther's 95 Theses

9

John McWilliams
Graybacks

Mohsen Mahbob

Paul Klee
Angelus Novus
Collection the Israel Museum,
Jerusalem.
Photo © The Israel Museum,
Jerusalem by Elie Posner

NASA

Gael Turine/Agence Vu

Wes Magyar
Futility

Vinca Petersen
vinx.co.uk

David Niddrie

Michael Simons

Kurt Vinion

Flore-Aël Surun

Patrick Hemingway

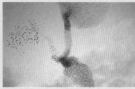

Richard Barnes
richardbarnes.net

Tensta Kontshall
ABC Trio

10

Yago Hortal
KL 30

Erwin Poliakoff

Paul Cowan
Untitled, 2010

Loe Russell

Nicholas Burrows
neverdoingnothing.com

Derek Stroup
Candy (M&M's)
derekstroup.com

Candy (Reese's)

Chips (Utz)

Candy (Twix)

Jessica Williams
jessicawilliams.info

Janne Lehtinen
Balloon 2003 from *Sacred Bird*
gjanne.com

Charles Hossein
© 2012 Artists Rights Society (ARS), New
York / ADAGP, Paris

©Andy Goldsworthy
Courtesy Galerie Lelong, New York

Joachim Tschirner
From the documentary *THE ARAL SEA – Where the
Water ends, the World ends*
© by Um Welt Film Produktionsgesellschaft mbH, Berlin,
Germany, www.umweltfilm.de

Loe Russell

Bruno Barbey/Magnum Images

Carlos Vera/Reuters

Brian Ulrich
Las Vegas, NV 2003 (*Cash & Redemption*)

Brian Ulrich
Medford, NY 2003 (*Man with cart*)

Mohsen Mahbob

Adbusters Art department

Heather
Newyorkshitty.com

RESOURCES

KICKITOVER.ORG
NEWECONOMICS.ORG
STEADYSTATE.ORG
DEGROWTH.NET
PAECON.NET
THEOILDRUM.COM
INETECONOMICS.ORG

GUY DEBORD
MICHELLE BERNSTEIN
RAOUL VANEIGEM
BALLARD
HANS HAACKE
WILDE

GANDHI
AI WEIWEI
ASSANGE
DADA
GIL SCOTT HERON
MALCOLM X
ZINN
TIBOR
GALEANO
PAZ
BENJAMIN
MARCOS
MARINETTI
GODARD
DEBRAY

PRIMITITT.

David Zinn
zinnart.com

자료를 수록하도록 허락해 준 모든 개인, 사진 보관소, 기관, 수집가에게
감사한다. 저작권 보유자에게 연락을 취하려고 최선을 다했으나
혹시 출처가 누락되었다면 보유자에게 사과하며, 정보를 알려 준다면
다음 판에서 수정할 것이다.

자, 이제 당신 차례다.